李怀胜 / 主编
贾斯瑶 肖思嘉 / 副主编

信息网络犯罪办案实务

与案例精解

中国法制出版社
CHINA LEGAL PUBLISHING HOUSE

前　言

随着我国信息网络技术的迅捷发展，以计算机网络为主导的"三网融合"时代已经到来。信息网络如同一张编织大网，在极大便利人们生活的同时，也将人们笼罩在前所未有的风险之中。近十年来，我国的网络犯罪逐步呈现出犯罪手段隐蔽、犯罪形态多变等态势。

打击信息网络犯罪，既要关注信息网络犯罪的普遍性，也应关注信息网络犯罪的特殊性。网络犯罪并不是独立于传统犯罪的新型犯罪，而是犯罪这一人类社会的顽疾在信息网络时代的必然发展，且在网络犯罪过程中往往裹挟着传统犯罪同时发生。但同时，信息网络犯罪无法脱离网络空间而存在，找准信息网络技术在犯罪中的角色与定位，是实务中识别信息网络犯罪的关键。然而，囿于网络犯罪的技术特点，一些地方的个别司法人员在面对信息网络犯罪案件时，还存在畏难情绪，表现在案件定性把不住，犯罪规律吃不透，法庭上律师说什么就是什么，好像也拿不出有力的反驳意见，这显然是不利于网络犯罪的司法治理的。如何将信息网络犯罪的一些核心罪名剖开了，揉碎了，讲明了，给司法人员当然也包括律师、理论研究者在案件处理和理论研究中一个参照，是我们一直深深思索的问题，这也是本书编写的初衷。

本书聚焦信息网络犯罪的前沿问题，通过填补网络犯罪理论研究与实务问题的缝隙，揭示网络犯罪的司法面孔，力求解决信息网络犯罪办案难的现实情况。在编纂过程中，本书立足办案实务，回溯网络犯罪罪名的设立背景、解读刑法条文的设置内涵、剖判各类犯罪行为的刑法定性、回应适用疑难的解决路径。

全书约二十万字，分为十三章，涵盖信息网络犯罪中主要涉及的实体法律与程序法律问题。第一章为非法侵入计算机信息系统罪，第二章为非法获取计算机信息系统数据、非法控制计算机信息系统罪，第三章为提供侵入、非法控制计算机信息系统程序、工具罪，第四章为破坏计算机信息系统罪，第五章为拒不履行信息网络安全管理义务罪，第六章为非法利用信息网络罪，第七章为帮助信息网络犯罪活动罪，第八章为侵犯公民个人信息罪，第九章为电信网络诈骗犯罪，第十章为网络淫秽色情信息犯罪，第十一章为网络赌博犯罪，第十二章为网络犯罪案件管辖，第十三章为网络犯罪案件电子证据。全书每章节下设四个标题，分别从【法条链接】【罪名概述】【案例解读】【实务难点】四方面展开，旨在探寻刑法条文与司法实践中的细微差异，追踪犯罪手段不断异化过程中网络犯罪罪名的适用情况，通过对代表性案例的研究和剖析，归纳实务难点问题并展开讨论。

本书受 2022 年国家社科基金一般项目"人工智能时代算法安全的刑法保障研究"（项目号：22BFX048）支持。本书既可作为司法实务人员办案参考，又可作为相关政法院校网络法相关课程的参考教材。本书各章分工如下：

第一章 方莹（中国政法大学）

第二章 文思宇（中国政法大学）

第三章 宫赵雅（中国政法大学）

第四章 陈钏（中国政法大学）

第五章 贾斯瑶（中国政法大学）

第六章 苏镘圯（北京航空航天大学）

第七章、第九章 华钦卿（中国政法大学）

第八章　肖思嘉（腾讯公司）

第十章、第十一章　傅博（北京天达共和律师事务所）

第十二章　易琴（中国政法大学）

第十三章　程学铭（中国政法大学）

本书由主编确定体例和分工，两位副主编协助主编做了大量编辑、统稿等工作。本书的出版，离不开中国法制出版社王熹编辑的大力促成以及赵律玮编辑的细心编校，在此表示真挚的感谢。

李怀胜

2023 年 6 月

相关规范缩略语表

相关规范	缩略语
1998 年最高人民法院《关于审理非法出版物刑事案件具体应用法律若干问题的解释》	1998 年最高人民法院《非法出版物案件解释》
2004 年最高人民法院、最高人民检察院《关于办理利用互联网、移动通讯终端、声讯台制作、复制、出版、贩卖、传播淫秽电子信息刑事案件具体应用法律若干问题的解释》	2004 年两高《淫秽电子信息司法解释（一）》
2007 年最高人民法院《关于审理危害军事通信刑事案件具体应用法律若干问题的解释》	2007 年最高人民法院《危害军事通信案件司法解释》
2008 年最高人民检察院、公安部《关于公安机关管辖的刑事案件立案追诉标准的规定（一）》	2008 年《立案追诉标准（一）》
2010 年最高人民法院、最高人民检察院、公安部《关于办理网络赌博犯罪案件适用法律若干问题的意见》	2010 年两高一部《网络赌博犯罪意见》
2011 年最高人民法院、最高人民检察院《关于办理危害计算机信息系统安全刑事案件应用法律若干问题的解释》	2011 年两高《危害计算机信息系统安全案件司法解释》
2011 年最高人民法院《关于准确理解和适用刑法中"国家规定"的有关问题的通知》	2011 年最高人民法院《理解适用"国家规定"的通知》
2013 年最高人民法院、最高人民检察院《关于办理利用信息网络实施诽谤等刑事案件适用法律若干问题的解释》	2013 年两高《网络诽谤司法解释》
2013 年最高人民法院、最高人民检察院、公安部《关于依法惩处侵害公民个人信息犯罪活动的通知》	2013 年两高一部《惩处侵犯公民个人信息犯罪通知》
2014 年最高人民法院、最高人民检察院、公安部《关于办理利用赌博机开设赌场案件适用法律若干问题的意见》	2014 年两高一部《利用赌博机开设赌场案件意见》

续表

相关规范	缩略语
2014年最高人民法院、最高人民检察院、公安部《关于办理网络犯罪案件适用刑事诉讼程序若干问题的意见》	2014年两高一部《办理网络犯罪案件程序意见》
2016年最高人民法院、最高人民检察院、公安部《关于办理电信网络诈骗等刑事案件适用法律若干问题的意见》	2016年两高一部《电信网络诈骗犯罪意见》
2011年最高人民法院、最高人民检察院《关于办理诈骗刑事案件具体应用法律若干问题的解释》	2011年两高《诈骗案件司法解释》
2016年最高人民法院、最高人民检察院、公安部《关于办理刑事案件收集提取和审查判断电子数据若干问题的规定》	2016年两高一部《电子数据规定》
2016年最高人民法院《关于审理毒品犯罪案件适用法律若干问题的解释》	2016年最高人民法院《毒品犯罪司法解释》
2016年最高人民法院、最高人民检察院《关于办理环境污染刑事案件适用法律若干问题的解释》	2016年两高《环境污染案件司法解释》
2017年最高人民法院、最高人民检察院《关于办理侵犯公民个人信息刑事案件适用法律若干问题的解释》	2017年两高《侵犯公民个人信息罪司法解释》
2017年最高人民法院、最高人民检察院《关于办理组织、强迫、引诱、容留、介绍卖淫刑事案件适用法律若干问题的解释》	2017年两高《卖淫案件司法解释》
2017年最高人民法院、最高人民检察院《关于办理组织、利用邪教组织破坏法律实施等刑事案件适用法律若干问题的解释》	2017年两高《办理邪教案件司法解释》
2017年最高人民法院、最高人民检察院《关于利用网络云盘制作、复制、贩卖、传播淫秽电子信息牟利行为定罪量刑问题的批复》	2017年两高《网络云盘淫秽电子信息批复》

续表

相关规范	缩略语
2019年最高人民法院、最高人民检察院《关于办理非法利用信息网络、帮助信息网络犯罪活动等刑事案件适用法律若干问题的解释》	2019年两高《非法利用、帮助信息网络犯罪司法解释》
2020年最高人民法院、最高人民检察院、公安部《办理跨境赌博犯罪案件若干问题的意见》	2020年两高一部《办理跨境赌博犯罪意见》
2020年公安部《公安机关办理刑事案件程序规定》	2020年公安部《刑事案件程序规定》
2021年最高人民法院关于适用《中华人民共和国刑事诉讼法》的解释	2021年最高人民法院《刑诉法解释》
2021年最高人民法院、最高人民检察院、公安部《关于办理电信网络诈骗等刑事案件适用法律若干问题的意见（二）》	2021年两高一部《电信网络诈骗犯罪意见（二）》
2021年最高人民检察院《人民检察院办理网络犯罪案件规定》	2021年最高人民检察院《办理网络犯罪案件规定》
2022年最高人民法院、最高人民检察院、公安部《关于办理信息网络犯罪案件适用刑事诉讼程序若干问题的意见》	2022年两高一部《办理网络犯罪案件程序意见》

目　录

第一章　非法侵入计算机信息系统罪

【法条链接】／1

【罪名概述】／1

　　一、本罪的设立背景／1

　　二、本罪的刑法条文解读／2

【案例解读】／5

　　一、任某非法侵入计算机信息系统案／5

　　二、李某非法侵入计算机信息系统案／6

【实务难点】／9

　　一、如何准确界定"国家事务"／9

　　二、如何理解"非法侵入"这一行为类型／12

　　三、非法侵入计算机信息系统罪的罪数形态／15

　　四、非法侵入计算机信息系统行为行刑衔接问题／20

第二章　非法获取计算机信息系统数据、非法控制计算机信息系统罪

【法条链接】／22

【罪名概述】／22

　　一、本罪的设立背景／22

　　二、本罪的刑法条文解读／23

【案例解读】/ 32

　　一、卫梦某、龚某、薛东某非法获取计算机信息系统数据案 / 32

　　二、张竣某等非法控制计算机信息系统案 / 35

　　三、吴某非法获取计算机信息系统数据案 / 37

【实务难点】/ 39

　　一、计算机信息系统数据性质及范围问题 / 39

　　二、《刑法》第二百八十五条第一、二、三款存在竞合的认定 / 43

　　三、罪名区分 / 44

第三章　提供侵入、非法控制计算机信息系统程序、工具罪

【法条链接】/ 46

【罪名概述】/ 46

　　一、本罪的设立背景 / 46

　　二、本罪的刑法条文解读 / 48

【案例解读】/ 51

　　一、陈某提供侵入、非法控制计算机信息系统程序、工具案 / 51

　　二、余某等人提供侵入、非法控制计算机信息系统程序、工具案 / 54

【实务难点】/ 57

　　一、"侵入""控制"行为的认定是否仅限于采取技术手段 / 58

　　二、获得用户的授权可否阻却程序、工具的侵入性和非法控制性 / 59

　　三、计算机信息系统的概念如何界定 / 60

　　四、计算机信息系统中的安全保护措施如何认定 / 62

　　五、侵入和非法控制工具"专门性"的认定 / 63

　　六、情节严重的具体认定 / 65

　　七、主观上对行为人明知如何认定 / 67

　　八、侵入、非法控制行为与破坏行为的区分界限 / 68

第四章　破坏计算机信息系统罪

【法条链接】/ 70

【罪名概述】/71

　　一、本罪的设立背景/71

　　二、本罪的刑法条文解读/72

【案例解读】/84

　　一、付宣某、黄子某破坏计算机信息系统案/84

　　二、李骏某等破坏计算机信息系统案/86

　　三、卿某公司等破坏计算机信息系统案/88

【实务难点】/90

　　一、如何认定"计算机信息系统"/90

　　二、"破坏"行为是否以技术手段为必要/93

　　三、如何认定第一款中对计算机信息系统功能的"干扰"行为/95

　　四、本罪第二款中的"数据"是否仅限于会危及计算机信息系统正常运行的数据/99

　　五、罪名区分/102

第五章　拒不履行信息网络安全管理义务罪

【法条链接】/106

【罪名概述】/107

　　一、本罪的设立背景/107

　　二、本罪的刑法条文解读/107

【案例解读】/110

　　李某拒不履行信息网络安全管理义务案/110

【实务难点】/112

　　一、如何认定网络服务提供者/113

　　二、如何理解网络服务提供者的信息网络安全管理义务/113

　　三、如何认定监管部门责令采取改正措施而拒不改正/114

第六章　非法利用信息网络罪

【法条链接】/116

3

【罪名概述】／117
  一、本罪的设立背景／117
  二、本罪的刑法条文解读／119

【案例解读】／132
  一、谭某羽、张某等非法刷单案／132
  二、崔某等人非法引流案与王某等人非法"吸粉"案／133
  三、邹某诈骗案／135
  四、宋某组织卖淫案与李某甲、付某组织卖淫案／135
  五、唐某设立、出售违法犯罪网站案／136
  六、曾某某建立假冒快递网站案／138

【实务难点】／139
  一、非法利用信息网络罪与帮助信息网络犯罪活动罪的区分与适用／139
  二、非法利用信息网络罪与行为人后续其他犯罪的处理问题／140
  三、《刑法》第二百八十七条与第二百八十七条之一之间的适用逻辑／143

第七章　帮助信息网络犯罪活动罪

【法条链接】／146

【罪名概述】／146
  一、本罪的设立背景／146
  二、本罪的刑法条文解读／148

【案例解读】／152
  王某帮助信息网络犯罪活动案／152

【实务难点】／155
  一、如何认定帮助信息网络犯罪活动罪的"明知"／155
  二、如何理解帮助信息网络犯罪活动行为的性质／159

三、如何辨析支付结算型帮助行为与掩饰、隐瞒犯罪所得、犯罪所得收益罪／160

第八章 侵犯公民个人信息罪

【法条链接】／169

【罪名概述】／170

  一、本罪的设立背景／170

  二、本罪的刑法条文解读／172

【案例解读】／173

  一、陈某甲、于某、陈某乙侵犯公民个人信息案／173

  二、解某某、辛某某等人侵犯公民个人信息案／175

【实务难点】／177

  一、如何认定"公民个人信息"／177

  二、如何认定"违反国家有关规定"／179

  三、如何认定"提供"和"以其他方法非法获取"／180

第九章 电信网络诈骗犯罪

【法条链接】／182

【罪名概述】／184

  一、犯罪特点／184

  二、治理现状／186

【案例解读】／197

  检例第67号：张某等52人电信网络诈骗案／197

【实务难点】／202

  一、数额认定困境下的电信网络诈骗案件处理／202

  二、电信网络诈骗案件的追赃挽损与涉案资金处置／205

第十章 网络淫秽色情信息犯罪

【法条链接】／208

【罪名概述】/ 209

　　一、相关罪名概述 / 209

　　二、相关罪名的刑法条文解读 / 210

【案例解读】/ 218

　　检例第 139 号：钱某制作、贩卖、传播淫秽物品牟利案 / 218

【实务难点】/ 222

　　一、通过网络进行淫秽表演的行为定性 / 223

　　二、淫秽电子信息的数量认定 / 226

第十一章　网络赌博犯罪

【法条链接】/ 230

【罪名概述】/ 230

　　一、相关罪名概述 / 230

　　二、相关罪名的刑法条文解读 / 231

【案例解读】/ 236

　　指导案例 106 号：谢某某、高某 1、高某 2、杨某某开设赌场案 / 236

【实务难点】/ 240

　　一、微信抢红包类赌博案件如何合理量刑 / 241

　　二、网络游戏平台银商行为的定性 / 243

　　三、诈赌结合类案件中的行为定性 / 246

第十二章　网络犯罪案件管辖

【法条链接】/ 250

【法条概述】/ 250

　　一、背景概述 / 250

　　二、网络犯罪案件管辖规则特点 / 251

【案例解读】/ 254

　　一、程某1、程某2、程某3开设赌场罪 / 254

　　二、王某等诈骗罪 / 256

【实务难点】/ 257

　　一、侦查管辖与起诉、审判管辖应当如何协调 / 257

　　二、确定侦查管辖机关后，是否可以进行全链条式的侦查 / 259

　　三、侦查机关管辖权重叠后应如何处理 / 261

　　四、检察机关应如何发挥监督作用 / 262

第十三章　网络犯罪案件电子证据

【法条链接】/ 264

【法条概述】/ 265

　　一、电子证据的界定 / 265

　　二、电子证据的审查与判断 / 267

【案例解读】/ 276

　　一、陈某等8人侵犯著作权案 / 276

　　二、张凯某等52人电信网络诈骗案 / 278

【实务难点】/ 281

　　一、电子证据是否适用最佳证据规则 / 281

　　二、仅有电子证据能否认定案件事实 / 283

　　三、如何利用电子证据证明犯罪嫌疑人身份 / 285

第一章
非法侵入计算机信息系统罪

【法条链接】

《刑法》第二百八十五条第一款规定：违反国家规定，侵入国家事务、国防建设、尖端科学技术领域的计算机信息系统的，处三年以下有期徒刑或者拘役。

《刑法》第二百八十五条第四款规定：单位犯前三款罪的，对单位判处罚金，并对其直接负责的主管人员和其他直接责任人员，依照各该款的规定处罚。

【罪名概述】

一、本罪的设立背景

自 20 世纪 90 年代始，我国计算机技术逐渐普及和发展。为了保护计算机信息系统的运行安全，促进计算机技术的应用和发展，国务院于 1994 年发布了《计算机信息系统安全保护条例》，《计算机信息系统安全保护条例》第四条强调，要重点维护国家事务、经济建设、国防建设、尖端科学技术等重要领域的计算机信息系统的安全。该条例所能带来的规制效果有限，加之90年代末英美等国频繁出现"黑客"入侵国家重要计算机信息系统的案件，我国立法机关出于预防类似行为可能造成严重社会危害的考量，于1997年《刑法》增设了非法侵入计算机信息系统罪，彰显保障计算机信息系统安全的决心，从而维护国家安全和利益。就当时而言，这应当说是一种走在实践前面的超前性和预测性立法。[①] 此后，针对司法实践中常出现的"计算机信息系统"和"计算机系统"界定不明等问题，2011年两高《危害计算机信息系统安全案件司法解释》对相关争议问题进一步明确。21世纪以来，信息技术的快速发展，使得网络空间不断扩大，单位逐渐成为本罪的常见主体，2015年《刑法修正案（九）》在《刑法》第二百八十五条第四款增加了单位犯罪的相关规定。

二、本罪的刑法条文解读

（一）保护法益

本罪的法益是三类重要领域计算机信息系统的安全。本罪规定在妨害社会管理秩序罪一章，因此也有观点认为，本罪保护的法益是国家对计算机信息系统的管理制度，具体而言是针对国家事务、国防建设、尖端科学技术等领域的计算机信息系统的管理。[②] 本书认为，本罪的客体应为复杂客体，既包括特定领域的信息系统安全，也包括国家对特定领域相关信息的保密制度以及国家事务、国防建设和尖端科学技术领域计算机信息系统的正常运行。目前计算机系统所能实现的已不仅仅是简单

[①] 吴尚聪等：《我国网络犯罪发展及其立法、司法、理论应对的历史梳理》，载《政治与法律》2018年第1期。

[②] 刘宪权：《刑法学》，上海人民出版社2022年版，第678页。

的存储功能，Web3.0时代①的到来已赋予计算机、互联网更多应用空间，诞生于Web1.0时代的本罪的法益也不应局限于管理秩序，而需稍作广义的理解。涉及关键领域，关涉国计民生的计算机信息系统一旦被非法侵入，不仅会破坏系统安全性能，带来泄露国家秘密的风险，也有极大可能对社会造成严重影响，进一步扰乱社会秩序，危害人民财产和生命安全。近些年来，有不少国际黑客组织对不同国家的部分政府网站、计算机系统发动大型黑客攻击，给国家安全造成冲击，因此围绕国家安全体系建设去解释本罪的法益不失为总体国家安全观下的有益尝试。

（二）客观方面

本罪的客观方面表现为实施违反国家规定，侵入三类重要领域计算机信息系统的行为。根据通说观点，"违反国家规定"是指违反全国人民代表大会及其常委会制定的法律和决定，国务院制定的行政法规、规定的行政措施、发布的决定和命令②；"侵入"是指未经国家有关主管部门合法授权和批准，通过计算机终端擅自访问国家重要计算机信息系统或进行数据截取的行为；"计算机信息系统"是指具备自动处理数据功能的系统，包括计算机、网络设备、通信设备、自动化控制设备等。

实践中，"侵入"方式主要包括以下四类：（1）行为人冒用合法用户身份非法进入相关计算机。既包括利用合法用户掌握的密钥进入计算机信息系统，也包括在合法用户进行登录时乘机混入该用户的信息系统。(2) 在仅具有有限权限的情况下超越其所获得的权限访问计算机系统。(3) 行为人利用计算机技术进行技术攻击，通过运用黑客软件，强行破

---

① Web3.0是相对Web1.0和Web2.0而言的，三者分别代表互联网发展的不同阶段。详见《Web3.0，勾勒下一代互联网模样》，载新华网，http://www.xinhuanet.com/techpro/20220629/e6e19a53807d4141b2a1bf90e7b8ae1a/c.html，最后访问时间：2023年7月10日。

② 张明楷：《刑法学》，法律出版社2021年版，第1371页。

解抑或巧妙绕开系统内的安全措施和安全装置,从而进入相关计算机信息系统。常见的表现方式为采用密码破解技术侵入目标计算机信息系统。(4) 行为人利用系统漏洞实现非法入侵。虽然目前计算机信息系统的安全性和稳定性正在不断提升,但是系统安全漏洞仍然存在,行为人在了解目标计算机的漏洞之后,就能快速实现攻击效果。早期黑客会通过系统建立时就存在的漏洞进入计算机信息系统,而当下实践中行为人则更多地选择木马程序实现入侵目的。但需要指出的是,随着计算机技术的不断升级,行为人的"侵入"方式也日新月异,迭代迅速,以上四种常见方式仅是列举,实践中存在更多的入侵方式,纷繁复杂,但针对行为人采取的各种方式,只需判断此种方式是否满足"侵入"内涵,是否能够实现"侵入"效果等要素即可,方式的变化往往不会动摇本罪客观方面的实质判断。

(三) 主观方面

本罪的主观方面为故意,即行为人明知其非法侵入的是上述三大领域的计算机信息系统,仍然故意非法侵入的心理状态。需要进一步明确的是,行为人所持的主观心态应是直接故意,而非间接故意。从认识因素上分析,由于三大重要领域的计算机系统在外观上具有区别于其他网站的特定标识,其防护技术、安全设置措施相较于普通网站也更为精密和严格,从行为人实施侵入行为的客观方面可以推断行为人对其行为及其行为的结果均是有所认识的。从意志因素上分析,行为人试图非法侵入安装有较强防护措施和安全措施的上述三类重要领域的计算机信息系统,意味着其在行为过程中不仅积极运用较强的计算机技术,而且在此过程中花费了大量的时间和精力,这就表明行为人积极、主动地追求侵入结果的发生,该行为和侵入结果是经过其意志选择的,可以认定行为人具有直接故意。然而行为人犯罪动机的差异并不影响本罪的成立。司法实践中，实施本罪的行为人的犯罪动机较为多样，有的犯罪分子是出于猎奇的心理，有的是为了炫耀技术，有的则是为了满足不法目的等，但是动机并无优劣之分，动机的不同并不对本罪的犯罪构成产生影响。此外本罪排除过失侵入的情形，但若行为人无意闯入相关计算机信息系统后，经有关部门警示仍不退出的，也应当视为故意非法侵入，构成本罪。

（四）行为主体

本罪的主体为一般主体。在司法实践中，本罪的犯罪分子往往具有较高的计算机技术水平，掌握一定计算机网络技术知识。其中大部分犯罪分子为"黑客"。黑客基于其能力又可划分为两种类型，一类是精通网络技术的人，通过编写攻击程序，开发黑客工具进行入侵；另一类是具备基础网络知识，掌握若干黑客软件的使用方法，利用其进行网络攻击的人。此外，实践中也不乏许多参与原计算机信息系统设计后实施侵入行为的犯罪分子。根据《刑法修正案（九）》增设的《刑法》第二百八十五条第四款的规定，单位也可以成为非法侵入计算机信息系统罪的主体。

【案例解读】

一、任某非法侵入计算机信息系统案[①]

（一）案情概述

2017年年底至2020年2月期间，被告人任某利用"X扫描器"扫描出开放端口的某省政务服务器，使用"爆破工具"获取目标服务器的部分操作权限，随后在服务器中新建用户，并使用该用户远程连接目标

---

① 此案例为作者根据工作、研究经验，为具体说明相关法律问题，编辑加工而得。

5

服务器。尔后，被告人任某以其掌握的服务器为跳板，进一步使用"X扫描器"对内网的端口开放情况进行扫描，在获取开放端口的内网服务器后，任某又使用黑客软件对服务器的用户名和密码进行爆破，从而达到非法侵入计算机信息系统的目的。在每次成功侵入服务器后，任某又使用杀毒、打补丁、关闭端口等方式来防止其他黑客侵入该台服务器。经勘验，被告人任某使用上述方法非法侵入某省政务网服务器10台。法院认为，被告人任某的行为构成非法侵入计算机信息系统罪。

（二）案情分析

本案是一起非法侵入计算机信息系统案件，且该案呈现出本罪鲜明的"强技术性"的特征。在本案中，犯罪嫌疑人任某先后利用"X扫描器""爆破工具"等黑客软件，在未经授权、未经批准的情况下，故意侵入多台某省政务服务器，属于国家事务领域的计算机信息系统。省政务服务器的主体是国家机关，其内存信息涉及省级甚至全国层面的重要信息，属于国家事务的范围。综上，任某的行为符合非法侵入计算机信息系统罪的构成要件，构成本罪。

二、李某非法侵入计算机信息系统案[1]

（一）案情概述

2017年，某市公安局交通警察支队与某科技公司签订工程合同，由该科技公司进行某系统开发与测试。2017年至2020年5月，被告人李某伙同曾参与上述程序开发的被告人叶某，二人经预谋，由叶某以二维码形式提供该系统测试入口，由被告人李某、王某、黄某等人在未经授权的情况下，多次侵入该系统为他人处理交通违法缴费信息，利用部分被

---

[1] 此案例为作者根据工作、研究经验，为具体说明相关法律问题，编辑加工而得。

罚款者不知晓可自行缴纳罚款的信息差,为他人代缴罚款,其中有部分被罚款者知晓而仍委托被告代办,被告从中获利。

(二) 案件分析

本案是一个较有争议的案件,争议的焦点主要集中在涉案系统的定性问题上,即该系统是否属于国家事务领域范围内的计算机信息系统。有观点认为,涉案系统属于国家事务领域的计算机信息系统,李某等人未经授权,利用系统开发过程中的漏洞,绕开安全机制,通过该系统的测试入口进入该系统的行为,满足非法侵入计算机信息罪的构成要件,成立非法侵入计算机信息系统罪既遂。还有观点认为,涉案系统属于地方行政服务平台,且该平台所载信息明显也仅是区域内的交通违章信息,不具有全国性的特征,因此认为该系统不属于国家事务领域的计算机信息系统,李某等人的行为不构成非法侵入计算机信息系统罪,依据《治安管理处罚法》的规定,给予行政处罚即可。

基于刑法谦抑性原则的考量,本书认为行为人李某和叶某的行为并不构成本罪。第一,对于系统的定性不明,不宜作出对行为人不利的解释。该系统属于地方行政机关和企业合作开发的系统,其内部承载信息的涉密性较低,将其认定为国家事务领域的计算机信息系统恐会造成此类认定的泛化,不利于罪刑法定原则的遵循。法之良善在于法之运行。非法侵入计算机信息系统罪的根本在于预防系统运行能力的被破坏与机密的外泄,但网络、计算机系统并不全然涉密,也并不一定具备即时的全局传染性。[①] 纯粹的客观解释将带来网络犯罪治理的扩大化和入罪化,为了防止以客观解释之名行"解释者立法"之实的危险,采用"主观的

---

① 焦占营、桑宇:《由国家事务的商榷到实质出罪——以李某等非法侵入计算机信息系统案为引》,载《广西政法管理干部学院学报》2022年第1期。

客观解释论"缓和纯粹的或者说极端的客观解释论,① 能够有效阻遏不断泛化的入罪化、前置化倾向。其实,刑法保护前置化的社会法益,如本罪预备行为的正犯化,已然是从严、从重打击的体现了,其本身并没有排除重罪的适用,因此实践中对于本罪的适用更应当保持警觉和审慎,实质判断行为人的行为是否满足犯罪构成要件、是否符合立法原意和刑法谦抑性。

第二,行为人特殊预防的必要性较低,法益侵害程度不高,从特殊预防必要性的角度看,李某和叶某的行为不构成本罪。从形式入罪的角度看,本案中李某的行为符合形式入罪的标准,但从实质出罪论的角度看,李某的行为并不符合非法侵入计算机信息系统罪的犯罪构成。首先,从法益侵害的角度判断,在符合形式入罪标准的情况下,仍需要对行为的法益侵害进行实质判断,将没有法益侵害性的行为出罪。本案中,李某侵入的系统并不属于构成要件保护的"法益侵害"的系统,从而不应当被认定为犯罪。涉案系统仅仅涉及某地地方交通情况,属于地方的交通事务平台,其内部所载信息也仅是地方交通运行情况,与国家事务、国防建设、尖端科学技术领域的信息安全、数据安全、国家秘密等内容相去甚远,故其侵入该系统的行为不应被认定为非法侵入计算机信息系统罪。其次,行为人李某的角色类似于居间介绍人,其利用大众不熟悉缴纳罚款流程的心理,由叶某从当初设计系统时预留的入口进入,帮助这类群体缴纳罚款,从而赚取收益。在此过程中,难言其具有侵入重要计算机系统可能造成的较重社会危害性。而且行为人李某和叶某并无侵入国家事务领域计算机系统的认知,对国家事务存在认知偏差,虽然该偏差本身不会对罪与非罪的认定产生影响,但确会影响对行为人可谴责性的具体判断。

---

① 刘艳红:《网络犯罪的法教义学研究》,中国人民大学出版社2021年版,第330页。

第一章 非法侵入计算机信息系统罪

【实务难点】

一、如何准确界定"国家事务"

以"非法侵入计算机信息系统罪"为判决结果,在中国裁判文书网上进行检索,共得到 80 份有效判决书[①],80 个案件均是非法侵入国家事务领域计算机信息系统的案件,占比达到 100%。由此可见,非法侵入国家事务领域的计算机信息系统是司法实践中最为常见的案件类型,因此准确界定"国家事务"的范围是妥善定罪量刑的关键。根据 2011 年两高《危害计算机信息系统安全案件司法解释》第十条规定,对于是否属于《刑法》第二百八十五条规定的"国家事务、国防建设、尖端科学技术领域的计算机信息系统"难以确定的,应当委托省级以上负责计算机信息系统安全保护管理工作的部门检验,司法机关根据检验结论,并结合案件具体情况作出认定。根据该司法解释,实践中,司法工作人员大多采用委托检验的方法对相关计算机信息系统的性质进行界定,上述 80 个案件中共有 39 个案件采取了委托检验的方法,占比达 48.1%。但该路径不是解决实践困惑"一刀切"的路径。首先,省级以上检验部门的认定标准并不明确和公开,无法解释疑问和提供指导。其次,司法解释仍然要求司法工作者在获得检验结论后,结合案件具体情况作出认定,留下了自由裁量的空白。因此,"国家事务"范围的界定标准及方法仍需明确。

[①] 检索案件条件为"刑事案件+一审案件+判决结果:非法侵入计算机信息系统罪+判决书",共得到一审判决书 81 份,在对内容进行筛选后,排除重复案件,得到有效判决书 80 份,https://wenshu.court.gov.cn/website/wenshu/181217BMTKHNT2W0/index.html?pageId=6a3ac86bf775b87786c2957989f2ab9f&s21=非法侵入计算机信息系统罪,最后访问时间:2023 年 4 月 20 日。

9

对于"国家事务"的认定，存在扩大解释和严格解释的分歧。主张扩大解释者认为国家事务的范围包括政治、经济、金融、海关等一系列活动，并认为地方行政机关的事务也属于国家事务。理由主要是基于风险社会的考量，由于计算机信息系统控制着社会生活无数不可或缺的活动领域……容易被犯罪分子攻击或利用，[①] 因此，网络犯罪的犯罪黑数仍然存在，应继续加强对网络犯罪的规制。主张严格解释者则认为对国家事务的界定应根据其内部信息性质是否属于全国层面的信息进行划分。该罪的适用一直处在较低的水平，很多后续行为的衍生发展又容易与他罪发生竞合，没有必要通过扩大化解释"国家事务"来实现积极预防。

本书基于贯彻罪刑法定原则精神，总体持限缩的观点，认为应当对"国家事务"作审慎解释，并建议采取以下方法界定实践中的"国家事务"领域计算机信息系统。

（一）文义解释：紧抓"国家"定语

从文义解释角度出发，应当紧抓"国家"这一定语，将事务限缩在国家范围里。判断是否属于国家事务，应判断事务本身是否具有国家属性，而非根据其作出主体、系统所属主体是否具有国家属性。"国家"这一定语是用来修饰"事务"的，蕴含指出事务特征的功能。国家机关日常工作的复杂性也决定了其处理的事务并非都是国家层面的事务，对部分处理非国家事务领域的计算机信息系统不应纳入本罪范围。因此，对于实践中行为人侵入一些地方国家机关处理非国家层面的事务平台、网站的，不应认定为本罪。

[①] 参见［德］乌尔里希·齐白：《全球风险社会与信息社会中的刑法》，周遵友、江溯译，中国法制出版社2012年版，第303页。

（二）体系解释：三个领域相当

从法条位置上看，"国家事务"与"国防建设""尖端科学技术领域"并列。是故，三者的性质及重要程度应当具有相当性、相称性。实务中，可采取横向比较的方式，来确定案件所涉及的信息系统是否具有相称的重要程度，从而得出结论。

（三）历史解释：严格限定范围

1994年《计算机信息系统安全保护条例》曾规定四类重要的计算机信息系统，分别是国家事务、经济建设、国防建设、尖端科学技术。但在写入《刑法》时，立法者删除了"经济建设"这一大类，仅保留了"国家事务、国防建设和尖端科学技术领域"三类重要领域作为本罪的行为对象，这一限缩表明了当时立法者审慎的态度，为本罪的犯罪对象设置了一个较高的入罪门槛。根据2011年两高《危害计算机信息系统安全案件司法解释》的价值取向，对于非法侵入计算机信息系统罪的适用，也应当坚持慎用、少用的原则。[1]

（四）安全保护等级提示

"国家事务"的认定或可从其保护法益出发，反面判断实践中的疑难案件。本罪保护的主要是重要领域计算机信息系统的安全。其中，安全保护措施等级的差异在一定程度上也反映了计算机信息系统的重要程度。我国网络安全等级分为五个等级，包括自主保护级、指导保护级、监督保护级、强制保护级和专控保护级。其中设定了第四、第五等级安全保护措施的计算机信息系统的重要程度不言自明，且安全保护等级的

---

[1] 喻海松编著：《实务刑法评注》，北京大学出版社2022年版，第1245页。

认定程序相对完善，需经过定级、备案、安全建设、测评、监督检查等环节。因此以安全保护等级为参照，可为实务中认定"国家事务"提供可以量化的标准。

(五) 涉密等级提示

"国家事务"的认定除可以参照安全保护等级外，还可以通过计算机系统内数据、信息涉密等级的高低来加以佐证。我国的国家秘密分为秘密、机密和绝密三级，相对应的涉密计算机信息系统也分为三级。国家事务的认定，除关注系统的正常运行外，更多的是数据、信息的安全，因此以秘密级别来反推涉案计算机信息系统的属性具有一定的合理性。

综上，本书认为在未明确三大重要领域计算机信息系统概念前，仍需秉持慎用、少用的原则，采取上述方式对"国家事务"作合适的限缩解释，合理认定涉案计算机信息系统性质。这既符合罪刑法定基本原则，也是严守刑法谦抑性的表现。

二、如何理解"非法侵入"这一行为类型

"侵入"为非法侵入计算机信息系统罪客观方面的表征，准确认定侵入行为将是缓解司法实践困惑的有效途径。我国的立法或是司法解释没有对如何解释"非法侵入"作出明确的规定。

国内通说认为，"非法侵入"从其性质上来说是指非法用户，即无权进入、未获批准和授权的人，擅自进入、调取、访问计算机信息系统内的系统资源，关涉系统内存储信息安全的行为。

部分域外立法对"非法侵入"有所界定，如美国联邦立法在规定非法侵入计算机信息系统时明确规定了"非法"的含义是"未经授权或超越授权范围"，未经授权是指行为人在存取特定计算机系统时不具备所进行存取行为的操作权限；法国关于非法侵入的规定是采用欺诈手段，

进入或不肯退出某一资料数据自动处理系统之全部或一部的行为；欧洲理事会《网络犯罪公约》则明确规定，应当将"故意实施的非授权侵入一个计算机系统的全部或者部分的行为规定为犯罪"。[1] 梳理上述立法规定，其大多未直接使用"侵入"这个词语，转而使用的是"访问""进入"等较为中性的表达，这其实与他们规定的被侵入对象范围的广泛性密切相关。而我国既然对行为对象进行了限制性的规定，中性词汇的表述并不能显示出本罪的社会危害性，且从司法实践的角度来看，行为人的相关行为表征也不符合平稳进入的特征，因此在理解"侵入"一词时应当基于本国的国情，基于中文语义作出合适的解释。

本书认为，除从词语性质对行为方式进行划定外，为进一步准确解释"非法侵入"这一行为方式，可从以下几个方面加以考察。

首先，可以从本罪沿革的角度进行考察。本罪诞生于 Web1.0 时代，Web1.0 时代网络犯罪的代际特征主要为物理性，包括犯罪对象和犯罪方法上的物理性。由于计算机系统安全漏洞必然存在，系统具有一定的脆弱性，非法用户可以利用系统安全漏洞，在未经授权的情况下访问系统，危害计算机系统安全，1997 年《刑法》才设立了本罪名。因此在理解"非法侵入"这一行为方式时，不妨抓住"物理性"这个特征，对相关行为作出妥善的认定。但是需要指出的是，物理性的行为表征在近些年随着信息技术的不断发展，也受到了一定质疑，有学者指出侵入方式必须是通过信息技术方式实施，而非通过物理方式实施。[2]

其次，"侵入"方式具有类型化特征。通过归纳梳理侵入方式类型，总结其特征，可为司法实践的具体认定提供思路。根据侵入方式的技术特性，可以将实践中常见的侵入方式归纳为三种基本方式。一是借以非法方式获取的账号、密码、数字证书等凭证，冒充合法用户登录相关计

---

[1] 参见皮勇：《网络犯罪比较研究》，中国人民公安大学出版社 2005 年版，第 103 页、第 104 页。
[2] 参见王肃之：《网络犯罪原理》，人民法院出版社 2019 年版，第 199 页。

算机信息系统，查阅其信息；二是运用基础网络设备，如无线路由器等接入计算机信息系统，查阅其信息；三是开发、运用黑客软件、木马程序，破解密码或是绕开安全机制，进入计算机系统，影响计算机系统的正常运行。实践中，最为常见的行为类型是第三种，即行为人通过运用其掌握的黑客攻击技术进行安全攻击，破坏原本设定的安全保障机制使其失效，从而侵入目标计算机信息系统。对于广泛讨论的网络爬虫技术是否可基于技术中立原则而排除刑事处罚范围，本书认为，其核心点仍在于爬虫技术使用的边界。互联网服务公司在使用爬虫技术时，若影响目标计算机信息系统的正常运行，或是恶意突破反爬虫技术，进行数据抓取，对重要网站、重要平台的运行造成影响的，符合本罪的犯罪构成。

此外，善意侵入不能阻却行为人的违法性。根据行为人动机的差异，侵入行为可分为恶意侵入和善意侵入两大类。恶意侵入通常是指行为人为了获取非法利益，或者满足非法目的而实施的非法侵入行为；善意侵入通常是指行为人基于向有关部门表明该网站安保系统漏洞的动机而实施的非法侵入行为。例如胡金某非法侵入计算机信息系统罪一案[①]中，行为人胡金某共随机侵入了 6 个政府网站，并将相关漏洞截图发布至"漏洞信息报告平台"，其犯罪目的仅是表明相关政府网站的漏洞，以提醒相关政府部门。鲜有部分犯罪嫌疑人以随机侵入方式来炫耀自身技术的案件。但是无论是善意还是恶意，其行为可能造成的危险是确定的，且善意心态不属于违法阻却事由。是故，善意入侵和恶意入侵的类型划分仅具有量刑参考上的作用，用于判断行为人的主观恶性，并不对定罪产生影响。

再次，司法实践中对于"侵入"是否需要满足"破坏性"这一特征

[①] 河北省丰宁满族自治县人民法院（2019）冀 0826 刑初 75 号刑事判决书，载中国裁判文书网，https://wenshu.court.gov.cn/website/wenshu/181107ANFZ0BXSK4/index.html?docId=ZaaP19pDiJoHUqEOkOrOUkRZ3qqxctSA2qyOsP9xavneQ5RQ9ERepPUKq3u+IEo491fzaKIbR+W5HR6dVwqsMUzjYnQ4kYfvirDVWK+bNT/RCoNmebhkFxdIXmppgxpZ，最后访问时间：2022 年 11 月 29 日。

尚存一定争议。本书认为，不应以"破坏性"的属性去限定本罪客观方面的行为类型。在非法侵入计算机信息系统罪的犯罪构成中，基于前文论述，本罪的犯罪对象限定在了一个较为特定的范围，倘若进一步对行为方式进行限定，将不利于本罪司法实践的适用。并且侵入行为往往带有一定的技术中立性质，难以言明其是否带有"破坏性"特征，容易造成司法适用的混乱。此外，"破坏性"特征的引入有混淆本罪和"破坏计算机信息系统罪"的可能，不利于二者之间的合理界分，因此增加对"破坏性"属性的考量可能有害无益。

最后应当明确的是，本罪存在犯罪未遂的情况。即使认为本罪属于行为犯，也应当肯定本罪存在犯罪未遂。对于行为犯而言，也需要联系法益侵害来区分既遂与未遂。要成立非法侵入计算机信息系统罪既遂，需要行为人成功进入特定计算机信息系统，侵而不入的则应当认定为未遂。

三、非法侵入计算机信息系统罪的罪数形态

非法侵入计算机信息系统罪严格而言，在立法上属于保留条款，即备用条款，不应当大范围适用，案件能够适用其他罪名的，就不应当适用非法侵入计算机信息系统罪，对本罪的适用应当保持克制。本罪也存在想象竞合的情况，或与破坏武器装备、军事设施、军事通信罪发生想象竞合。[1]

---

[1] 具体而言，根据2007年最高人民法院《危害军事通信案件司法解释》第六条第三款的规定，违反国家规定，侵入国防建设、尖端科学技术领域的军事通信计算机信息系统，尚未对军事通信造成破坏的，依照刑法第二百八十五条的规定定罪处罚；对军事通信造成破坏，同时构成刑法第二百八十五条、第二百八十六条、第三百六十九条第一款规定的犯罪的，依照处罚较重的规定定罪处罚。

(一) 非法侵入计算机信息系统罪和提供侵入、非法控制计算机信息系统程序、工具罪的区别

后罪通常被认为是帮助行为正犯化的表现。从该罪的立法进程来看，由于计算机技术的不断发展与普及，一系列黑客软件、木马程序等软件成为"傻瓜式软件"，即用即得，许多犯罪分子无需依赖较高的计算机知识背景，也可借简单操作黑客软件实现非法侵入。针对此类激增的网络犯罪帮助行为，《刑法修正案（七）》增设了提供侵入、非法控制计算机信息系统程序、工具罪，完成了对危害计算机信息系统的帮助行为的单独评价，相关的帮助行为单独适用将帮助行为实行化后的独立罪名，不再适用《刑法》总则中关于共同犯罪的规定。至此，计算机犯罪罪名体系得以确立，对于可能侵犯计算机信息系统的行为在法律上都予以了规定，"侵入—获取—破坏—帮助"这一犯罪链条上的行为都被置于刑法的控制之下。

具体而言，两罪之间既有联系也有区别。两罪的区别主要体现在以下几个方面：第一，在犯罪客观方面，前罪的客观方面表现为非法侵入行为，而后罪的客观方面表现为行为人通过研发等方式向他人提供可能避开或者突破计算机信息系统安全保障措施，从而获取数据或者实现控制的程序、工具，或者在他人实施危害计算机信息系统安全的行为时，为其提供相关的工具、程序，给予帮助。第二，前罪是行为犯，只要行为人实施了非法侵入行为，即构成前罪；后罪的成立则需要满足情节严重这一要件。第三，两罪的行为对象也不尽相同。后罪的行为对象较为广泛，比如常见的游戏外挂等，而前罪的行为对象则是固定的，即上文所述的三类重要系统。司法实践中，更为常见的是两罪交织的情形。如行为人明知他人实施侵入计算机信息系统的违法犯罪行为，而为其提供程序、工具，并参与实施了非法侵入计算机信息系统的具体犯罪行为。

在此情况下，行为人实施的行为既符合了非法侵入计算机信息系统罪的构成要件，又满足了提供侵入、非法控制计算机信息系统程序、工具罪，基于两个行为之间紧密联系的特征，不宜数罪并罚。较为妥善的处理方案是按照"从一重罪处断"的原则，比较两罪轻重，按照重罪处断。

（二）非法侵入计算机信息系统罪和破坏计算机信息系统罪的区别

两罪的区别主要表现在以下五点。第一，二者的行为对象不同。前罪的行为对象是三类重要领域的计算机信息系统。后罪的行为对象范围较为广泛，包括普通的计算机信息系统，以及计算机信息系统内存储、处理或者传输的数据和应用程序。其中未联网的微型计算机也属于后罪的行为对象。第二，二者的行为方式存在明显差异。前罪的行为方式为"非法侵入"；后者的行为方式则较为复杂，包含多种类型，根据《刑法》的规定主要存在下面三种情况：(1) 违反国家规定，对计算机信息系统功能进行删除、修改、增加、干扰，影响计算机信息系统正常运行，后果严重的；(2) 违反国家规定，对计算机信息系统中的数据和应用程序进行删除、修改、增加，后果严重的；(3) 故意制作、传播计算机病毒等破坏性程序，影响计算机信息系统正常运行，后果严重的。第三，前者为行为犯，只要行为人实施了非法侵入行为，即构成前罪。后者则要求造成严重后果。第四，二者的犯罪动机、目的不尽相同。实施前罪行为的行为人往往是基于了解、掌握、利用计算机信息系统中储存的信息及其运作状态或是功能的目的实施了非法侵入行为。实施后罪的行为人则是以破坏该信息系统的完整性为主观目的，希望或者放任破坏后果，即计算机信息系统不能正常运行或其他严重后果的出现。第五，二者的刑罚不同。其中前罪的法定刑为3年以下有期徒刑或者拘役，后罪具有基本罪和重罪两个构成类型，后果严重的，处5年以下有期徒刑或者拘役；后果特别严重的，处 5 年以上有期徒刑。

但是需要指出的是，两者之间可发生牵连关系和并罚关系。如果行为人非法侵入了三类重要领域的计算机信息系统后，又进一步实施了破坏行为，并且造成了严重后果，由于两个行为存在分离，出于全面评价的原则，应按非法侵入计算机信息系统罪和破坏计算机信息系统罪数罪并罚。另一种情况是，行为人以破坏为目的，实施了非法侵入上述三类重要领域的计算机信息系统的行为，则构成牵连关系，以非法侵入计算机信息系统罪和破坏计算机信息系统罪择一重罪论处，最终定破坏计算机信息系统罪。

（三）非法侵入计算机信息系统罪与非法获取计算机信息系统数据罪的区别

两罪的区别主要有以下三点。第一，二者的行为对象不同，这也是两罪最主要的区别。前者的行为对象限定在三类重要领域的计算机信息系统，后者的行为对象则是除了上述三个重要领域之外的其他计算机信息系统。第二，二者的行为方式不同。前者要求行为人实施"侵入"行为，后者的行为方式则包括"侵入"和"采取其他技术手段"。具体而言，非法获取计算机信息系统数据罪中的"其他技术手段"包括通过建立虚假网站、自制木马、编写代码的方式获取数据，有时甚至不需要进入他人计算机就可以获取其他计算机信息系统中的相关数据。第三，前者属于行为犯，即只要求有侵入行为即构成非法侵入计算机信息系统罪；后者属于结果犯，要求除实施侵入行为或者采用其他技术手段外，还要实施读取数据的行为，包括但不限于摘抄、复制、下载、拍照等，并且要求达到情节严重的程度。

（四）非法侵入计算机信息系统罪与非法控制计算机信息系统罪的区别

两罪的区别主要体现在下面四点。第一，二者侵犯的法益不同。前罪保护的法益主要是关系国家安全、社会秩序和公共利益的重要计算机信息系统的安全，后罪保护的法益则主要是国家对网络秩序的管理和规范。第二，二者的行为对象不同。前罪的行为对象是三类重要领域的计算机信息系统。后罪的行为对象是除了上述三个重要领域之外的计算机信息系统。第三，前罪属于行为犯，即只要求有侵入行为即构成前罪，后者属于结果犯，要求非法控制计算机信息系统达到情节严重的程度。第四，"侵入"和"控制"的行为程度不同。"侵入"一般仅是进入系统进行访问，而实施"控制"行为的犯罪嫌疑人除进入访问外，还实施了增加、删除、修改相关数据的行为，但未达到破坏系统正常运行的程度，或是实施了插入控制程序的行为。

（五）牵连犯与吸收犯之辨析

该争议问题主要体现在对后续行为的认定上，即当行为人后续行为的犯意产生于侵入行为之前时，如何认定非法侵入计算机信息系统的行为和后续行为之间的关系。对于该争议，主要存在两条解释路径，一条路径认为，此时应成立吸收犯，非法侵入计算机信息系统的行为是其后续行为的前提，或者说是其后续行为发展所必经的阶段。另一条路径认为应成立牵连犯，侵入行为是后续行为的手段行为，应当认定为牵连犯。[①]

本书认为对于具体问题应具体分析，从前后行为紧密程度着手判断。

---

① 参见江溯主编：《网络刑法原理》，北京大学出版社2022年版，第134页。

以贾志某编造、故意传播虚假恐怖信息案①为例,2008年被告人贾志某利用其所掌握的计算机知识,对某省地震局网站进行网络攻击,并在当日发布了自己编造的标题为"23:30某某等地有强烈地震发生"的虚假信息,最后法院以编造、故意传播虚假恐怖信息罪对被告人贾志某进行定罪量刑。在该案中,行为人侵入地震局网站的行为是后续编造、故意传播虚假恐怖信息行为的手段行为,即侵入是手段行为,编造、故意传播为目的行为,二者之间存在明显的手段行为和目的行为的关系,行为人具有两个犯罪故意,实施了两个行为,但由于两个行为之间的牵连关系,择一重罪论处。实践中也不乏犯罪分子为境外窃取、刺探国家秘密而实施非法侵入行为的案件。在此类案件中,侵入行为和后续的窃取、刺探行为之间具有较强的紧密性,在时间和空间的评价维度上均具有不可分离性,理应属于犯罪的同一进程。这与非法侵入住宅和入室盗窃二者的关系具有异曲同工之处。因此,对于此类行为,认定为吸收犯更为合适。

四、非法侵入计算机信息系统行为行刑衔接问题

我国刑法网络犯罪罪名体系经历了不断扩展的过程,并呈现出回应性扩张、预防性前置、概括开放性的特点。② 许多司法工作人员面对纷繁复杂的网络行为时面临着认定困难的困境,在从严打击的网络犯罪刑事政策的指引下,容易对某些构成要件作扩张解释,甚至是类推解释。但是这种做法无疑是不可取的,我们没有理由无视刑法的基本原理,在罪名认定方面采用一种激进的解释策略。③ 非法侵入计算机信息系统罪

---

① 参见高伟、刘民利、张鹏:《编造并发布虚假地震信息构成编造、故意传播虚假恐怖信息罪》,载《人民司法》2009年第6期。
② 江溯主编:《中国网络犯罪综合报告》,北京大学出版社2021年版,第2页。
③ 马永强:《正向刷单炒信行为的刑法定性与行刑衔接》,载《法律适用》2020年第24期。

在司法实践中也存在上述问题，如对"国家事务"领域的计算机信息系统作扩大解释。根据对中国裁判文书网 80 份有效判决的统计分析，非法侵入计算机信息系统罪呈现出整体案件情节较轻的特征，未有侵入国防建设、尖端科学技术领域计算机信息系统案件。比如已有判决中存在侵入道路运输管理局为驾校学员设立的学时系统的案件，另有 8 个案件的被告人涉及非法侵入公安交警警务云平台，非法查询车辆违章信息。这些轻微侵入行为入罪，不免引起对打早打小的网络犯罪治理刑事政策的反思。司法实践中，本罪的适用不太符合立法原意，实则有侵占行政处罚适用空间的倾向，将部分行政违法行为也上升为犯罪行为，不符合目前刑罚轻缓化的征象。

2021 年修订的《行政处罚法》建立了较为完善的双向行刑衔接制度，包括正向衔接和反向衔接。正向衔接是指行政机关在办案过程中，发现涉嫌犯罪的，应当移送公安、司法机关立案侦查；反向衔接则指公安、司法机关立案侦查的案件，检察机关经审查依法作出不起诉决定后，需要给予行政处罚的，由检察机关向有关主管机关提出处理建议，并移送相关案件。司法实践和理论研究对于正向衔接的关注较高，而往往忽视了反向行刑衔接的制度价值。

本书建议司法工作人员积极发挥反向行刑衔接的制度价值，审慎认定三类重要领域计算机信息系统的范围，对于尚不构成非法侵入计算机信息系统罪的案件，但可能违反《网络安全法》《治安管理处罚法》的行为，由检察机关提出检察建议，将此类案件反向移送给公安机关，对其进行行政处罚。这种做法严格遵守罪刑法定的要求，也能对相关行为人起到警示教育的作用。此外，低适用率并不意味着本罪不能起到预防犯罪和惩治犯罪的效果，作为备用法条的非法侵入计算机信息系统罪有其独立的法条价值，不容否定。因此不必为了提高本罪的适用率而绞尽脑汁，源头治理、综合治理才是网络犯罪治理的必由之路。

第二章
非法获取计算机信息系统数据、非法控制计算机信息系统罪

【法条链接】

《刑法》第二百八十五条第二款规定：违反国家规定，侵入前款规定以外的计算机信息系统或者采用其他技术手段，获取该计算机信息系统中存储、处理或者传输的数据，或者对该计算机信息系统实施非法控制，情节严重的，处三年以下有期徒刑或者拘役，并处或者单处罚金；情节特别严重的，处三年以上七年以下有期徒刑，并处罚金。

【罪名概述】

一、本罪的设立背景

我国境内互联网的使用人数、互联网运营数量呈爆发式增长，人们对于计算机的使用频率以及依赖程度都逐渐提升，相应的侵犯计算机信息系统的行为也不断滋生。

第二章　非法获取计算机信息系统数据、非法控制计算机信息系统罪

1997年《刑法》中关于计算机犯罪的规定主要在于维护国家安全，因此其规制范围也集中在国家事务、国防建设、尖端科学技术领域，而非普通数据网站领域，使得司法实践中对于违反国家规定，侵入除国家事务、国防建设、尖端科学技术领域外的计算机信息系统或采用其他技术手段，获取存储、处理或传输的数据，或对计算机信息系统进行非法控制等行为无法可依。随着互联网技术的不断发展网络犯罪的不断蔓延，现有法律已经无法满足当时维护互联网安全的现实需求，正如德国学者希尔根多夫教授指出："现在，网络几乎与公路网一样成为公共基础设施不可或缺的组成部分。毫不夸张地说，我们的生活世界因此跨入了一个全面的数字化时代。随着新型信息和通讯技术的发展，出现了新型的危害社会的和犯罪的行为方式。"[1] 因此，立法机关在2009年颁布的《刑法修正案（七）》中增设非法获取计算机信息系统数据、非法控制计算机信息系统罪。

二、本罪的刑法条文解读

本罪属于选择性罪名，当行为人实施了其中一种行为时，以该行为单独作为罪名；行为人同时实施该罪名的两种行为时，以该两种行为作为罪名，而不实行数罪并罚。非法获取计算机信息系统数据罪属于复行为犯，即刑法在该条文中同时规定了手段行为和目的行为，成立该罪需要首先侵入计算机信息系统，因为仅侵入国家事务、国防建设、尖端科学技术领域以外的计算机信息系统并不构成独立的罪名，所以该手段行为作为非法获取计算机信息系统数据罪的前提条件。2011年两高《危害计算机信息系统安全案件司法解释》对非法控制计算机信息系统罪进行了扩大解释，该解释第一条第三款规定"明知是他人非法控制的计算机

---

[1] ［德］埃里克·希尔根多夫：《德国刑法学：从传统到现代》，江溯、黄笑岩等译，北京大学出版社2015年版，第422页。

信息系统，而对该计算机信息系统的控制权加以利用的，依照前两款的规定定罪处罚"。这种利用计算机信息系统控制权的行为可能构成本罪的共犯，也可能构成单独正犯，也就是说非法控制是一种持续行为，由此构成的犯罪属于继续犯。[1] 在理解该罪中规定的"前款规定以外"时应注意其并不是真正的构成要件要素，而是表面要素：一方面，如果行为人误以为侵入普通计算机信息系统进而获取相关数据，但实际上侵入了国家事务、国防建设、尖端科学技术领域的计算机信息系统，应认定为非法获取计算机信息系统数据罪；另一方面，即使行为人侵入的是国家事务、国防建设、尖端科学技术领域的计算机信息系统，获取该计算机信息系统中存储、处理或者传输的数据，或者对该计算机信息系统实施非法控制，情节特别严重的，也应认定为非法获取计算机信息系统数据、非法控制计算机信息系统罪，因为该罪的法定刑重于非法侵入计算机信息系统罪，如果将"前款规定以外"理解为真正的构成要件要素，就会导致法条之间的不协调与处罚的不均衡。[2]

（一）保护法益

《刑法修正案（七）》新增的该罪属于典型的针对计算机信息系统的犯罪，该罪保护的法益核心为数据的机密性不受非法侵犯和可用性不受非法侵害，以及计算机信息系统的正常运行秩序。

1. 数据的机密性：1997 年我国《刑法》颁布后仅规定了侵入国家事务、国防建设、尖端科学技术领域的行为构成犯罪，一些不法分子则利用技术手段非法侵入《刑法》第二百八十五条以外的计算机信息系统，窃取他人账号、密码等信息，对于这类严重的违法行为应予以犯罪

---

[1] 参见陈兴良：《网络犯罪的类型及其司法认定》，载《法治研究》2021 年第 3 期。
[2] 参见张明楷：《刑法学》，法律出版社 2021 年版，第 1372 页。

第二章 非法获取计算机信息系统数据、非法控制计算机信息系统罪

化。[1] 从体系性解释的角度看,《刑法》第二百八十六条破坏计算机信息系统罪第二款也规定了保护数据安全,该款禁止对数据"删除、修改、增加",那么本罪所涵盖的行为应当是数据的"删除、修改、增加"之外的数据操作行为,从 2000 年全国人大常委会《关于维护互联网安全的决定》第四条第二项规定禁止"非法截获、篡改、删除他人电子邮件或者其他数据资料"可以看出获取行为包括截获行为,由此可知获取行为侵害的主要是数据的机密性——权利人不想让该数据为他人所知晓,该权利体现为对数据机密性质的状态设定。[2] 2017 年 10 月 10 日最高人民检察院发布的检例第 36 号(卫梦某、龚某、薛东某非法获取计算机信息系统数据案)也表明该罪保护系统数据的机密性,打击非法获取、复制和下载行为。

2. 数据的可用性:数据三种安全性质包括机密性、完整性和可用性,非法获取计算机信息系统数据罪保护的法益还包括数据的可用性。例如,行为人在未经手机绑定 ID(Identity Document,即某一体系中相对唯一的身份标识编码)用户的同意下,本人或者委托他人利用网上租用的"钓鱼网站"等方式非法获取进入苹果官方服务器的 ID 密码,对手机与 ID 进行解除绑定的操作。[3] 苹果 ID 可以在任何计算机终端使用,是用于确认用户在计算机系统操作权限的数据,属于计算机信息系统数据。行为人非法获取苹果 ID 密码的行为不仅破坏了数据的机密性,并且导致

---

[1] 参见高铭暄:《中华人民共和国刑法的孕育诞生与发展完善》,北京大学出版社 2012 年版,第 513 页。

[2] 参见郭旨龙:《非法获取计算机信息系统数据罪的规范结构与罪名功能——基于案例与比较法的反思》,载《政治与法律》2021 年第 1 期。

[3] 参见广东省中山市中级人民法院(2017)粤 20 刑终 258 号刑事判决书,载中国裁判文书网, https://wenshu.court.gov.cn/website/wenshu/181107ANFZ0BXSK4/index.html?docId=vUmy3C2ryomW6Y8c+HOdX1FxvXsz8+XT7C1vsNJ4OEKDnkoBRgITPm29YNh4WsY4ZuzuCSIJIE9PSfbcIY6GK5BHq9I0moCsTMaH4bEzbCs7FUJWInapbFyly/kAWrba,最后访问时间:2022 年 12 月 1 日。

该手机无法使用该 ID 数据享受苹果官方服务器提供的一系列服务,[①] 即侵犯了数据的可用性。

(二) 客观方面

1. "违反国家规定"的理解与适用

刑法中有很多关于"违反国家规定"的罪名表述,不同的条文中"违反国家规定"的地位和作用并不一致,有些作为构成要件要素而存在,即认为行为人构成犯罪与否需要以前置性法律法规为依据,有些则仅仅指示违法性,或者只是表示没有经过行政许可程序,或者只是相关表述的同位语等。[②] 因此,对于该罪"违反国家规定"的理解将会直接影响法院的定罪逻辑,实践中,大多数法院的判决书中也仅表述为"行为人违法国家规定,采用非法手段获取数据",而并未明确指出违反的具体国家规定。但其实,本罪中"违反国家规定"应当结合《刑法》第九十六条规定的"违反国家规定"之含义是指"违反全国人民代表大会及其常务委员会制定的法律和决定,国务院制定的行政法规、规定的行政措施、发布的决定和命令"作为构成犯罪的前提条件,并结合 2011 年最高人民法院《理解适用"国家规定"的通知》第一条[③]的规定适用。

[①] 参见郭旨龙:《非法获取计算机信息系统数据罪的规范结构与罪名功能——基于案例与比较法的反思》,载《政治与法律》2021 年第 1 期。

[②] 参见蒋铃:《刑法中"违反国家规定"的理解和适用》,载《中国刑事法杂志》2012 年第 7 期。

[③] 该条规定:根据《刑法》第九十六条的规定,刑法中的"国家规定"是指全国人民代表大会及其常务委员会制定的法律和决定,国务院制定的行政法规、规定的行政措施、发布的决定和命令。其中,"国务院规定的行政措施"应当由国务院决定,通常以行政法规或者国务院制发文件的形式加以规定。以国务院办公厅名义制发的文件,符合以下条件的,亦应视为刑法中的"国家规定":(1) 有明确的法律依据或者同相关行政法规不相抵触;(2) 经国务院常务会议讨论通过或者经国务院批准;(3) 在国务院公报上公开发布。

第二章　非法获取计算机信息系统数据、非法控制计算机信息系统罪

2."侵入"行为与"其他技术手段"

所谓侵入计算机信息系统，是指未经计算机用户批准或授权，超出用户所授权限，删除、修改、复制互联网计算机信息网络系统中所储存或传输的电子网络数据。是否能够认定为"侵入"的本质就在于是否获得授权，"侵入"的后果是行为人获得对数据增加、删除、修改的权限，即使并未获得对全部数据增、删、改的权限也并不影响"侵入"的认定，超出授权的情形则包括通过技术手段私自提高授权范围和违反授权范围、时间范围。"其他技术手段"作为"侵入"行为的补充性规定，达到与"侵入"行为具有相同法益侵害性即可，二者均无需被评价为"技术手段"。

3."获取"行为

所谓"获取"行为是指未经计算机网络用户授权和许可而进入计算机网络信息系统，非法获取网络用户计算机数据信息的行为。行为人取得计算机网络用户数据信息的行为是客观外在的行为，与其主观是否明确认识自己行为的违法性无关，取得数据的方式，既包括对数据的物理性拷贝或复制，也包括通过人脑进行记忆。[1] 判断获取行为是否达成主要分三步走：第一步判断侵入行为是否非法，第二步判断是否实施了侵入计算机信息系统的行为或者其他技术手段，第三步判断是否满足非法获取计算机信息系统数据，主要判断行为人是否实施了查看、复制、传播信息系统数据的行为。[2] 值得注意的是，这里的获取行为仅限于系统数据的完整性没有受到侵害的情况，如果对系统数据进行增加、删除、修改，情节严重的则构成《刑法》第二百八十六条第二款的破坏计算机信息系统罪。

---

[1] 参见周光权：《刑法历次修正案权威解读》，中国人民大学出版社2011年版，第246页。
[2] 参见徐婧：《非法获取计算机信息系统数据罪的教义学研究》，北京邮电大学2021年硕士学位论文。

4. "非法控制"行为

所谓"非法控制"是指未经授权地控制他人计算机的行为,通常包括不妨碍他人使用计算机信息系统和排除他人对计算机信息系统的控制能力两种情形。前者是指黑客或其他非法侵入者在计算机系统内植入隐蔽的木马,使非法用户的计算机完全裸露在入侵者面前。由于木马绕过杀毒软件和防火墙,成为"肉鸡"①的计算机在功能上并不会出现明显差异,合法用户并不会因为木马的存在而无法使用被控制的计算机。虽然并未影响计算机用户的正常使用,但是具有侵害用户计算机信息系统安全的严重危害性,应认定为非法控制行为。排除他人对计算机系统的控制能力,是指造成被控制计算机信息系统的合法用户无法登录系统,或者登录计算机系统后无法按照合法用户的意愿完成操作,而黑客或其他非法侵入者却能对受害计算机实现控制。②

5. "情节严重"和"情节特别严重"

2011年两高《危害计算机信息系统安全案件司法解释》第一条对"情节严重"和"情节特别严重"进行了具体规定。身份信息作为与网络信息数据密切相关的基础性信息,也是违法分子的主要作案目标,2011年两高《危害计算机信息系统安全案件司法解释》第十一条规定的"身份认证信息",是指"用于确认用户在计算机信息系统上操作权限的数据,包括账号、口令、密码、数字证书等"。从司法实践来看,网络犯罪分子窃取与支付结算、证券交易、期货交易等网络金融服务的身份认证信息并非最终目的,而是将其转售给他人牟取非法利益,因此司法解释根据实际情况对于在支付结算、证券交易、期货交易领域的网络金融服务身份认证信息予以重点保护,10组以上即可构成"情节严重"。

---

① 网络上将被黑客侵入,受黑客控制的计算机称为"肉鸡"。黑客可以随意操纵它并利用它做任何事情,此时被控制的计算机就成了黑客的傀儡。

② 项宗友:《非法获取计算机信息系统数据、非法控制计算机信息系统罪研究》,西南政法大学2011年硕士学位论文。

第二项规定的其他身份信息主要是第一项规定以外的其他网络资源服务身份信息，例如社交账号、邮箱等，对此类身份认证信息进行窃取自用、转卖或其他违法行为，达到500组以上同样构成"情节严重"。非法获取计算机信息系统数据或非法控制计算机信息系统的行为将会直接或间接导致计算机网络用户的经济损失或物质损失，因此司法解释第四项将"违法所得五千元以上或者造成经济损失一万元以上的"纳入"情节严重"的考察范围。达到"情节特别严重"的量刑标准需要根据非法获取计算机信息系统数据、非法控制计算机信息系统的危害程度，以"情节严重"五倍为标准。[①] 并且经济损失，包括"危害计算机信息系统犯罪行为给用户直接造成的经济损失，以及用户为恢复数据、功能而支出的必要费用"。

（三）主观方面

该罪为故意犯罪，间接故意与过失均不属于本罪主观方面的构成要件。由于计算机处理速度飞快，因此实践中若存在直接故意与过失的混淆，应根据实际情况接受行为人的合理辩解，而不能一概而论。虽然本罪往往具有营利性，但并不以营利性为构成犯罪的必要条件。

（四）行为主体

本罪的主体为一般主体，即年满16周岁具有刑事责任能力的人。

单位犯本罪的，采取"双罚制"，根据《刑法修正案（九）》修正后的《刑法》第二百八十五条规定，单位非法获取计算机信息系统数据、非法控制计算机信息系统的，对单位判处罚金，并追究直接负责的主管人员和其他直接责任人员的刑事责任，2011年两高《危害计算机信

---

① 参见喻海松：《网络犯罪二十讲》，法律出版社2022年版，第50~54页。

息系统安全案件司法解释》第八条的规定则自然失效。

(五) 行为对象

1. "计算机信息系统" 的认定

本罪所规定的"计算机信息系统"是指"国家事务、国防建设、尖端科学技术领域"以外的计算机信息系统,根据2011年两高的《危害计算机信息系统安全案件司法解释》第十一条第一款,不对"计算机信息系统"和"计算机系统"作区分,都定义为"具备自动处理数据功能的系统,包括计算机、网络设备、通信设备、自动化控制设备等"。具体包括:(1) 能够自动有效处理电子传输数据,并且能够接入互联网的电子设备都有可能成为被侵犯的目标,因此有必要将这种设备纳入法律的保护对象。随着网络科学技术的迅速发展和进步,很多电子产品可以自编程序,内置有安装程序的数字化操作系统、电子设备等被大范围应用于商业领域,从本身的性能和属性上看已经归属于计算机系统,在其功能和应用方面没有区别。因此,这些设备在日常生活使用的过程中,也可能成为被侵犯的对象。[1] 换言之,任何具有联网和运算功能的电子设备,都有可能成为被非法计算机程序和病毒程序侵犯的目标,因此刑法的保护对象也应当将这些电子设备的安全纳入视野。(2) 为了在司法实践中更加容易辨别,使得相关的概念简明扼要,采用了举例加总结的列举方法加以说明,对计算机系统和计算机信息系统进行归纳总结的同时,还对自动化控制设备、网络设备、计算机、通信设备等情形进行了列举。自动化控制设备是指在现代化的工业流程作业中,对机器设备进行指挥的计算机电子控制装置。网络设备是用于网络连接的由交换机、路由器所组成的设备。通信设备是指用于通信联络、文件传输的设备,

---

[1] 参见姬光杰:《非法获取计算机信息系统数据罪研究》,杭州师范大学2020年硕士学位论文。

包括通讯基站、智能手机等。①

2."数据"的认定

我国《刑法》规定的本罪数据指"计算机信息系统中存储、处理或者传输的数据",但是实践中法院认定的本罪"数据"范围十分广泛,主要包含公民个人信息、身份认证信息、网络知识产权、网络财产性利益、网络虚拟财产、普通电子数据等,并且在认定"数据"时与"计算机信息系统"也存在重叠混淆。对计算机信息系统的破坏、非法控制及侵入等行为一般是通过对数据的删除、增加、修改来完成的,使得实践中难以区分犯罪行为侵害的是数据本身还是计算机信息系统功能,引发本罪与其他罪名之间的适用争议。② 例如,国内第一例"撞库打码案"③,法院耗费了大量的精力认定行为人撞库所使用的"小黄伞"软件实质上是对计算机信息系统功能的破坏还是对数据的侵害,④ 而在"张某阳非法获取计算机信息系统数据、非法控制计算机信息系统一案"中,二审法院认为其行为仅侵害了计算机信息系统数据安全,未对游戏系统功能的安全正常运行造成影响,将原审的破坏信息系统罪改判为非法获取计算机信息系统数据罪。⑤ 司法实践中也有将数据与计算机信息系统完全混为一谈,依据行为是否影响了计算机系统的运作功能来判断是否侵害

---

① 参见喻海松:《网络犯罪二十讲》,法律出版社2022年版,第34~37页。
② 参见王孟存:《数据安全法益视角下非法获取计算机信息系统数据罪的"数据"之认定》,西南政法大学2021年硕士学位论文。
③ "撞库"是指黑客通过收集已泄露的用户信息,利用账户使用者相同的注册习惯,如相同的用户名和密码,尝试批量登录其他网站,从而非法获取可登录用户信息的行为;"打码"是指利用人工大量输入验证码的行为。
④ 检例第68号(叶源某、张剑某提供侵入计算机信息系统程序、谭房某非法获取计算机信息系统数据案),载最高人民检察院网,https://www.spp.gov.cn/jczdal/202004/t20200408_458415.shtml,最后访问时间:2022年12月1日。
⑤ 参见福建省厦门市中级人民法院(2019)闽02刑终41号刑事判决书,载中国裁判文书网,https://wenshu.court.gov.cn/website/wenshu/181107ANFZ0BXSK4/index.html?docId=TuNipREbHB-JVfZyLbYqyf+u//LpAMLi0aLWmhja1r6oHmvHGxfsEgW29YNh4WsY4ZuzuCSIJIE9PSfbcIY6GK5BHq9I0mo-CsOSjBHWg0tH0UvD7yyZzh+p3Bea9WNlYA,最后访问时间:2022年12月1日。

了数据权益的做法,如"姚某华、许某强等非法获取计算机信息系统数据、非法控制计算机信息系统案"中的辩护人以被告人的编程未造成系统的安全问题为由抗辩其未侵害系统的数据安全。[①] 实际上,数据依托计算机信息系统存储、处理和传输,计算机信息系统是数据的载体形式,而数据是计算机信息系统的内容。[②]

对于"数据"的认定范围主张限缩解释,需要将表现个人信息[③]的数据排除在外,也应当区别于网络虚拟财产、智力劳动成果等,在认定是否属于本罪的"数据"范围时应当将传统法益数据化的相关内容予以排除,否则将会加重本罪的"口袋化"趋势并且架空其他传统法益的有关罪名,导致刑法体系的混乱。

【案例解读】

一、卫梦某、龚某、薛东某非法获取计算机信息系统数据案[④]

(一)案情概述

卫梦某系北京某公司经理,龚某系北京某大型网络公司运营规划管

[①] 参见浙江省桐乡市人民法院(2016)浙0483刑初959号刑事判决书,载中国裁判文书网,https://wenshu.court.gov.cn/website/wenshu/181107ANFZ0BXSK4/index.html?docId=Rfeb02n6Y+kM8mNoLZOhUSQJU1KPAegeCnlxrV9MTyeCO01haKA5gW29YNh4WsY4ZuzuCSIJIE9PSfbcIY6GK5BHq9I0moCsOSjBHWg0tH0UvD7yyZzh+oJGVVtq3lC8,最后访问时间:2022年12月1日。

[②] 王倩云:《人工智能背景下数据安全犯罪的刑法规制思路》,载《法学论坛》2019年第2期。

[③] 《民法典》第一千零三十四条第二款规定,个人信息是以电子或者其他方式记录的能够单独或者与其他信息结合识别特定自然人的各种信息,包括自然人的姓名、出生日期、身份证件号码、生物识别信息、住址、电话号码、电子邮箱、健康信息、行踪信息等。

[④] 参见检例第36号(卫梦某、龚某、薛东某非法获取计算机信息系统数据案),载最高人民检察院网,https://www.spp.gov.cn/zdgz/201710/t20171017_202599.shtml,最后访问时间:2022年12月10日。

理部员工，卫梦某曾于 2012 年至 2014 年在北京某大型网络公司工作，被告人龚某供职于该大型网络公司运营规划管理部，两人原系同事，薛东某系卫梦某商业合作伙伴。因工作需要，龚某拥有登录该大型网络公司内部管理开发系统的账号、密码、Token 令牌（计算机身份认证令牌，以下不再标注），具有查看工作范围内相关数据信息的权限，但该大型网络公司禁止员工私自在内部管理开发系统查看、下载非工作范围内的电子数据信息。

2016 年 6 月至 9 月，经事先合谋，龚某向卫梦某提供自己所掌握的该大型网络公司内部管理开发系统账号、密码、Token 令牌。卫梦某利用龚某提供的账号、密码、Token 令牌，违反规定多次在异地登录该大型网络公司内部管理开发系统，查询、下载该计算机信息系统中储存的电子数据。后卫梦某将非法获取的电子数据交由薛东某通过互联网出售牟利，违法所得共计 3.7 万元。

（二）案件分析

1. 案件要旨：行为人超出授权范围使用账号、密码登录计算机信息系统，属于侵入计算机信息系统的行为；行为人侵入计算机信息系统后下载其储存的数据，可以认定为非法获取计算机信息系统数据。

2. 法律适用分析：首先，非法获取计算机信息系统数据罪保护数据的机密性，本案被告人龚某利用其员工的便利身份向卫梦某提供自己所掌握的公司内部管理开发系统账号、密码、Token 令牌，属于非法获取、下载计算机信息系统数据的行为，严重侵犯了数据的机密性。其次，被告人违反《计算机信息系统安全保护条例》第七条、[①]《计算机信息网络

[①] 《计算机信息系统安全保护条例》第七条：任何组织或者个人，不得利用计算机信息系统从事危害国家利益、集体利益和公民合法利益的活动，不得危害计算机信息系统的安全。

国际联网安全保护管理办法》第六条第一项①等国家规定，触犯了本罪规定的前提条件"违反国家规定"。再次，非法获取计算机信息系统数据罪中的"侵入"，是指违背被害人意愿、非法进入计算机信息系统的行为。其表现形式既包括采用技术手段破坏系统防护进入计算机信息系统，也包括未取得被害人授权擅自进入计算机信息系统，还包括超出被害人授权范围进入计算机信息系统。本案被告人龚某将自己由于工作需要掌握的本公司账号、密码、Token令牌等交由卫梦某登录该公司管理开发系统获取数据，虽然不属于通过技术手段侵入计算机信息系统，但内外勾结擅自登录公司内部管理开发系统下载数据，明显超出正常授权范围，亦属于非法侵入计算机信息系统数据罪的"侵入"行为，构成非法获取计算机信息系统罪。最后，根据2011年两高《危害计算机信息系统安全案件司法解释》第一条的规定，被告人违法所得25000元以上，属于"情节特别严重"中第一项的规定，数额达到违法所得5000元标准的5倍以上，应当认定为"情节特别严重"。

3. 案件评析：该指导案例明确阐述了违反的具体"国家规定"，进一步确证了"违反国家规定"为构成该罪的前提条件，而非用来指示违法性或作为违法阻却事由的提示；对于"侵入"的认定该指导案例明确表示"违背被害人意愿、非法进入计算机信息系统"即构成侵入，而不需要属于技术手段；"侵入"后对计算机信息系统所存储的数据进行下载属于"非法获取"行为，构成非法获取计算机信息系统罪；在量刑方面，严格根据2011年两高《危害计算机信息系统安全案件司法解释》第一条第一项的规定，认定"情节特别严重"，对于本罪认定"违反国家规定"、"侵入"行为和"情节特别严重"具有重要指导意义。

---

① 《计算机信息网络国际联网安全保护管理办法》第六条第一项：任何单位和个人不得从事下列危害计算机信息网络安全的活动：（一）未经允许，进入计算机信息网络或者使用计算机信息网络资源的。

第二章　非法获取计算机信息系统数据、非法控制计算机信息系统罪

二、张竣某等非法控制计算机信息系统案[①]

（一）案情概述

自 2017 年 7 月开始，被告人张竣某、彭玲某、祝某、姜宇某经事先共谋，为赚取赌博网站广告费用，在马来西亚吉隆坡市租住的某公寓内，相互配合，对存在防护漏洞的目标服务器进行检索、筛查后，向目标服务器植入木马程序（后门程序）进行控制，再使用"菜刀"等软件链接该木马程序，获取目标服务器后台浏览、增加、删除、修改等操作权限，将添加了赌博关键字并设置自动跳转功能的静态网页，上传至目标服务器，提高赌博网站广告被搜索引擎命中率。截至 2017 年 9 月底，被告人张竣某、彭玲某、祝某、姜宇某链接被植入木马程序的目标服务器共计 113 台，其中部分网站服务器还被植入了含有赌博关键词的广告网页。后公安机关将被告人张竣某、彭玲某、祝某、姜宇某抓获到案。公诉机关以破坏计算机信息系统罪对四人提起公诉。被告人张竣某、彭玲某、祝某、姜宇某及其辩护人在庭审中均对指控的主要事实予以承认；被告人张竣某、彭玲某、祝某及其辩护人提出，各被告人的行为仅是对目标服务器的侵入或非法控制，非破坏，应定性为非法侵入计算机信息系统罪或非法控制计算机信息系统罪，不构成破坏计算机信息系统罪。

（二）案件分析

1. 案件要旨：通过修改、增加计算机信息系统数据，对该计算机信息系统实施非法控制，但未造成系统功能实质性破坏或者不能正常运行的，不应当认定为破坏计算机信息系统罪，应当认定为非法控制计算机

[①] 参见指导案例 145 号（张竣某等非法控制计算机信息系统案），载最高人民法院网，https://www.court.gov.cn/fabu-xiangqing-283891.html，最后访问时间：2022 年 12 月 1 日。

35

信息系统罪。该指导案例对于依法打击计算机网络犯罪，维护网络安全秩序，准确地区分破坏计算机信息系统罪与非法控制计算机信息系统罪的界限，具有较为显著的价值和意义。

2. 裁判要点：（1）通过植入木马程序的方式，非法获取网站服务器的控制权限，进而通过修改、增加计算机信息系统数据，向相关计算机信息系统上传网页链接代码的，应当认定为《刑法》第二百八十五条第二款"采用其他技术手段"非法控制计算机信息系统的行为。（2）通过修改、增加计算机信息系统数据，对该计算机信息系统实施非法控制，但未造成系统功能实质性破坏或者不能正常运行的，不应当认定为破坏计算机信息系统罪，符合《刑法》第二百八十五条第二款规定的，应当认定为非法控制计算机信息系统罪。

3. 法律适用分析：法院在裁判理由中并未直接指出违反的具体国家规定，而是表述为"违反国家规定"，应予以注意；对于通过植入木马程序等方式非法获取网站服务器的控制权限，增加、修改计算机信息系统数据但是并未造成系统功能的实质破坏或者不能正常运行的，也未对该信息系统内有价值的数据进行增加、删改，其行为不属于破坏计算机信息系统犯罪中的对计算机信息系统中存储、处理或者传输的数据进行删除、修改、增加的行为，应认定为"采用其他技术手段"非法控制计算机信息系统罪，而非破坏计算机信息系统罪，其实质在于非法控制计算机信息系统罪的"非法控制行为"并未达到完全破坏系统功能的程度。该指导案例的发布为司法实务界区分破坏计算机信息系统罪与非法控制计算机信息系统罪指明了方向。

三、吴某非法获取计算机信息系统数据案[①]

（一）案情概述

2014年8月，吴某在其家中，发现麒某公司旗下的某网络游戏的充值系统存在漏洞，可利用火狐浏览器及相关插件对该系统数据进行修改，致使充入0.01元人民币即可获得500游戏币（游戏内规则为充值1元人民币获得1游戏币）。2014年8月至9月，吴某利用上述漏洞进行反复操作，多次向该游戏账号充值，并通过他人在互联网上变卖上述账号内的部分游戏币，获利人民币2.1万元。吴某的辩护人提出，检察机关指控罪名有误，吴某的犯罪对象是虚拟财产，法律属性为计算机信息系统数据，吴某实施的实际上是非法获取计算机信息系统数据的行为，且其行为未影响到游戏中的其他玩家，不构成破坏计算机信息系统罪。

（二）案件分析

1. 案件要旨：网络游戏币是一种虚拟财产，其性质实质上是电磁记录，即电子数据；实施非法获取游戏币的行为，未对网络游戏的计算机信息系统功能造成实质破坏的，应当认定为非法获取计算机信息系统数据罪。

2. 裁判要点：（1）破坏计算机信息系统罪的本质在于损害了信息系统的功能。《刑法》第二百八十六条第二款规定："违反国家规定，对计算机信息系统中存储、处理或者传输的数据和应用程序进行删除、修改、增加的操作，后果严重的，依照前款的规定处罚。"这里的对"数据"和"应用程序"的"删除、修改、增加"，必须对计算机信息系统功能

[①] 参见吴扬传：《吴某非法获取计算机信息系统数据案》，载中华人民共和国最高人民法院刑事审判第一、二、三、四、五庭主编：《刑事审判参考（总第130辑）》，人民法院出版社2021年版，第89~93页。

达到损害的程度，而且该程度是持续性的。对此应作严格的限缩解释，否则会将类似于向他人邮件系统中乱发垃圾邮件的行为认定为破坏计算机系统罪，对该罪进行不适当的扩大解释。吴某并非想对游戏币的使用功能进行持续性破坏，而是非法获取并使用游戏币，并将一部分游戏币出售赚取利益，以期享有这些游戏币中所附着的利益。由此可以进一步证明，吴某的行为并非破坏计算机信息系统，否则其也无法正常使用游戏币或出售牟利。（2）本案并无典型的破坏计算机信息系统的行为：吴某利用火狐浏览器及相关插件对该系统数据进行修改并非法充值的行为，使充值功能在短时段内无法正常充值使用，在一定程度上属于对充值程序的破坏，但实质并未妨碍其他游戏用户的正常使用，也并未达到对计算机信息系统持续性的"破坏"。且未有证据表明被告人的行为导致游戏其他功能受损，因此，不能仅因为吴某对充值游戏币程序的修改就认定其构成破坏计算机信息系统罪。（3）非法获取计算机信息系统数据罪所指的数据，并不需要早已存储在信息系统之中：在计算机技术领域，数据的生成、复制、传输通常是即时完成，游戏币等虚拟财产更是只要程序设置完毕，即可以无限产出，而非需要像实体的购物磁卡一样先行制作出来。游戏币这种数据的本质决定了玩家在游戏中享有一定功能的权限，吴某非法获得额外游戏币的行为，实际上属于非法获取并使用该权限，而这种权限的载体就是游戏币这种口令密码，只不过游戏币数据储存在计算机系统中，不像现实财物一样实现存在，是可以根据口令密码设定生成的。故被告人吴某利用系统漏洞非法获取游戏币的行为，可以认为是非法获取了计算机信息系统数据。

3. 法律适用分析：本案对于准确区分破坏计算机信息系统罪与非法获取计算机信息系统数据罪具有重要指导意义，明确了利用游戏系统漏洞非法充值行为的定性规则——利用系统漏洞非法获取游戏币的行为，可以认为是非法获取了计算机信息系统数据。首先，其与破坏计算机信息系统罪的本质区别在于"获取"行为没有造成计算机信息系统的实质性损害,即使对计算机信息系统中"数据"或"应用程序"进行"删除、修改、增加",其损害程度并不持续,也不构成破坏计算机信息系统罪;其次,对于"数据"范围的认定,该案中的游戏币并不具有财物所必备的稀缺性,并非刑法意义上的财物,而是一种电子数据,区别于盗窃罪,并且并不要求非法获取的计算机信息系统数据事先存储于信息系统中,对于其他新型网络数据的认定也提供了参考。

【实务难点】

一、计算机信息系统数据性质及范围问题

1. "数据"的性质

本罪的数据应当具有机密性、可用性和完整性。

(1) 数据的机密性:是指对数据资源开放范围的控制,确保信息没有非授权性访问,不被非授权的用户使用。从《数据安全法》第三十二条[1]使用的"窃取"可以看出数据的安全性和机密性应当被保护,不被他人获取。本罪中的非法获取不仅包括从他人计算机系统中窃取数据,还包括通过欺骗的方式获取他人数据,在生活中常见的便是冒充网店客服或者官方通过发送短信或者邮件的方式,诱使被害人在不知情的情况下点击其中的链接,进而输入自己的账号、密码等信息。[2] 本罪所讨论的核心内容是保护计算机信息系统中所储存数据不被他人以非法形式查看、

---

[1] 《数据安全法》第三十二条规定:任何组织、个人收集数据,应当采取合法、正当的方式,不得窃取或者以其他非法方式获取数据。

[2] 朗胜主编:《中华人民共和国刑法释义》,法律出版社2015年版,第490页。

复制、下载或者是被其他手段非法获取，旨在保护各种社会活动中能够带来相应利益的数据，以及人们对这些利益的信任，从而鼓励人们使用数据操作方法来实现社会生存、提升社会联系。①

（2）数据的可用性：是指数据的服务功能。无论是什么形式、什么途径的数据，例如企业数据、政府机关数据、个人数据，一旦其被非法获取，都会使其价值降低甚至丧失。对于企业数据而言，虽然非法获取其数据一般不会使其丧失数据的所有权，并不会影响用户对于数据的利用，但是会影响其基于数据作出的战略抉择，使其丧失或者部分丧失因为数据的存在而获得的竞争优势。对于个人数据而言，非法获取身份认证信息会影响用户的正常登录。比如非法获取他人 QQ 账号与密码的行为，会使原账号拥有者丧失登录的权限或者丧失享受服务商提供独有服务的权限。② 对于政府机关数据而言，被非法侵入、获取之后也会丧失其本身正常运行的价值。随着数字经济的发展，大数据时代下数据的价值日益凸显，就连人们日常生活所产生的浏览记录、消费记录等都可能具有一定的商业价值，因此保护数据的可用性也就是保护数据的价值性。

（3）数据的完整性：数据的完整性与数据的可用性息息相关，数据的完整性一旦被破坏，数据的价值就随之降低或丧失。不过破坏数据的完整性一般与《刑法》第二百八十六条的破坏计算机信息系统罪相关联，如果在对数据进行增加、修改和删除的过程中并未对算机信息系统功能造成实质破坏，且破坏程度具有持续性，则不应认定为破坏计算机信息系统罪，而应认定为本罪。

2."数据"的保护范围

网络空间存储的内容不再是单一形式，而是逐渐扩展到个人信息、

---

① 参见郭旨龙：《非法获取计算机信息系统数据罪的规范结构与罪名功能——基于案例与比较法的反思》，载《政治与法律》2021年第1期。
② 参见彭雪莲：《非法获取计算机信息系统数据罪认定问题研究》，辽宁大学2022年硕士学位论文。

第二章　非法获取计算机信息系统数据、非法控制计算机信息系统罪

公民财产、网络知识产权等等。计算机上存储的内容本质上是二进制代码，在司法实务中所需要面对的难点即正确把握和区分数据和以数据为载体的传统法益。

（1）区别于个人信息：在数据承载的信息属性上，如果能够识别特定人的身份，则该数据就不属于本罪的调整范围。同时，如果一些数据经过挖掘和分析，可以与其他数据结合起来识别特定的人，那么这些数据可以用来对碎片化的信息进行变换、拼接等，也不属于本罪调整范围。这种结合、拼接相关信息用于识别特定主体的行为，则涉嫌刑法中的侵犯个人信息罪。

（2）区别于网络虚拟财产：信息网络世界，很多财物以数据为载体的形式存在，但实际上具有财物属性。关于网络虚拟财产是否属于本罪的保护范围的问题，两高出台过解释，但是在理论界和司法实践中对于网络虚拟财产的定性问题仍然莫衷一是，如钟某、叶某案[1]和程某非法获取计算机信息系统数据案[2]中法院对于同样是获取网络虚拟财产的行为进行了不同的定性。对虚拟财产法律属性的判断，也是认定盗窃罪和非法获取计算机信息系统数据罪的关键，常见的虚拟财产可以分为电子卡券类（消费券、代金券、兑换积分等）、虚拟货币类、身份账号类（邮箱、游戏账号等）、虚拟物品类（游戏装备、道具、角色等）四大类。网络虚拟财产主要具有无形性、价值性和可支配性，电子卡券、虚拟货币可以直接与现实货币发生交换关系，具有经济属性；而身份账号、

---

[1] 参见上海市第一中级人民法院（2020）沪01刑终35号刑事判决书，载中国裁判文书网，https://wenshu.court.gov.cn/website/wenshu/181107ANFZ0BXSK4/index.html?docId=H4KnwA06Y1-Hz2jUWwgllznn/rsouPF3ptPPzgKzQXku0KV0XuG/jk229YNh4WsY4ZuzuCSIJIE9PSfbcIY6GK5BHq9I0moC-sTMaH4bEzbCs0y9vTrEDawRXOkDNNT0Xg，最后访问时间：2022年12月30日。

[2] 参见河南省博爱县人民法院（2021）豫0822刑初57号刑事判决书，载中国裁判文书网，https://wenshu.court.gov.cn/website/wenshu/181107ANFZ0BXSK4/index.html?docId=GkmKHoK+rz+dBWGjxsZsm5g5s8aa9+Dcvb1uod+s5QY3TYxQTzSeq229YNh4WsY4ZuzuCSIJIE9PSfbcIY6GK5BHq9I0mo-CsTMaH4bEzbCs0y9vTrEDawa6M3VG040KV，最后访问时间：2022年12月30日。

虚拟物品类更多表现为用户与网络运营商之间的服务关系，与传统的财物有所区别，突出体现其数据属性。在实践中，需要先对非法获取信息系统数据罪中"数据"的范围进行判断，才能认定是否构成该罪，正确区分本罪与盗窃罪。

（3）区别于智力劳动成果：知识产权是于精神领域产生的非物质化的财产权，客体是无形财产。[①] 知识产权通常是以数据为载体而存在于计算机信息系统中的内容而已，但是由于其表现为数据的形式，使得司法实践对非法获取这类数据的行为产生了争议。比如祁某、吴连某案[②]，知识产权保护权利人智力劳动成果的独创性不受侵害，以数据形式存在于计算机信息系统中的著作、论文以及小说等属于著作权的保护范围，存储于计算机中的技术信息类、经营信息类等属于企业的商业秘密，非法获取上述数据的行为归于知识产权的保护范围自不言说。需要明确的是经过企业加工过的数据性质是否具有独创性的问题。这些数据是企业的管理者、经营者遵循一定的规律或者按照特定的逻辑，按照自己的商业需要，对网络上的一系列数据进行收集、整理、分析，从而得到有用的、成体系化的数据。[③] 该类数据并不属于著作权所保护的作品，企业对此并不拥有著作权，但是该数据是经过企业的智力劳动而产生的数据集合，应当归属于商业秘密的保护范畴。

对数据的性质和范围进行界定和划分也有助于司法实践中对非法获取计算机信息系统数据、非法控制计算机信息系统罪"去口袋化"，准确适用本罪与侵犯公民个人信息罪、财产犯罪与知识产权犯罪。

---

① 参见吴汉东：《知识产权法学》，北京大学出版社2014年版，第3~4页。
② 参见江苏省无锡市滨湖区人民法院（2019）苏0211刑初559号刑事判决书，载中国裁判文书网，https://wenshu.court.gov.cn/website/wenshu/181107ANFZ0BXSK4/index.html?docId=aLS1q-TqiUO1Krk9AbLMpWJhRjH5iAoxl63UMQOWXnFa5ifZMBGOYIG29YNh4WsY4ZuzuCSIJIE9PSfbcIY6GK5BHq9I0moCsTMaH4bEzbCvZiGGXUMhafyx8a1Yfy30n，最后访问时间：2022年12月30日。
③ 参见杨志琼：《我国数据犯罪的司法困境与出路：以数据安全法益为中心》，载《环球法律评论》2019年第6期。

二、《刑法》第二百八十五条第一、二、三款存在竞合的认定

《刑法》第二百八十五条第一款、第二款与第三款交织情形的处理也是实务中的一大难点，需要明晰三款罪名的争议难点和关键区别才能在司法实践中正确适用罪名。

（一）《刑法》第二百八十五条第一款与第二款的关系

该问题主要涉及"国家事务、国防建设、尖端科学技术领域的计算机信息系统"的认定，2011年两高《危害计算机信息系统安全案件司法解释》对于非法侵入计算机信息系统罪的态度是坚持慎用、少用，应采取严格限制适用的态度。首先，由于《刑法》第二百八十五条第二款规定的非法获取计算机信息系统数据、非法控制计算机信息系统罪要求前款以外的计算机信息系统，对前款规定的计算机信息系统采取限缩解释的情况下，可能会导致出现大量适用第二款罪名的情形，在实践中要避免由此带来的口袋罪风险。

其次，在司法实践中无法确定是否属于第一款规定的"国家事务、国防建设、尖端科学技术领域的计算机信息系统"时，严格根据2011年两高《危害计算机信息系统安全案件司法解释》第十条的规定，委托省级以上负责计算机信息系统安全保护管理工作的部门检验，将检验结论移送司法机关后由司法机关依法作出认定。

（二）《刑法》第二百八十五条第二款与第三款相互交织

1. 从立法者的角度来看，由于单独设立了《刑法》第二百八十五条第三款提供侵入、非法控制计算机信息系统程序、工具罪，将为非法获取计算机信息系统数据、非法控制计算机信息系统数据提供帮助的行为

正犯化，在实践中如果有明知他人非法侵入计算机信息系统、获取计算机信息系统数据、非法控制计算机信息系统，而为其提供程序、工具的，无论是否构成共同犯罪，都应直接以提供侵入、非法控制计算机信息系统程序、工具罪论处。

2. 对于明知他人非法侵入计算机信息系统、获取计算机信息系统数据、非法控制计算机信息系统，而为其提供程序、工具，并且实际实施了非法侵入计算机信息系统、获取计算机信息系统数据或非法控制计算机信息系统的行为，虽然行为人的行为同时构成非法获取计算机信息系统数据、非法控制计算机信息系统罪和提供侵入、非法控制计算机信息系统程序、工具罪，但由于前后两个行为密不可分，类似于手段行为与目的行为，具有关联性，不宜数罪并罚，直接从一重罪论处。[1] 当《刑法》第二百八十五条第三款与第一款存在交叉时，同理即可处理。

三、罪名区分

如何区分盗窃罪与非法获取计算机信息系统数据罪？

盗窃罪保护的法益是公私财产的所有权，非法获取计算机信息系统数据罪保护的法益是数据的机密性和可用性。两罪的保护法益不同，现代网络空间中，认定为盗窃罪还是非法获取计算机信息系统数据罪的关键区别在于如何认定网络虚拟财产。

司法实践中对于盗窃网络虚拟财产的行为在定性方面大致有三种思路，以盗窃罪定罪处罚、以侵犯通讯自由罪定罪处罚、以非法获取计算机信息系统数据罪定罪处罚。[2] 本书主要针对盗窃罪和非法获取计算机信息系统数据罪的区分进行分析。网络虚拟财产的本质是一种电磁记录，

---

[1] 参见喻海松编著：《实务刑法评注》，北京大学出版社2022年版，第1246~1247页。
[2] 参见臧德胜、付想兵：《盗窃网络虚拟财产的定性——以杨灿强非法获取计算机信息系统数据案为视角》，载《法律适用》2017年第16期。

即经过特定编排存储于计算机之中的数据，其虽然具有一定的使用价值，但仅在特定网络服务器中体现，因此与实体财物具有一定区别，并且对不同受众也具有一定差异性。网络虚拟财产与刑法上的财产具有显著区别，其不具有刑法上特定财产的实体性、稀缺性、不可替代性、可衡量性以及独立性，因此网络虚拟财产不在刑法所保护的"财产"范围之列，盗窃网络虚拟财产的行为也就不属于盗窃罪。

在实践中认定盗窃罪与本罪时，应尤其注意对于网络空间中的财产、虚拟财产以及数据的区分和认定，如果是可以评价为传统的具有交换价值的实体财物，则属于盗窃罪的认定范畴；若是新型网络虚拟财产，如游戏币、游戏装备、社交账号等，应考虑归属于电子数据，而认定为非法获取计算机信息系统数据罪，以被害人的实际损失作为定罪量刑的依据。

第三章
提供侵入、非法控制计算机信息系统程序、工具罪

【法条链接】

《刑法》第二百八十五条第三款规定：提供专门用于侵入、非法控制计算机信息系统的程序、工具，或者明知他人实施侵入、非法控制计算机信息系统的违法犯罪行为而为其提供程序、工具，情节严重的，依照前款的规定处罚。

【罪名概述】

一、本罪的设立背景

随着我国网络和数字化的迅捷发展，网络空间逐渐成为与现实空间相并而行的两个社会。然而网络在极大便利人们生活的同时，也给人们制造了从未有过的风险。近年来，我国犯罪形式逐步实现从传统犯罪至传统网络犯罪再至移动网络犯罪的移转，网络也由此逐步实现从犯罪对

第三章　提供侵入、非法控制计算机信息系统程序、工具罪

象至犯罪工具并最终成为犯罪空间的地位转化，网络空间的秩序和网民的个人权益受到进一步侵犯。一方面，为侵入和非法控制计算机信息系统提供程序和工具的行为能够为侵入计算机系统的行为提供上游支持，改变系统原有的运行轨迹，损害相应的系统和系统内部所运输、存储的数据，并且这一为侵入行为提供帮助的行为也会损害网络空间的良好秩序以及网络系统的运营者、维护者的合法权益；另一方面，先前常见的侵入、非法控制计算机系统的程序和工具仅限于木马程序，如今随着计算机应用的更加广阔，许多侵入系统的程序和工具以制作"外挂"的形式出现，大量不良软件涌入市场，严重破坏系统的原有设定程序和模式，进而破坏网络空间中市场的正常竞争秩序。

现今的网络犯罪不同于传统犯罪形态，而大多以完整产业链的形式存在，故而完整的网络犯罪会波及诸多环节，各环节之间的联系也紧密至极。譬如，电信网络诈骗案件在前期大多需要获取诈骗对象的大量个人信息和特征以增强其诈骗行为表面的可确信程度、提高诈骗行为的精准性，而其中大量的个人信息则通常是通过非法侵入承载着个人信息的软件、系统实现获取，这样一方面难免会损害网络用户的相关个人信息和数据，侵犯网络用户个人的合法权益；另一方面该提供行为也成为该网络犯罪中至关重要的一步，使得计算机网络犯罪的门槛从有到无，为许多犯罪提供了重要的工具源头。随着网络犯罪形态的演变，网络黑灰产业的链条也不断进化，各环节之间的分工越来越细致，各自的独立性也越来越强，社会危害性进一步加大，因此对网络犯罪的每一环进行打击都具有意义。提供侵入、非法控制计算机信息系统的程序和工具的行为为许多犯罪提供上游帮助，若对其进行打击和治理则对其他网络犯罪能够实现"釜底抽薪""事半功倍"之作用，并且从源头行为打击将有助于节约司法资源的投入以及最大程度地避免更为严重的危害结果的发生，将有助于净化网络空间，维护网络秩序，促进网络和现实社会的健

康发展。

在本罪设立之前,若行为人为自己提供或者明知他人实施网络犯罪而提供相关的程序和工具的,在司法实务中要么认为行为人的该行为不构成犯罪,要么只能将其行为认定为下游犯罪的预备犯或者帮助犯对其进行处罚和制裁,这种处理情况易致使此提供行为的社会危害性和所受处罚不成正比,不能满足刑法中"罪刑相适应"原则的要求。我国1997年《刑法》第二百八十五条原来仅对涉及国家事务等领域的计算机信息系统进行保护,随着计算机信息网络犯罪的日益猖獗,越来越多的计算机系统遭受攻击,诸多用户的合法权益遭到损害,2009年《刑法修正案(七)》在设定的原有网络犯罪的基础上增设了非法获取计算机系统数据罪和提供用于侵入、非法控制计算机信息系统的程序、工具罪,以期进一步实现对计算机信息网络犯罪全链条和全过程的打击。

二、本罪的刑法条文解读

提供侵入、非法控制计算机信息系统的程序、工具罪是指行为人提供专门用于侵入、非法控制计算机信息系统的程序、工具,或者明知他人实施侵入、非法控制计算机信息系统的违法犯罪行为而提供程序、工具,情节严重的行为。

(一)保护法益

《刑法修正案(七)》将本罪置于"妨害社会管理秩序罪"这一章节中,故无论是学界还是实务界对于本罪所保护的法益为"计算机信息系统的安全"这一观点并无争议。

(二)客观方面

(1)本罪的客观行为可分为两种,一种是提供专门用于侵入、非法控制计算机信息系统的程序、工具的行为,其中"专门"二字对所提供的程序、工具本身具有非法用途进行限定,专门用于非法侵入计算机系统的程序、工具,主要是指专门用于非法获取他人登录网络应用服务及计算机系统的账号、密码等认证信息的计算机程序、工具;所谓专门用于非法控制计算机信息系统的程序、工具,主要是指可实现规避计算机信息系统及相关设备的保护措施以实施非法入侵或者截获存储于系统中数据的程序和工具。① 也即在本罪第一种行为中行为人提供的程序和工具必须专门用于侵入和非法控制计算机信息系统(具体关于专门的认定可依照 2011 年两高《危害计算机信息系统安全案件司法解释》第二条的规定);另一种则是明知他人实施侵入、非法控制计算机信息系统的违法犯罪行为而提供程序、工具的行为,第二种行为中的程序和工具不要求"必要性",既可以是自身具有侵入和非法控制计算机信息系统性质的程序和工具,也可以是具有合法用途但通过特定途径和特定操作则可能侵害计算机信息系统的程序和工具。上述两种行为的区分意义在于,基于法益保护说的观点,被提供者是否实际使用该程序和工具对行为人的行为是否成立犯罪具有影响:在第一种行为中,鉴于病毒等程序和工具本身即具有专门性与社会危害性,本身就会对信息网络的安全造成威胁和影响,从而进一步扰乱社会秩序,因此不要求被提供者切实利用此程序或工具,提供者即可成立提供侵入、非法控制计算机信息系统的程序和工具罪;而第二种行为中,由于程序的"中立性",难以判断提供行为是否具有严重的社会危害性,因此只有当能够收集到切实足够的证据证实被提供者实际将该程序和工具用于实施违法犯罪活动时,才能认定提供者构成本罪。

(2)本罪的"提供"行为既包括有偿提供也包括无偿提供,还包括

---

① 参见全国人大常委会法工委刑法室编:《中华人民共和国刑法·条文说明、立法理由及相关规定》,北京大学出版社 2009 年版,第 592 页。

提供给特定人使用和提供给广泛的社会公众使用，也即只要行为人客观上实施了供给他人的行为，并切实帮助他人取得对特定系统的控制，均应当评价为"提供"行为。"提供"行为本身可视为相关下游犯罪的帮助行为，以特定犯罪的帮助犯论处，但由于近年来诸如外挂软件、群控软件的猖獗，网络犯罪各个独立阶段的社会危害性逐渐增大，这种帮助行为对社会秩序的威胁已达到独立入罪的标准，因此立法者将该种行为修正为实行行为。

（3）2011年两高《危害计算机信息系统安全案件司法解释》第三条详细规定了"情节严重"的具体认定，但司法解释不可能穷尽现实生活中的各种情形，在实际认定中，应当对案情进行全面认识并对其情节进行综合性考量。

（三）主观方面

（1）本罪的主观方面为故意，不包括过失的情形。但在本罪的主观方面是否仅限于直接故意的问题上，司法实务中存在一定的争议。部分观点认为提供行为具有特殊性，"提供"表现为行为人将上述程序、工具有偿或者无偿地交给他人。行为人对于交付的程序和工具显然是有一定认识的，也不存在行为人放任该程序和工具归他人占有的情形，因此主观方面只能限定为直接故意。与之相对的观点则认为行为人明知自己的提供行为可能会造成危害计算机信息系统安全的后果，但依然放任该危害后果发生的情况并不鲜见；并且从刑法条文本身出发，并未有在罪状中将某罪的主观方面规定为只能由直接故意构成的情况，因此本罪的主观方面当然也包括间接故意。

（2）本罪的客观方面的第二点对行为人在主观上提出了"明知"的要求，需明知他人实施相应的侵入和非法控制行为。关于此处"明知"的认定，通常认为只需要行为人对于他人实施侵入、非法控制计算机信息系统的违法犯罪行为的可能性具有一定程度的认识即可，而对于他人具体所实施的违法犯罪行为的内容及其法律后果则不需要具有明确认识。2011年两高《危害计算机信息系统安全案件司法解释》第三条列举了情节严重和情节特别严重的情形，但由于现实情况的复杂性，行为人主观方面明知的认定在实务中仍然是一个难点问题。

（四）行为主体

本罪对主体的身份并无特别规定，故本罪的主体为一般主体。

【案例解读】

一、陈某提供侵入、非法控制计算机信息系统程序、工具案[1]

（一）案情概述

陈某在没有取得微博的相关授权的前提下，自行开发名为"某援"的APP（手机应用程序，以下不再标注），该APP属于外挂软件，主要功能为通过非法技术虚假刷微博的点赞量和评论量，使用该软件可以明显加快相关用户转发、评论微博的速度，提升转发和评论的数据量，满足特定主体（如明星粉丝等群体）对数据的需求。该APP每绑定一个账号向用户收费0.3元人民币，用户登录此APP时只需要输入其微博的账号和密码即可实现登录而无需重新注册对应账号，且在此软件中的账户

---

[1] 此案例为作者根据工作、研究经验，为具体说明相关法律问题，编辑加工而得。

可以绑定的微博数量并没有上限，并可以对这些绑定的微博同时进行操作以达到高速的目的。这款软件的运行主要通过黑客技术获取微博的数据包，并对这些数据包进行反编译，进一步摸索到微博所使用服务器的接口，陈某将接口通过设计编码的方式提供给顾客，最终实现用户不需要登录微博客户端即可实现对微博的转发、评论、点赞等功能。

陈某获取了微博账号为每位用户设定的独特身份标识，并通过技术手段破解其中的算法模式，能够伪装成多类型手机设备，并通过"某援"APP 有偿为他人提供自动批量转发微博博文的功能。大量软件用户先后向 APP 充值有偿使用该软件，其实质则是对微博公司服务器的侵入行为，该行为严重破坏了微博内部系统的稳定和正确运行，也严重破坏了微博热搜榜单的真实性，遭到众多网民投诉，严重侵害某浪公司的经济利益。经鉴定，至案发时"某援"APP 共使用 19 余万个控制端微博账号登录，上述控制端账号又绑定微博账号数万个，造成极为恶劣的影响。被告人陈某从中获利人民币 600 余万元。

（二）案情分析

本罪侵犯的客体为计算机信息系统的安全，故本案中亟待解决的首要问题为类似微博等不属于典型的计算机信息系统的软件程序能否认定为计算机信息系统。2011 年两高《危害计算机信息系统安全案件司法解释》第十一条认为只要具备自动处理数据功能的系统均可被视为计算机信息系统，微博作为特定的社交软件当然独立具有自动处理数据的功能，故可将其视为计算机信息系统。

"某援"APP 在运行过程中会侵入微博公司服务器，并实现用户无需登录自己的微博就可以完成对微博 APP 中相关微博的点赞和评论，该"某援"APP 的主要用途为通过技术手段创造虚假的微博的点赞量和评论量，结合前述对于"专门性"的认定，可以将"某援"APP 视为

第三章 提供侵入、非法控制计算机信息系统程序、工具罪

"专门用于非法侵入计算机系统的程序、工具"。此外,无论从陈某利用黑客技术破解微博的加密算法还是其设立"某援"APP 的行为都可以推断出陈某实施本罪主观方面的故意。

本罪提供行为包括有偿提供和无偿提供两种,其中"某援"APP 每绑定一个账号就像用户收取 0.3 元人民币的费用,陈某设立"某援"APP 并吸引用户注册从而实现用户对点赞和评论等数据的追求的行为符合"提供"行为的本质,并且属于有偿提供行为。

本案中共有 19 万余个用户注册"某援"APP,并利用上述控制端账号绑定微博账号数万个,被告人陈某从中获取充值金额人民币 600 余万元,严重破坏了微博内部系统的稳定和微博一系列软件和程序正确运行,严重影响微博热搜榜单的真实性,极大程度地损害微博公司的合法权益。根据 2011 年两高《危害计算机信息系统安全案件司法解释》第三条的规定,陈某的行为不仅满足"情节严重"认定中"提供程序、工具二十人次以上"及"违法所得五千元以上或者造成经济损失一万元以上"的要求,并且其实际数量及数额远远超过规定,可认定其行为属于"情节特别严重"。

在本案中,"某援"APP 的刷量行为究竟是属于对微博系统的破坏行为还是侵入和非法控制行为也值得深思。非法控制计算机信息系统行为的本质在于未经授权或者超越授权获取计算机信息系统的操作权限使之进行特定操作,破坏计算机信息系统的行为则将重点放至行为是否最终造成计算机无法运行等后果上,司法实务在认定时通常认为在非法侵入计算机信息系统后,若并未破坏计算机的运行功能,而仅控制计算机实施特定的操作获利的行为被称为"非法控制计算机信息系统"。[1] 本案中,陈某的行为虽然利用非法技术侵入微博公司服务器,影响微博热搜

---

[1] 参见胡云腾:《网络犯罪刑事诉讼程序意见暨相关司法解释理解与适用》,人民法院出版社 2014 年版,第 94~95、105 页。

53

榜单的真实性和相关微博数据的真实性，但究其行为本质并未造成微博不能运行等严重后果，而仅仅是控制微博相关内容进行操作获利，因此本案中将陈某的行为认定为侵入和非法控制行为更为适宜。综上，陈某开发"某援"APP并提供给相关群体使用的行为构成提供侵入、非法控制计算机信息系统程序、工具罪。

随着网络的发展和群众网络活动的丰富，相应的游戏外挂和群控外挂等软件也逐渐兴起，早期对群控软件主要是依赖民事手段打击，但一味秉持刑法的谦抑性有时不足以实现对此种行为的有效打击，对于各类群控软件行为是否应当入罪以及采取何种罪名入罪都日益成为令人头疼的问题。本案的审理对于正确认定"群控软件"等外挂软件的性质及其刑法规制具有一定的借鉴意义。

二、余某等人提供侵入、非法控制计算机信息系统程序、工具案[①]

（一）案情概述

余某得知沈某能开发出"改串"（即更改设备的 IMEI 号[②]，使设备变成一台新设备的行为）程序软件后，便商量由沈某负责开发软件、余某负责推广和销售该软件。后沈某开发出一款名为"NZT 一键新机改串系统软件"（以下简称 NZT 软件）的具有一键新机和虚拟地理位置等功能的软件，并对该软件进行了著作权登记。NZT 软件的核心功能在于提高设备的运行速度，从而能够快速备份手机资料；该软件还可以虚构设备相关信息而使真实设备信息不被觉察。许多第三方应用程序在使用过程中要求获取手机设备真实环境信息，譬如许多用于打卡的定位软件需

[①] 此案例为作者根据工作、研究经验，为具体说明相关法律问题，编辑加工而得。
[②] 即国际移动设备识别码，每一部移动设备都具有独立的序列号用以在移动网络中快速识别。

第三章 提供侵入、非法控制计算机信息系统程序、工具罪

要获取用户的真实地理位置,而 NZT 软件的使用则可以对第三方应用的实际识别予以干扰,从而使其无法正确认定设备及其相应的环境信息。

NZT 软件开发完成后,余某将该软件上架销售并通过设置周卡、月卡、季卡、年卡的方式供用户充值使用,此外余某还发展了二级代理商 20 余名。购买 NZT 软件并使用的用户可干扰正常的具有社交功能的网络软件以及与这些软件配套的其他软件的使用,造成了极大的安全隐患。这些软件的开发者发现后加大了安全识别的等级以限制 NZT 软件的使用,后沈某针对软件开发者的应对措施,继续对 NZT 软件进行技术维护和升级,以对抗上述安全识别从而维护该软件的性能。

余某的朋友郑某在听闻该软件后开始参与 NZT 软件的销售,建立 NZT 官方网站并对网站进行日常维护管理,此外郑某还建立相应的公众号并制作 NZT 教程视频加强对该软件的宣传,帮助余某和沈某售卖 NZT 软件。

(二)案情分析

本案中行为人所侵入的系统并非常态化的计算机信息系统,亦不是对完整的第三方应用程序实施侵入,而仅仅只是对其中的客户端实施非法控制。因此,本案亟待探讨的一个问题在于第三方应用软件中的客户端能否视为计算机信息系统的一部分,对客户端中运行的系统实施侵入和非法控制行为是否符合本罪构成要件。对于计算机信息系统的界定应当作出全面和动态的理解。客户端虽然不是完整的第三方应用程序,但其却是第三方应用程序运行中不可或缺的部分,第三方应用程序的运行过程本质上是服务器和客户端进行数据交互的动态过程。基于此对第三方应用程序运行中的任何一个环节的数据进行非法操作,均会影响到应用程序的实际运作,因此均属于对计算机信息系统的操作,故此可将对客户端的侵入和非法控制行为视为对整个计算机信息系统的侵入和非法

控制。

本案中 NZT 软件作为一类改串软件，其核心功能在于修改客户端中第三方应用程序可能读取到的设备信息，从而使第三方应用程序难以获取设备真实信息，且当部分第三方应用程序加大了安全识别的等级和对 NZT 软件的限制后，沈某针对这些升级的安全保护措施对软件进行了升级从而进一步避开这些安全保护措施，因此 NZT 软件当然具有该罪名中要求的"专门性"特征。

NZT 软件的技术原理是通过环境变量把两个动态数据库注入应用程序，通过动态数据库注入将前端框架中的多个方法进行挂钩，使应用程序需要调用前端框架中的方法时，错误调用 NZT 注入的动态数据库中的方法；当应用程序读取设备信息时，NZT 会生成并提供包含虚假设备信息的文件，从而突破应用程序正常的程序逻辑。[1] NZT 软件此种注入行为可视为对应用程序的一种侵入行为，此外 NZT 软件并不是单纯地将软件使用者的信息修改后提供给前来调取信息的第三方应用程序，而是通过一系列非法操作手段使得第三方应用程序无法对用户环境正确识别并不断避开相应程序的安全保护措施，也可视为对第三方应用程序的非法控制行为。本案中 NZT 软件仅仅对第三方应用程序实施了侵入和非法控制行为而未造成相应的第三方应用程序无法运作的破坏性结果，因此行为人的行为仅触犯提供侵入、非法控制计算机信息系统的程序、工具罪而并不构成破坏计算机信息系统罪。

沈某、余某以及后来加入的郑某为牟取非法利益开发具有专门性侵入和非法控制应用程序的 NZT 软件，并通过开设网店等方式向他人提供特定程序和工具，可以推断该三人主观上不仅对提供软件本身具有故意，并且对侵入和非法控制计算机信息系统也具有故意。最终经查明，三人

---

[1] 李云鹏：《提供侵入、非法控制计算机信息系统程序、工具罪的构成要件分析》，载《人民检察》2021 年第 16 期。

非法获利数额较大，在社会上影响较大且恶劣，已达到情节特别严重的入罪标准。

近年来，类似 NZT 软件等能够"一键新机"、更改地理位置的软件层出不穷。NZT 软件在本案中的使用并非个例，该软件为全国范围内多起网络犯罪提供了作案工具，是诸多案件的工具源头。一方面用户利用 NZT 软件能够隐藏其自身身份和设备环境，并能够实现一部手机注册和控制多个账号的功能，该软件的应用对群众经常使用的社交类型和支付类型网络软件的安全运行产生极大的负面影响，使其安全运行难以保障，进一步破坏了网络空间的信赖秩序；另一方面诸多犯罪分子利用该软件恶意注册大量网络账号，为其后续实施网络诈骗等网络犯罪提供了巨大便利，有损网络用户的合法权益。

【实务难点】

本罪于 2009 年通过《刑法修正案（七）》增设至《刑法》之中。本罪是典型的法定犯的一种，是现代互联网社会特有的犯罪，但在实际适用本罪的过程中，社会公众乃至相关司法机关对本罪的社会危害性的认识同立法者预期目标之间尚有一定差距。

2011 年 8 月，两高出台《危害计算机信息系统安全案件司法解释》，进一步明晰了侵入、非法控制计算机信息系统的程序和工具的专门性判断及情节严重等认定中的一些具体问题和认定方案，提供了切实可行的操作标准。《刑法修正案（九）》也进一步明确了单位也是本罪的犯罪主体，扩大了本罪的处罚范围。但是鉴于现实案件的复杂性和网络的多样性，任何法律和解释不能包含全部情形，在司法实务中对如何认定提供侵入、非法控制计算机信息系统的程序、工具罪仍有诸多需要厘清之处。

一、"侵入""控制"行为的认定是否仅限于采取技术手段

"提供""侵入""控制"这三个行为为本罪的关键行为，正确厘清这三种行为的边界对实务中正确定罪具有重要意义。何种行为属于"侵入"和"控制"行为以及"侵入"和"控制"行为是否一定表现为特定的手段如技术手段也成为实务中的难点。

从文理解释的角度出发，通常认为侵入计算机信息系统的行为是指未经授权或超越授权，获得增加、删除、修改或者获取计算机信息系统中存储、处理或者传输的数据权限的行为。"非法控制"的"控制"应从刑法层面进行理解，控制行为的本质在于未经授权或者超越授权获取他人的操作权限，其目的在于实现对计算机信息系统的调控使之按照意思实现特定的操作，至于是否影响到他人的控制权限则在所不问。[①]

"侵入"行为在实务中的常见表现主要有如下四种：一种是获取已注册的合法用户的账户和密码，从而采取冒充合法用户的方式入侵，譬如趁合法用户结束使用计算机信息网络但尚未退出联机之际进入计算机信息网络或者使用他人的访问代码进入计算机网络；一种是合法用户在仅具有有限权限的情况下超越其所获得的权限访问计算机系统；一种是采用如破解安全保护措施等的技术手段进入未经授权的计算机系统或是利用系统中存在的漏洞进入该系统；一种则是通过设定陷阱或者"走后门"（即行为人以维护或者其他合法理由设置的一个隐蔽的伪装程序而进入系统）的方式进行非法访问。该四种侵入行为中仅有第三种行为强调了"侵入"行为的技术性，在此种观点下并不强调侵入和控制行为需采取技术手段。

[①] 参见胡云腾：《网络犯罪刑事诉讼程序意见暨相关司法解释理解与适用》，人民法院出版社2014年版，第94~95页。

第三章　提供侵入、非法控制计算机信息系统程序、工具罪

在检例第 36 号一案中，本公司员工联合外部人员利用其享有的员工权限登录公司系统，获取存储于公司内部系统的机密数据，司法机关最终认为本案中行为人仅仅超越权限而并未采取技术性的侵入手段，但其超越权限行为符合非法获取行为的本质，可视为"侵入"行为，从而明确"侵入"行为和"非法控制"行为不以采取技术手段侵入为要件，只需符合侵入和控制行为的本质即可。

综上，本书认为侵入行为应从广义上界定为非经被害人同意而进入计算机信息系统的行为。其内涵既包括采用特定的技术手段规避或破坏系统的保护措施而进入该系统，也包括未取得相应授权而擅自进入系统和虽取得授权但超出被害人授权范围进入系统等非技术手段行为。司法工作人员在实务中界定行为人的行为是否属于侵入和非法控制行为时应当关注行为的本质属性进行实质判断而不可仅进行形式上的判断，否则将会导致认定错误问题。

二、获得用户的授权可否阻却程序、工具的侵入性和非法控制性

在实务案件中，行为人所提供的程序和工具往往是经过了网络用户的授权而使用，然而用户的这种授权行为能否阻却程序和工具的侵入性和非法控制性存在分歧，也成为实务中认定的难点，亟待解决。

实务中一种观点认为，以网络游戏外挂为例，外挂程序都是玩家自行安装或者经用户同意后安装使用，在玩家安装了客户端后使用外挂修改客户端的情况下，其对数据进行一系列修改或增加并上传至游戏服务端的行为，不宜认定该外挂程序计算机信息系统实施非法获取数据或者非法控制，而只能将该行为视为一种"违规"行为和"作弊"行为。[1]

---

[1] 喻海松：《网络外挂罪名适用的困境与转向》，载《政治与法律》2021 年第 8 期。

换言之，若事前得到用户的授权并由用户自行安装使用，即使服务器"上当受骗"，也不可将该行为视为侵入行为和非法控制行为，阻却其侵入性和非法控制性。另外，对制作者和销售者适用"提供侵入、非法控制计算机信息系统的程序、工具罪"通常意味着对使用该外挂程序的用户应当适用"控制计算机信息系统罪"等罪名，而在司法实务中却极少对实际适用类似程序的用户追究刑事责任，若坚持其行为是侵入行为一定程度上会导致侵入行为的泛化，也会产生与司法实务相悖的情形。

与之相对的一种观点则认为，用户在使用第三方软件时均会在使用前与该第三方软件明确签订用户协议以及相关的许可及服务协议，也即用户在使用该软件时需保证其不得对软件的系统和程序进行复制和修改等操作，用户也不得自行使用或者授权其他软件和程序对该软件以及软件内的系统和数据进行复制、修改等行为，否则可视为对第三方软件信息系统的控制行为。以上述NZT软件一案为例，用户在运行第三方软件时已签订对应协议，但在使用过程中却利用NZT软件进行反向操作，致使第三方应用程序难以识别用户所处的真实环境，构成对第三方应用软件的非法控制。因此在这种观点下，由于事先协议的存在，即使相应的程序获得用户的授权也不能阻却程序、工具的侵入性和非法控制性。

三、计算机信息系统的概念如何界定

本罪所侵犯的客体为计算机信息系统的安全，故计算机信息系统作为本罪所侵害的对象，对其概念的界定和在案件中的具体判断对案件的定罪量刑均起着重要作用，倘若行为人所侵犯的对象根本不属于计算机信息系统的界定范围，则提供者当然不会构成本罪。随着信息网络的不断发展，网络的业务不断扩展，各类软件不断浮现，网络运行中的各个环节独立性增强，对其是否属于计算机系统的认定难度增大，因此计算机信息系统的判断及其内涵界定是实务中必须解决的首要问题。

第三章 提供侵入、非法控制计算机信息系统程序、工具罪

《计算机信息系统安全保护条例》第二条规定，计算机信息系统，是指由计算机及其相关的和配套的设备、设施（含网络）构成的，按照一定的应用目标和规则对信息进行采集、加工、存储、传输、检索等处理的人机系统。

2011年两高《危害计算机信息系统安全案件司法解释》第十一条规定，"计算机信息系统"和"计算机系统"，是指具备自动处理数据功能的系统，包括计算机、网络设备、通信设备、自动化控制设备等。

在古某、李某提供侵入计算机信息系统工具一案[①]中，辩护人认为基于体系解释的方法，提供侵入、非法控制计算机信息系统的程序、工具一罪中的程序和工具应当同非法侵入计算机信息系统罪中一致，即限定为特定领域的计算机信息系统，而不包括商业等领域的计算机信息系统，否则将不能保持刑法条文之间的协调统一关系。类似本案中辩护人的观点在实务中并不少见，但这种在实务中绝对地坚持统一解释的观点仍值得商榷，因为一方面提供侵入计算机信息系统程序、工具罪的社会危害性更多地体现在行为人的提供行为上，而不是在侵入行为上，至于他人利用该程序和工具侵入不同领域的计算机信息系统与本罪的危害程度并不直接相关。

司法人员在界定案件所涉及的程序、软件等是否为"计算机信息系统"时应当综合考虑计算机信息系统的概念，而不能简单将其限缩为狭义的"系统"，不但硬件系统属于计算机信息系统，单纯的软件系统以及软件和硬件的结合体等，都应当属于"计算机信息系统"的范畴。也即任何具有自动处理数据功能的系统都可以视为一个独立的计算机信息系统，因此诸如网站或者微信等软件，甚至是微信里运行的小程序，只

[①] 上海市虹口区人民法院（2019）沪0109刑初999号刑事判决书，载中国裁判文书网，https://wenshu.court.gov.cn/website/wenshu/181107ANFZ0BXSK4/index.html?docId=Xo/iK6Op8trRaqYpOgz/DX5YM4Sgz/v69jbkN9KjZd0Ch5O6KZ6aM/UKq3u+IEo4DH7jJHcyCxSr4PEcpIwkZ7IXkpZvQzFVRtJuQajdYInNPBhdf2F9OkZ0lt2Ixf7x，最后访问时间：2023年2月9日。

要其能够自动处理信息数据功能，均可将其视为计算机信息系统。此外，如"客户端"本身虽不能视为一个完整的计算机信息系统，但若对其的侵入和非法控制足以影响整个计算机系统的联动和运作，则可将该侵入和非法控制行为视为对计算机信息系统的整体侵入及非法控制。

四、计算机信息系统中的安全保护措施如何认定

2011年两高《危害计算机信息系统安全案件司法解释》第二条中规定，含有规避或者突破计算机信息系统保护措施，非经授权或者超越已有授权获取计算机信息系统数据的功能的或者对计算机信息系统实施控制的功能的程序和工具可被视为专门用于侵入非法控制计算机信息系统的程序和工具，因此在实务中对于"安全保护措施"的认定也尤为关键，传统的风险防控措施可否被视为计算机信息系统中的安全保护措施，是否只有技术层面的安全保护措施可以被视为本罪中的安全保护措施都是值得我们进一步探讨的问题。

广义的计算机信息系统的安全保护措施包括针对计算机信息系统运行的各个环节安全运行而进行防护的行为措施（常见保护措施如防火墙），基于此定义也并不意味着只有涉及技术层面的安全保护措施才可被视为计算机信息系统的安全保护措施。换言之，类似上述NZT软件一案中第三方应用程序识别是否存在侵入、干扰和控制行为以及对识别到相应行为后的处理均可视为计算机信息系统的安全保护措施，而并非只有基于服务器端设置的安全技术工具才属于保护措施。在NZT软件一案中，许多第三方应用程序所设置的安全保护措施不仅在技术层面设置了可识别不同信息的硬件识别机制，也在人力层面加强了识别和风控措施，然而无论是哪个层面的措施究其本质作用皆属于安全保护措施。[①] 因此，

---

① 李云鹏：《提供侵入、非法控制计算机信息系统程序、工具罪的构成要件分析》，载《人民检察》2021年第16期。

NZT软件通过虚拟手段实现第三方应用程序无法正确识别用户信息以及所处环境的行为当然可认定为对计算机信息系统安全保护措施的规避。

与安全保护措施相类似的概念为风险防控措施,通常认为风险防控措施是在安全保护措施的基础之上,针对计算机信息系统运行过程中除安全风险外可能出现的其他风险而采取的措施,也即安全保护措施可以理解为风险防控措施的一部分,但万不可将二者完全等同。在实务中,存在行为人规避或者破坏计算机信息系统的风险防控的其他措施而并未对计算机信息系统的安全保护措施进行规避等行为,并不能因此认定该行为是符合本罪构成要件的行为,否则将会出现"滥罪"的情形。

司法工作人员在实务中应当准确认定行为人所规避的措施是否属于"安全保护措施",对安全保护措施的理解既不可过度泛化也不可认为针对计算机信息系统的安全保护措施仅限于技术层面,而应结合案件事实和所"侵入"和"控制"的计算机信息系统中设置的防护措施审慎判断。

五、侵入和非法控制工具"专门性"的认定

本罪客观方面包括提供专门用于侵入、非法控制计算机信息系统的程序、工具的行为,因此实务中对于行为人所提供的程序和工具"专门性"的认定对入罪和出罪具有极大的意义。在实践中也会存在譬如行为人进行著作权登记能否认定该程序、工具具有合法性从而认为不属于本罪中的专门性程序、工具等刑法与民法、知识产权法等学科交叉的新型难题,需要进一步探讨。

2011年两高《危害计算机信息系统安全案件司法解释》第二条规定,具有下列情形之一的程序、工具,应当认定为刑法第二百八十五条第三款规定的"专门用于侵入、非法控制计算机信息系统的程序、工具":(一)具有避开或者突破计算机信息系统安全保护措施,未经授权

或者超越授权获取计算机信息系统数据的功能的；（二）具有避开或者突破计算机信息系统安全保护措施，未经授权或者超越授权对计算机信息系统实施控制的功能的；（三）其他专门设计用于侵入、非法控制计算机信息系统、非法获取计算机信息系统数据的程序、工具。

2011年两高《危害计算机信息系统安全案件司法解释》第十条规定，对于是否属于刑法第二百八十五条规定的"专门用于侵入、非法控制计算机信息系统的程序、工具"难以确定的，应当委托省级以上负责计算机信息系统安全保护管理工作的部门检验。司法机关在实务中应当根据检验结论，结合案件具体情况认定。

专门性的判断更偏向于"技术性"的判断，因此判断程序和工具的专门性应当将该程序和工具的主要用途和主要功能作为切入点。鉴于现实中行为人并不能完全按照刑法及其相关解释所规定的构成要件来设计软件，因此并不存在完全真空状态下的"专门性"的程序和工具，不能以该程序和工具具备除非法侵入和控制功能以外的其他功能而排除其专门性。我们认为，司法工作人员在对专门性进行认定时也不宜过于保守，通常只要该程序和工具在功能性上具有专门的侵入和控制功能，符合"专门性"的认定规则，就可以确定其专门性。

许多应用程序的开发者在设计应用程序和提供给用户使用时会提前设定格式性禁止条款，即禁止用户利用该程序进行诸如侵入、非法控制计算机信息系统等的违法行为，但这种禁止违法使用条款并不能排除该软件和程序的专门性违法特征。

一方面，有些应用程序虽然设置了预先设定所谓的提示性条款，但其主要功能和其在使用过程中却具有现实的非法性，此外应用程序的开发者和提供者仅有禁止违法使用的提示而实际并未在他人使用过程中进行技术上的管控和阻拦，因此这种提示性条款在应用本身的违法专门性面前难免显得单薄；另一方面，根据《互联网信息服务管理办法》[①] 的规定，互联网信息服务和技术、工具的提供者应当依法开展相应的网络服务，也应当依法履行对其提供的互联网服务和技术、工具的监管和报告义务，因此设定格式性禁止违法使用条款应当是程序的提供者本应履行的义务，当然不能免除程序和工具本身的违法专门性。

类似上述 NZT 软件一案，许多程序和软件的开发者会在设计出软件后进行知识产权的登记，以保护其自身的知识产权不受侵害。在司法实务中有部分辩护人主张行为人进行知识产权登记的行为可以推断该程序和软件具有合法性，从而阻却该软件和程序的非法性和专门性。然而知识产权法和刑法不同，行为人进行知识产权的登记并不能当然阻却其所设计的程序和工具在刑法上的社会危害性。我国对著作权等的知识产权主要依据《计算机软件著作权登记办法》[②] 和《计算机软件保护条例》进行审查，这些规定主要围绕着作品的独特性和原创性进行审查，而并不会对这些软件和程序本身合法还是非法进行审查，也即审查仅停留在程序性和形式性层面而并不会进行实质性审查。因此我们认为，行为人对其开发的软件进行知识产权登记仅能证明其对该软件的原创程度，而并不能阻却软件和程序自身的违法性和社会危害性。

六、情节严重的具体认定

本罪的性质当属情节犯而非行为犯，也即行为人的行为需要满足一定的情节要求才能构成本罪，因此情节严重在实务中的认定也值得探讨。

2011 年两高《危害计算机信息系统安全案件司法解释》第三条规定：提供侵入、非法控制计算机信息系统的程序、工具，具有下列情形

[①] 载国家法律法规数据库，https：//flk.npc.gov.cn/detail2.html?ZmY4MDgwODE2ZjNjYmIzYzAxNmY0MTE4ZTQ3NjE2ZjE，最后访问时间：2023 年 4 月 20 日。

[②] 载国家版权局网，https：//www.ncac.gov.cn/chinacopyright/contents/12232/353519.shtml，最后访问时间：2023 年 4 月 20 日。

之一的，应当认定为刑法第二百八十五条第三款规定的"情节严重"：（一）提供能够用于非法获取支付结算、证券交易、期货交易等网络金融服务身份认证信息的专门性程序、工具五人次以上的；（二）提供第（一）项以外的专门用于侵入、非法控制计算机信息系统的程序、工具二十人次以上的；（三）明知他人实施非法获取支付结算、证券交易、期货交易等网络金融服务身份认证信息的违法犯罪行为而为其提供程序、工具五人次以上的；（四）明知他人实施第（三）项以外的侵入、非法控制计算机信息系统的违法犯罪信息而为其提供程序、工具二十人次以上的；（五）违法所得五千元以上或者造成经济损失一万元以上的；（六）其他特别严重的情形。实施前款规定行为，具有下列情形之一的，应当认定为提供侵入、非法控制计算机信息系统的程序、工具"情节特别严重"：（一）数量或者数额达到钱款第（一）项至第（五）项规定标准五倍以上的；（二）其他情节特别严重的情形。

我们认为，上述两高《危害计算机信息系统安全案件司法解释》中有关情节严重和情节特别严重的认定主要还是通过该提供行为所造成的社会危害程度的大小来把握并进行总结的。根据司法实务中处理案件的实际经验，可以认定以下几种情况也属于情节严重：

1. 行为人所提供的具有违法性的专门性工具、程序被大量传播和下载，在社会面上影响广泛，严重扰乱社会秩序的；

2. 行为人提供的程序和工具能够实现对国家机关等重要单位的计算机信息系统的侵入和非法控制的；

3. 行为人提供侵入和非法控制计算机信息系统的程序和工具的目的在于通过侵入和非法控制行为以收集涉及国家安全、国家秘密等重要情报或者公民个人重要信息的；

4. 行为人主观上明知被提供者实施了或将欲实施较为严重的计算机犯罪而为其提供程序和工具的。

对于情节严重的认定，无论是上述两高《危害计算机信息系统安全案件司法解释》的明文规定还是根据实务中经验而总结出的推定规则，都仅能起到参考作用而非唯一标准。司法工作人员在实务中，针对情节严重的判断应当以上述内容为蓝本，但不宜限于上述判断。司法工作人员应当对行为人的提供行为进行实质判断，切实分析其提供行为的社会危害性是否与上述所列举的情形相当，从而判断行为人的行为是否属于"情节严重"或者"情节特别严重"。

七、主观上对行为人明知如何认定

基于定罪的主客观相统一原则，除行为人客观方面的行为需要重点认定外，行为人的主观方面也要予以重视。本罪的成立行为的第二点要求行为人主观上"明知"他人实施侵入、非法控制计算机信息系统的违法犯罪行为，因此对于"明知"的认定则成为主观方面的难题。

对于"明知"的认定，通常认为只需要界定行为人对于他人实施侵入、非法控制计算机信息系统的违法犯罪行为的可能性有认识即可，只要行为人有大致的认识便可以认定其主观明知，而对于利用该程序和工具的第三人所实施的违法犯罪行为的具体内容及其法律后果则不需要具有明确认识。

结合实务认定中的经验和难点，若行为人有下列行为时可推定其主观明知：

1. 被告人明知他人利用该程序、工具实施获取身份认证信息等违法犯罪活动而提供程序、工具的；

2. 被提供者供述被告人提供程序、工具时存在主观明知；

3. 被告人在提供程序、工具时，明确指出其具有避开和突破计算机信息系统保护措施和对计算机信息系统进行侵入等功能；

4. 被告人提供侵入、非法控制计算机信息系统的程序、工具的目在于从中获取不正当利益,或者交易价格明显超出市场正常交易价格而提供程序、工具,或者经调查以提供这些程序、工具为主要生活来源;

5. 从证据法层面鉴定,存在聊天记录等电子数据能够证实被告人明知被提供者意图利用该程序和工具实施相关违法犯罪活动。①

鉴于主观上的"明知"认定偏主观判断,因此尚没有权威的司法解释等对其情形进行罗列,对于"明知"的判断也无法尽数列举,司法工作人员在实务中应当结合案例中的事实和证据,从多个方面综合把握行为人的行为,判断其是否主观明知。

八、侵入、非法控制行为与破坏行为的区分界限

在实务中,鉴于案件的复杂性以及在某些情况下被提供者的行为可能既对计算机信息系统进行侵入和非法控制,又符合破坏计算机信息系统的要件,因此同一案件往往会出现行为究竟是属于"侵入、非法控制行为"还是"破坏行为"的分歧,最终影响定罪,探讨侵入行为和非法控制行为与破坏行为的界限将有助于正确定罪量刑。

参照上述对侵入和非法控制行为的认定,侵入和非法控制行为的本质在于未经授权或者超越授权而获取了计算机信息系统的权限却并未对计算机信息系统造成实际破坏,而破坏计算机信息系统的行为则可分为:对计算机信息系统功能和数据及应用程序进行删除、修改、增加、干扰的行为;故意制作和传播计算机病毒等破坏性程序的行为。由此可见,破坏计算机信息系统的行为更加注重是否对计算机信息系统实质上造成严重破坏,导致其不能运行,也即本罪的成立要求行为具有毁弃性,而并不注重行为人的行为对该计算机信息系统的侵入和控制程度。如果行为人的行为只是排除或限制了权利人对计算机信息系统功能的占有使用,

---

① 苏家成:《提供侵入、非法控制计算机信息系统程序、工具罪的认定》,载《人民司法》2013年第12期。

而计算机信息系统本身完好无损未遭受破坏，则应当考虑非法侵入和控制行为而不宜将该行为认定为破坏计算机信息系统罪，但需要注意两种行为之间并不是非此即彼的关系，可发生牵连与并罚。

我们认为，在实务中还可以从被提供者的主观方面入手来界定其行为属于控制和非法侵入行为还是破坏行为。经过判断认为被提供者主观上仅存在非法控制计算机的目的，且行为人并未采取进一步对其所侵入和非法控制的计算机信息系统实施其他行为的，则应当认为被提供者的行为构成非法控制计算机信息系统罪，因此提供者当然构成提供侵入、非法控制计算机信息系统的程序、工具罪；若经过判断认为行为人主观上既存在破坏目的又存在非法控制目的，则可以认定行为人主观上具有破坏目的，被提供者应当构成破坏计算机信息系统罪。

司法工作人员在实务中对被提供者和提供者的行为进行界定时应当准确把握侵入行为、控制行为和破坏行为之间的界限并正确认定，可结合行为人的客观行为和主观故意综合判断，不宜随意扩大上述二行为各自的范围。

第四章
破坏计算机信息系统罪

【法条链接】

《刑法》第二百八十六条规定：违反国家规定，对计算机信息系统功能进行删除、修改、增加、干扰，造成计算机信息系统不能正常运行，后果严重的，处五年以下有期徒刑或者拘役；后果特别严重的，处五年以上有期徒刑。

违反国家规定，对计算机信息系统中存储、处理或者传输的数据和应用程序进行删除、修改、增加的操作，后果严重的，依照前款的规定处罚。

故意制作、传播计算机病毒等破坏性程序，影响计算机系统正常运行，后果严重的，依照第一款的规定处罚。

单位犯前三款罪的，对单位判处罚金，并对其直接负责的主管人员和其他直接责任人员，依照第一款的规定处罚。

相关司法解释：2011年两高《危害计算机信息系统安全案件司法解释》、2014年两高一部《办理网络犯罪案件程序意见》。

第四章　破坏计算机信息系统罪

【罪名概述】

一、本罪的设立背景

破坏计算机信息系统罪为1997年《刑法》增设的计算机犯罪条目。1997年修法前，国内微机市场尚处于起步阶段，计算机系统主要服务于彼时的政府部门、科研机构和少数大型企业。在这一时代背景下，立法者前瞻性地构建了以破坏计算机信息系统罪为代表的计算机犯罪罪名体系，使计算机安全获得实质性保障，迈出了编织我国网络犯罪刑事法网的第一步。《刑法》第二百八十六条破坏计算机信息系统罪以计算机信息系统为整体行为对象，保护系统数据的保密性、完整性、可用性，打击破坏系统功能、数据、应用程序和故意制作、传播破坏性程序的一系列危害行为。近年来，破坏计算机信息系统罪的发案量稳定地处在计算机犯罪罪名的第一梯队，其高发原因主要在于近年来利用DDoS攻击[1]实施敲诈谋取非法利益，已成为互联网上的一股主要犯罪潮流。[2]

2015年颁布的《刑法修正案（九）》为本罪增设了第四款单位犯罪条款，将单位纳入本罪主体之列。

---

[1] DDoS攻击（Distributed Denial of Service，分布式拒绝服务）指通过控制"肉鸡"等资源，对一个或多个目标发动攻击，致使目标服务器断网或资源用尽，最终停止提供服务。
[2] 参见邓云等主编：《做优刑事检察之网络犯罪治理的理论与实践》，中国检察出版社2020年版，第431页。

二、本罪的刑法条文解读

(一) 保护法益

作为解释构成要件的参照系,我们认为,本罪的保护法益是系统数据的保密性(Confidentiality)、完整性(Integrity)、可用性(Availability)。

1. 保密性:亦称机密性,指对数据资源开放范围的控制,确保信息没有非授权性访问,不被非授权的用户使用。最常见的保护数据保密性做法是对数据设置权限,或通过访问控制列表的方式控制不同用户对数据的使用。

2. 完整性:指数据形式上的完满状态,保护数据不被未授权方修改、删除、增加,并确保当未授权人员进行不恰当修改时,可以降低损害。备份是确保数据完整性的常见策略。

3. 可用性:指数据的服务机能。只要授权的用户有需要,数据就不能拒绝服务,必须随时可被访问与使用。可用性被克减的典型表现为数据性能下降、功能降低。

(二) 客观方面

1. "违反国家规定"

本罪是典型的行政犯。根据《刑法》第九十六条,违反国家规定之含义是指"违反全国人民代表大会及其常务委员会制定的法律和决定,国务院制定的行政法规、规定的行政措施、发布的决定和命令"。具体至作为本罪前置规范的"国家规定",主要包括《网络安全法》第二十七条、《数据安全法》第八条、国务院于1994年发布并于2011年修正的《计算机信息系统安全保护条例》、全国人民代表大会常务委员会于2000年通过的《全国人民代表大会常务委员会关于维护互联网安全的决定》。

行业、单位自行制定的计算机网络管理规范不在本罪名的前置法之列。

2. 行为模式

本罪对破坏计算机信息系统的犯罪行为采用了概括式列举的立法体例，其客观方面由三种并列的罪行组成，分别指向了各异的规制范围，符合其中一种行为模式即可构成本罪：

（1）破坏计算机信息系统功能型犯罪

第一种罪行表现为违反国家规定，对计算机信息系统功能实施删除、修改、增加、干扰的非法操作，造成计算机信息系统不能正常运行，后果严重。

行为对象上，结合司法实践的认定惯例，"计算机信息系统功能"包括计算机信息系统的自动处理数据功能和重要使用功能。我们认为，所谓"破坏计算机信息系统功能"在技术原理上表现为对系统文件和系统程序进行删除、修改、增加、干扰，从而"使系统紊乱、丧失部分或全部运行功能，甚至崩溃"[1]。

行为形态上，"删除"指删除部分或全部系统文件使系统原有功能被除去，造成系统不能正常运行；"修改"指通过改动系统文件变更系统的功能，使之不能正常运转；"增加"指通过在计算机系统里增加某种功能，使原有的功能受到影响或者破坏；"干扰"指采用删除、修改、增加以外的其他方法造成系统功能性的降低。[2]

司法实践中存在以下典型的破坏系统功能型犯罪手段：

①引流型流量劫持。认定要点："修改互联网用户路由器的 DNS 设置[3]，将用户访问特定导航网站的流量劫持到其设置的导航网站，并将

---

[1] 中华人民共和国最高人民法院刑事审判第一、二、三、四、五庭主办：《刑事审判参考（总第86集）》，法律出版社2013年版，第74页。

[2] 参见王爱立主编：《中华人民共和国刑法释义》，法律出版社2021年版，第620页。

[3] 域名服务器（Domain Name Server, DNS）指进行域名和与之对应的互联网协议地址转换的服务器。

获取的互联网用户流量出售，显然是对网络用户的计算机信息系统功能进行破坏。"——最高人民法院指导案例 102 号（付宣某、黄子某破坏计算机信息系统案)①

"使用恶意代码修改目标网站域名解析服务器，目标网站域名被恶意解析到其他 IP 地址②，无法正常发挥网站服务功能，这种行为实质是对计算机信息系统功能的修改、干扰。"——最高人民检察院检例第 33 号（李丙某破坏计算机信息系统案）③

②DDoS 攻击。认定要点："违反国家规定，使用 DDoS 攻击对计算机信息系统功能进行干扰，造成计算机信息系统不能正常运行，后果严重，其行为构成破坏计算机信息系统罪。"——最高人民检察院检例第 69 号（姚晓某等 11 人破坏计算机信息系统案）④

③远程锁定或解锁设备。认定要点："行为人通过修改被害人手机的登录密码，远程锁定被害人的智能手机设备，使之成为无法开机的'僵尸机'，属于对计算机信息系统功能进行修改、干扰的行为。"——最高人民检察院检例第 35 号（曾兴某、王玉某破坏计算机信息系统案）⑤

"利用'GPS 干扰器'对中某公司物联网 GPS 信息服务系统进行修改、干扰，造成该系统无法对案涉泵车进行实时监控和远程锁车，是对

---

① 最高人民法院指导案例 102 号（付宣某、黄子某破坏计算机信息系统案），载最高人民法院网，https://www.court.gov.cn/zixun-xiangqing-137071.html，最后访问时间：2022 年 11 月 15 日。
② IP 地址（Internet Protocol Address）指互联网协议地址，是为了保证互联网上计算机设备之间的正常通信而为互联网上的每台设备分配的唯一的数字串编号。
③ 最高人民检察院检例第 33 号（李丙某破坏计算机信息系统案），载最高人民检察院网站，https://www.spp.gov.cn/zdgz/201710/t20171017_202599.shtml，最后访问时间：2022 年 11 月 15 日。
④ 最高人民检察院检例第 69 号（姚晓某等 11 人破坏计算机信息系统案），载最高人民检察院网站，https://www.spp.gov.cn/jczdal/202004/t20200408_458415.shtml，最后访问时间：2022 年 11 月 15 日。
⑤ 最高人民检察院检例第 35 号（曾兴某、王玉某破坏计算机信息系统案），载最高人民检察院网站，https://www.spp.gov.cn/zdgz/201710/t20171017_202599.shtml，最后访问时间：2022 年 11 月 15 日。

计算机信息系统功能进行破坏，造成计算机信息系统不能正常运行的行为。"——最高人民法院指导案例103号（徐某破坏计算机信息系统案）①

④通讯轰炸。认定要点："高频率的呼叫方式能够影响正常的电话呼叫与接听，也影响到手机其他功能的正常使用。故被告人的行为并非只是采取某种技术手段对计算机信息系统功能超出合理范围的利用，而是已经对计算机信息系统功能的本质属性进行干扰，构成破坏计算机信息系统罪。"——《人民司法》刊载案例（谭清某、陈北某破坏计算机信息系统案）②

⑤部分网络爬虫。认定要点："某市公安局居住证服务平台服务器遭受了该爬虫软件的自动化程序攻击，在该时段内造成某市居住证系统服务器阻塞，无法正常运行……违反国家规定，对计算机信息系统功能进行干扰。"——杨杰某、张国某破坏计算机信息系统案③

（2）破坏计算机信息系统数据、应用程序型犯罪

第二种罪行表现为违反国家规定，对计算机信息系统中存储、处理或者传输的数据、应用程序实施删除、修改、增加的非法操作，不包含数据干扰行为。行为对象上，为与《刑法》第二百八十六条第一款的适用范畴相区隔，应先排除与计算机信息系统正常运行直接相关的功能性数据与功能性程序，删除、修改、增加"计算机信息系统中存储、处理或者传输的数据和应用程序"不会使计算机系统本身遭受整体性的破

---

① 最高人民法院指导案例103号（徐某破坏计算机信息系统案），载最高人民法院网，https://www.court.gov.cn/zixun-xiangqing-137071.html，最后访问时间：2022年11月15日。
② 参见杨毅：《操控恶意呼叫软件构成破坏计算机信息系统罪》，载《人民司法·案例》2021年第5期。
③ 广东省深圳市南山区人民法院（2019）粤0305刑初193号刑事判决书，载中国裁判文书网，https://wenshu.court.gov.cn/website/wenshu/181107ANFZ0BXSK4/index.html?docId=wC+7+HE7zazZgqsVBj8iew76BL+dPTw6bepLPxr3oRUNWHsTuglW+pO3qNaLMqsJ6SQor4924ZdcCIub5/SVqdYkOemwXpWLOfv7qt0JHek+8YO+DGmLS1mEryVebWQX，最后访问时间：2022年11月15日。

坏。其中，"数据"是指在计算机信息系统中实际处理的一切文字、符号、声音、图像等内容的有意义的组合；"应用程序"是指用户使用数据库的一种方式，是用户按数据库授予的子模式的逻辑结构，书写对数据进行操作和运算的程序。① 虽然法条将本款行为对象表述为数据"和"应用程序，但因为司法实践中单独破坏应用程序的案件量极少，所以理论与实务已达成共识，此处的"和"应理解为择一关系，即不要求行为同时破坏数据和应用程序。

行为结果上，本款罪行将造成系统数据、应用程序被更改、丢失、损坏或司法解释规定的其他严重后果。法条只预设了行为须至少造成后果严重的结果要件，司法解释进一步阐释了具体情形，至于是否需达到影响或造成计算机信息系统不能正常运行的严重程度则未作要求。

司法实践中存在以下典型的破坏系统数据、应用程序型犯罪手段：

①篡改数据记载的信息。认定要点："冒用购物网站买家身份进入网站内部评价系统删改购物评价，属于对计算机信息系统内存储数据进行修改的操作，应当认定为破坏计算机信息系统的行为。"——最高人民检察院检例第34号（李骏某等破坏计算机信息系统案）②

②Fiddler抓包③。认定要点："在使用身份证读卡设备读取身份证信息通过验证后，使用Fiddler软件④抓取数据包，对身份信息进行修改，进而将虚假的人员信息录入某市住建委建筑行业从业人员信息库中……违反国家规定，对计算机信息系统中处理和传输的数据进行修改，已构

---

① 王爱立主编：《中华人民共和国刑法释义》，法律出版社2021年版，第621页。
② 最高人民检察院检例第34号（李骏某等破坏计算机信息系统案），载最高人民检察院网站，https://www.spp.gov.cn/zdgz/201710/t20171017_202599.shtml，最后访问时间：2022年11月21日。
③ Fiddler抓包指使用Fiddler软件来捕获和分析HTTP协议（HyperText Transfer Protocol，超文本传输协议）的数据包。
④ Fiddler软件是一个网络调试代理工具，用于记录和检查电脑与互联网之间的HTTP通讯，设置断点，修改请求和响应的数据。

成破坏计算机信息系统罪。"——杨大某、吴某侵犯公民个人信息案[1]

③部分网络爬虫。认定要点:"其编写'爬虫'程序并……植入该接待管理系统。此程序在运行中具有自动点击'删除'按钮功能,造成该接待管理系统内参赛运动员以及技术官员的抵离信息、酒店住宿信息、人员身份信息等存储信息被大量删除……依法构成破坏计算机信息系统罪。"——王某、黄某破坏计算机信息系统案[2]

(3) 故意制作、传播破坏性程序型犯罪

第三种罪行表现为故意制作、传播计算机病毒等破坏性程序,影响计算机信息系统正常运行,并造成严重后果。行为形态上,"故意制作、传播"限于故意传播、故意制作并传播两种行为,单纯制作计算机病毒等破坏性程序而未传播的行为,由于不可能影响计算机系统正常运行,不能适用本罪处罚。[3] 其中,"制作"是指通过计算机编制、设计针对计算机系统的破坏性程序的行为。而对于"传播",依据 2000 年公安部《计算机病毒防治管理办法》第六条,是指故意输入计算机病毒等破坏性程序,危害计算机信息系统安全;向他人提供含有计算机病毒等破坏性程序的文件、软件、媒体;销售、出租、附赠含有计算机病毒等破坏性程序的媒体等行为。[4]

行为对象上,依据 2015 年司法部《破坏性程序检验操作规范》,

---

[1] 上海市徐汇区人民法院(2020)沪 0104 刑初 731 号刑事判决书,载中国裁判文书网,https://wenshu.court.gov.cn/website/wenshu/181107ANFZ0BXSK4/index.html?docId=5VrccDkf9DWGPn8ZVDksHLf5z/PzLWdyzJd/wy8cZ6z4dHfRsKgRAJO3qNaLMqsJ6SQor4924ZebqMR5MgqiIaL9Fas2lQ2Zv7gs3rj9GU50pP3YP7qHHKg7U68gsdyL,最后访问时间:2022 年 11 月 21 日。

[2] 天津市南开区人民法院(2017)津 0104 刑初 740 号刑事判决书,载中国裁判文书网,https://wenshu.court.gov.cn/website/wenshu/181107ANFZ0BXSK4/index.html?docId=rPSgzzRgvWa+lxcZk8j1mfR4zDRiCNqpGdpGKKeGpWPcE0QqRHBRMpO3qNaLMqsJ6SQor4924ZebqMR5MgqiIaL9Fas2lQ2Zv7gs3rj9GU50pP3YP7qHHEe8FApCEKUZ,最后访问时间:2022 年 11 月 21 日。

[3] 喻海松编著:《实务刑法评注》,北京大学出版社 2022 年版,第 1253 页。

[4] 《计算机病毒防治管理办法》,载中国政府网,http://www.gov.cn/gongbao/content/2000/content_60423.htm,最后访问时间:2022 年 11 月 21 日。

"破坏性程序"指对计算机信息系统的功能或计算机信息系统中存储、处理或者传输的数据等进行未授权的获取、删除、增加、修改、干扰及破坏等的应用程序。① 2011年两高《危害计算机信息系统安全案件司法解释》第五条进一步明确了本款行为对象"计算机病毒等破坏性程序"的范围：能够通过网络、存储介质、文件等媒介，将自身的部分、全部或者变种进行复制、传播，并破坏计算机系统功能、数据或者应用程序的；能够在预先设定条件下自动触发，并破坏计算机系统功能、数据或者应用程序的；其他专门设计用于破坏计算机系统功能、数据或者应用程序的程序，主要包括逻辑炸弹。

司法实践中存在以下典型的破坏性程序：

①勒索病毒。认定要点："编写手机勒索病毒，手机内特定存储文件进行加密，如果受感染者7天未支付解密费用，病毒会自动将已加密文件删除……对手机系统实施未授权的增加、修改的操作，属于破坏性程序。"——陈某某破坏计算机信息系统案②

②外挂软件。认定要点："该外挂软件具有去除水印、自动点赞、自动评论、上传长视频等功能……给某短视频官方应用程序正常操作流程造成干扰，属于破坏性程序。"——刘某、郑国某、孟某等破坏计算机信息系统案③

③网络攻击平台及插件。认定要点："搭建网络攻击平台及插件，

---

① 《破坏性程序检验操作规范》，载司法部网站，http://www.moj.gov.cn/pub/sfbgw/zwfw/zw-fwbgxz/202101/1565870074653088027.pdf，最后访问时间：2022年11月21日。

② 河南省安阳市文峰区人民法院（2018）豫0502刑初259号刑事判决书，载中国裁判文书网，https://wenshu.court.gov.cn/website/wenshu/181107ANFZ0BXSK4/index.html?docId=zD9uQTa5PrDolEi6JnG4K3y8nYb3FnpEVylJVHwwI4v3mmJJ9KCGBJO3qNaLMqsJ6SQor4924ZdcCIub5/SVqdYkOem-wXpWLOfv7qt0JHenwu3ufxbZ1FPPHJ5rkp3DA，最后访问时间：2022年11月21日。

③ 河北省石家庄市中级人民法院（2020）冀01刑终370号刑事裁定书，载中国裁判文书网，https://wenshu.court.gov.cn/website/wenshu/181107ANFZ0BXSK4/index.html?docId=pd2JZ5vhIJRo-ko+m97Q+AkHpMj/CQtrh3TTmhHzPlZ9ich7P+sBc45O3qNaLMqsJ6SQor4924ZdcCIub5/SVqdYkOemXp-WLOfv7qt0JHenNSKXrbcuHqbREvoQD/C11，最后访问时间：2022年11月21日。

有偿为他人提供 DDoS 网络攻击服务……故意制作、传播计算机病毒等破坏性程序五十人次以上。"——朱泓某破坏计算机信息系统案①

④部分浏览器劫持软件。"在用户不知情的情况下对浏览器安装插件，对用户的浏览器进行劫持，修改浏览器启动页，且用户无法进行更改。"——卿某公司等破坏计算机信息系统案②

⑤部分木马病毒。木马病毒是隐藏在正常程序中的一段具隐蔽性、欺骗性的恶意代码，是具备破坏和删除文件、发送密码、记录键盘和 DDoS 攻击等特殊功能的后门程序。③ 司法实践中的木马病毒主要被运用于非法控制计算机信息系统或非法获取计算机信息系统数据，故而将其认定为用于侵入、非法控制计算机信息系统的程序、工具之裁判思路居多，如"该木马病毒程序本身具有避开或者突破计算机信息系统安全保护措施的功能，或者具有获取计算机信息系统数据、控制计算机信息系统的功能，且避开或者突破计算机信息系统安全保护措施及其获取数据和控制功能，在设计上即能在未经授权或者超越授权的状态下得以实现"④。

木马病毒虽然大多被黑客用于远程监控计算机信息系统，但在技术原理上不排除还可以根据黑客意图突然发起攻击或实施其他破坏性行为。⑤ 木马病毒的服务端程序运行在被控计算机上，通过与客户端之间

---

① 安徽省淮北市中级人民法院（2020）皖 06 刑终 84 号刑事裁定书，载中国裁判文书网，https：//wenshu.court.gov.cn/website/wenshu/181107ANFZ0BXSK4/index.html? docId=nDOpmgTtekxRJv1dBEujYUxg11qfPjB4xzHJeeVqBQzqBi/kR8oirpO3qNaLMqsJ6SQor4924ZdcCIub5/SVqdYkOemwXpWLOfv7qt0JHem834bkCCrs5R4ZWth47pe1，最后访问时间：2022 年 11 月 21 日。
② 北京市海淀区人民法院（2018）京 0108 刑初 714 号刑事判决书，载中国裁判文书网，https：//wenshu.court.gov.cn/website/wenshu/181107ANFZ0BXSK4/index.html? docId = 6Dz40boryH + Mnm9cRWDouDpipjNZVYtLU4GhgSUPlcaV + iiSuYfUP5O3qNaLMqsJ6SQor4924ZenaPGooBXPL3sIqaJKL + jMZqbEpWu4A8RPk/l1/dGEGBJ5nsGAdGiz，最后访问时间：2022 年 11 月 21 日。
③ 邵明艳主编：《信息网络犯罪典型案例解析》，中国法制出版社 2021 年版，第 81 页。
④ 参见苏家成：《提供侵入、非法控制计算机信息系统程序、工具罪的认定》，载《人民司法》2013 年第 12 期。
⑤ 参见邵明艳主编：《信息网络犯罪典型案例解析》，中国法制出版社 2021 年版，第 81 页。

的通信链路接收客户端发来的命令并执行。其执行的命令内容不限，轻则监视被控系统，重则破坏和修改文件，或发起 DDoS 攻击。具体触发何种严重程度的危害结果，取决于开发者编写的代码。故而，木马程序也可能与计算机病毒具备相同的破坏性特征和相当的社会危害性，将故意制作、传播此种木马病毒的行为认定为破坏计算机信息系统罪在理论上没有障碍。我们认为，木马病毒多元的危害性决定了罪名适用的复杂性，不宜"一刀切"地将制作、传播木马病毒之犯罪行为认定为某个单一罪名，而应当视其危害结果的严重程度和开发者的主观动机予以定罪量刑。在难以确定其规范属性时，依据 2011 年两高《危害计算机信息系统安全案件司法解释》第十条和 2016 年两高一部《电子数据规定》第十七条的规定，应当委托省级以上负责计算机信息系统安全保护管理工作的部门检验，或者由公安部指定的机构出具报告；对于人民检察院直接受理的案件，也可以由最高人民检察院指定的机构出具报告。司法机关应当根据检验结论，并结合案件具体情况认定。

（三）主观方面

本罪为故意犯罪。行为人因过失或意外事件导致计算机信息系统内的功能、数据、应用程序遭受破坏，或导致计算机病毒等破坏性程序传播的，不构成本罪。

（四）行为主体

本罪的主体为一般主体。单位犯本罪的，采取"双罚制"。依据 2011 年两高《危害计算机信息系统安全案件司法解释》第八条规定，以单位名义或者单位形式实施危害计算机信息系统安全犯罪，对单位判处罚金，并追究直接负责的主管人员和其他直接责任人员的刑事责任。

(五) 追诉标准

1. "后果严重"与"后果特别严重"的规范情形

实施上述破坏计算机信息系统行为，必须至少达到"后果严重"的程度方构成犯罪。依据2011年两高《危害计算机信息系统安全案件司法解释》第四条、第六条的规定：

（1）破坏计算机信息系统功能、数据或者应用程序，具有下列情形之一的，应当认定为《刑法》第二百八十六条第一款和第二款规定的"后果严重"：造成十台以上计算机信息系统的主要软件或者硬件不能正常运行的；对二十台以上计算机信息系统中存储、处理或者传输的数据进行删除、修改、增加操作的；违法所得五千元以上或者造成经济损失一万元以上的；造成为一百台以上计算机信息系统提供域名解析、身份认证、计费等基础服务或者为一万以上用户提供服务的计算机信息系统不能正常运行累计一小时以上的；造成其他严重后果的。

具有下列情形之一的，应当认定为破坏计算机信息系统"后果特别严重"：数量或者数额达到前款第一项至第三项规定标准五倍以上的；造成为五百台以上计算机信息系统提供域名解析、身份认证、计费等基础服务或者为五万以上用户提供服务的计算机信息系统不能正常运行累计一小时以上的；破坏国家机关或者金融、电信、交通、教育、医疗、能源等领域提供公共服务的计算机信息系统的功能、数据或者应用程序，致使生产、生活受到严重影响或者造成恶劣社会影响的；造成其他特别严重后果的。

（2）故意制作、传播计算机病毒等破坏性程序，影响计算机系统正常运行，具有下列情形之一的，应当认定为《刑法》第二百八十六条第三款规定的"后果严重"：制作、提供、传输第五条第一项规定的程序，导致该程序通过网络、存储介质、文件等媒介传播的；造成二十台以上计算机系统被植入第五条第二、三项规定的程序的;提供计算机病毒等破坏性程序十人次以上的;违法所得五千元以上或者造成经济损失一万元以上的;造成其他严重后果的。

具有下列情形之一的,应当认定为破坏计算机信息系统"后果特别严重":制作、提供、传输第五条第一项规定的程序,导致该程序通过网络、存储介质、文件等媒介传播,致使生产、生活受到严重影响或者造成恶劣社会影响的;数量或者数额达到前款第二项至第四项规定标准五倍以上的;造成其他特别严重后果的。

其中,违法所得和经济损失标准因可操作性强,是司法机关惯用的追诉标准,也是值得辩护律师重点核实的突破点。依据该司法解释第十一条第三款的规定,"经济损失"仅限于直接经济损失,包括破坏计算机信息系统犯罪行为给用户直接造成的经济损失,以及用户为恢复数据、功能而支出的必要费用。需要特别说明的是,参照《刑事审判参考》第784号(孙小某破坏计算机信息系统案)的裁判要旨:其一,经济损失数额和违法所得数额都是本罪定罪量刑的标准,公检机关对上述两个数额都应当进行侦查;其二,如果这两个数额分别属于后果严重、后果特别严重的情节,导致量刑上的冲突时,应当按照处罚较重的数额对被告人进行量刑,另一数额可作为量刑的酌定情节予以考虑,以实现罪刑相适应。[①] 对于数额不大、无法适用经济标准追诉,但社会影响恶劣的案件,司法机关宜重点参照最高人民检察院检例第69号(姚晓某等11人破坏计算机信息系统案)中析出的办案经验,收集、固定能够证实受影响的计算机系统数量或用户数量、受影响或被攻击的计算机系统不能正常运行的累计时间、对被害企业造成的影响等证据,对危害后果作出客

[①] 中华人民共和国最高人民法院刑事审判第一、二、三、四、五庭主办:《刑事审判参考(总第86集)》,法律出版社2013年版,第71~77页。

观、全面、准确认定。①

实证研究表明：近年来，以破坏计算机信息系统罪为首的计算机犯罪量刑情况普遍轻缓，破坏计算机信息系统罪的上档率仅有10%；在量刑偏轻的同时，刑罚执行方式上也出现高比率的缓刑趋势。②

2. 共同犯罪的成立标准

为实现计算机犯罪的全链条打击，该司法解释第九条对破坏计算机信息系统罪共同犯罪的认定作出了规定。构成本罪共犯，除了应在主观上明知他人实施《刑法》第二百八十六条规定的行为，还须在客观上具备下列情形之一："（一）为其提供用于破坏计算机信息系统功能、数据或者应用程序的程序、工具，违法所得五千元以上或者提供十人次以上的；（二）为其提供互联网接入、服务器托管、网络存储空间、通讯传输通道、费用结算、交易服务、广告服务、技术培训、技术支持等帮助，违法所得五千元以上的；（三）通过委托推广软件、投放广告等方式向其提供资金五千元以上的。实施前款规定行为，数量或者数额达到前款规定标准五倍以上的，应当认定为刑法第二百八十五条、第二百八十六条规定的'情节特别严重'或者'后果特别严重'。"

---

① 最高人民检察院检例第69号（姚晓某破坏计算机信息系统案），载最高人民检察院网站，https：//www.spp.gov.cn/jczdal/202004/t20200408_458415.shtml，最后访问时间：2022年11月15日。

② 参见邓云等主编：《做优刑事检察之网络犯罪治理的理论与实践》，中国检察出版社2020年版，第434页。

【案例解读】

一、付宣某、黄子某破坏计算机信息系统案[①]

（一）案情概述

2013年底至2014年10月，被告人付宣某、黄子某等人租赁多台服务器，使用恶意代码修改互联网用户路由器的DNS（Domain Name System，域名系统）设置，进而使用户登录特定导航网站时跳转至其设置的"5w.com"导航网站。付宣某、黄子某等人再将获取的互联网用户流量出售给"5w.com"导航网站所有者，违法所得合计人民币754762.34元。

（二）案件分析

本案是办理破坏计算机信息系统功能型犯罪的指导案例，亦是全国首例"流量劫持"行为入罪案件，[②] 为"DNS劫持"[③] 的类案定性提供了标准的办案尺度。

1. 行为定性方面："流量劫持"是一类非法技术行为的统称。根据常见的互联网商业模式，流量劫持的类型可分为：（1）引流型流量劫持，即行为人通过技术手段影响网站的域名解析，使用户无论输入的网

[①] 参见最高人民法院指导案例102号（付宣某、黄子某破坏计算机信息系统案），载最高人民法院网，https://www.court.gov.cn/zixun-xiangqing-137071.html，最后访问时间：2022年11月15日。

[②] 上海浦东法院：《盘点这五年，上海浦东法院收获的全国性奖项典型案例TOP10》，载澎湃新闻网，https://m.thepaper.cn/baijiahao_16278122，最后访问时间：2022年11月15日。

[③] DNS劫持是流量劫持的手段之一，指攻击者通过一定的技术手段篡改某个域名解析，使得指向该域名的IP变成另一个IP，导致对相应网址的访问被劫持到另一个不可达的网址或假冒的网址。

站地址为何，最终都会跳转至特定网站；（2）展示型流量劫持，即强迫用户接收广告，多以弹窗广告、附加网页等方式展现；（3）替换型流量劫持，即通过技术手段将不同渠道的安装包进行替换、混用。① 依据流量劫持不同的行为特征和危害程度，其法律适用主要涉及破坏计算机信息系统罪和非法控制计算机信息系统罪两个罪名。譬如，在最高人民法院指导案例145号（张竣某等非法控制计算机信息系统案）② 中，行为人获取目标服务器后台操作权限后，将添加了赌博关键字并预设自动跳转功能的静态"黑链"代码增设至目标服务器，强迫用户浏览赌博网站广告，以提高其搜索引擎命中率的行为，便属于展示型流量劫持。由于本案的犯罪行为并未"实质性破坏"系统功能，不会造成目标网站不能正常运行，故而被认定为非法控制计算机信息系统罪。然而最高人民法院指导案例102号（付宣某、黄子某破坏计算机信息系统案，即本案）中实施的"DNS劫持"，则系采取修改路由器的技术手段使互联网用户不但无法访问原 IP 地址对应的网站，而且被强制引流至其他特定网站，属于引流型流量劫持。该行为显然对用户的路由器域名解析功能造成破坏，使得路由器域名系统不能正常运行，构成破坏系统功能型犯罪。由是观之，"DNS劫持"适用破坏计算机信息系统罪的结论不能简单推及于所有流量劫持类案件的认定。

2. 适用依据方面：本指导案例的裁判理由认为行为人实施的"DNS劫持"既"对计算机信息系统功能进行破坏，造成计算机信息系统不能正常运行"，又"系违反国家规定，对计算机信息系统中存储的数据进行修改"，表明涉案罪行具备跨行为模式的规范属性，同时符合破坏系统功能型犯罪和破坏系统数据型犯罪的客观形态，看似属于《刑法》第

---

① 吴沈括、李涛：《流量劫持的刑法应对》，载《人民检察》2022年第8期。
② 参见最高人民法院指导案例145号（张竣某等非法控制计算机信息系统案），载最高人民法院网，https://www.court.gov.cn/fabu-xiangqing-283891.html，最后访问时间：2022年12月1日。

二百八十六条前两款的竞合。然而深入其行为逻辑可知，二人通过修改路由器的 DNS 设置数据破坏网络用户的路由器域名解析功能，犯罪目标并不止步于个别数据的修改，而在于修改系统功能。再者，被修改的 DNS 设置数据是能够直接影响域名解析、稳定域名功能的系统数据，属于《刑法》第二百八十六条第一款的保护范畴。因此，我们认为，本案作为指导案例应避免对两款条文的混用，单独依据《刑法》第二百八十六条第一款定罪处罚将更为准确、合理。

3. 罪量方面：本案的指导要旨表明："对于 DNS 劫持，应当根据造成不能正常运行的计算机信息系统数量、相关计算机信息系统不能正常运行的时间，以及所造成的损失或者影响等，认定其后果严重程度。"①

二、李骏某等破坏计算机信息系统案②

（一）案情概述

2011 年 5 月至 2012 年 12 月，被告人李骏某单独或伙同他人通过聊天软件联系需要修改中差评的购物网站卖家，同时购买了在该网站发表过中差评的买家信息 300 余条。之后，李骏某冒用买家身份，欺骗客服通过审核后重置账号密码，登录该网站内部评价系统，删改买家的中差评 347 条，获利 9 万余元。

（二）案件分析

本案是办理篡改数据信息型犯罪的指导案例，争议焦点在于《刑

---

① 最高人民法院指导案例 102 号（付宣某、黄子某破坏计算机信息系统案），载最高人民法院网，https://www.court.gov.cn/zixun-xiangqing-137071.html，最后访问时间：2022 年 11 月 15 日。
② 参见最高人民检察院检例第 34 号（李骏某等破坏计算机信息系统案），载最高人民检察院网站，https://www.spp.gov.cn/zdgz/201710/t20171017_202599.shtml，最后访问时间：2022 年 11 月 21 日。

法》第二百八十六条第二款中"数据"范畴的理论标准。最高人民检察院通过将本案遴选为检察系统的指导案例,明确传达出该机关对破坏计算机信息系统罪中"数据"的认定立场。

1. 行为对象方面:购物网站评价系统是对店铺销量、买家评价等多方面因素进行综合计算分值的系统,具备自动数据处理功能,属于刑法意义上的"计算机信息系统"。所有的购物评价都是以数据形式存储于买家评价系统之中,成为整个购物网站计算机信息系统整体数据的重要组成部分,直接影响到搜索流量分配、营销活动报名资格、同类商品在消费者购买比较时的公平性等。但是,行为人对涉案中差评数据予以删改,并不会影响甚至造成购物网站评价系统不能正常运行。如此一来:其一,本案的裁判结果等同表明《刑法》第二百八十六条第二款中的"数据"不限于危及计算机信息系统正常运行的数据,这一结论契合立法者刻意不对本款犯罪另行作出与第一、三款类似的入罪要求之旨趣;其二,这不意味着可以将系统内的所有数据都纳入本款规定的保护范畴,而是仅限于"系统整体数据的重要组成部分";其三,本指导案例印证了本款罪行在对象上不要求同时破坏数据和应用程序,单独破坏数据也能构成破坏计算机信息系统罪。

2. 行为定性方面:行为人作为具备刑事责任能力的非授权用户,明知自己冒充合法用户,擅自对涉案评价系统中存储的中差评数据实施修改的非法操作,会导致相关数据保密性破坏、完整性克减、可用性下降,无法表征真实的信息内容,仍积极追求这种危害结果的发生,侵害了购物网站所属公司的信息系统安全和消费者的知情权,存在严重的社会危害性。依据2011年两高《危害计算机信息系统安全案件司法解释》第四条的规定,其行为结果符合"后果特别严重"的标准,依法应当依据《刑法》第二百八十六条第二款定罪量刑。这是一条在遵循立法旨趣的前提下,规制互联网经济背景下篡改网络商业数据信息行为的可行之道。

三、卿某公司等破坏计算机信息系统案[①]

(一) 案情概述

卿某公司主营网络广告推广和软件推广业务。2015 年至 2017 年期间，出于企业营利目的，经作为公司主管人员的被告人莫某等同意，由莫某主管的，被告人赵志某、周富某等人组成的业务团队提供技术支持，制作并传播了主要针对境外用户计算机信息系统的破坏性程序，以获取经济收入。经鉴定，该破坏性程序源代码与合法应用程序捆绑，被用户执行后，会在用户不知情的情况下针对浏览器安装插件。该插件进而自动劫持用户的浏览器篡改启动首页，并阻止用户再次更改。被告公司利用上述破坏性程序获取违法所得 6000 余元。

卿某公司成立后，利用该插件进一步开发了多款变现软件，并通过变现软件将篡改浏览器首页获得的用户访问流量导向合作公司指定的服务器以帮助对方提高推广量。合作公司则依据推广量向卿某公司结算费用，如此形成一套完整的盈利模式。

(二) 案件分析

本案是办理故意制作、传播破坏性程序型犯罪的典型案例。浏览器首页被篡改是一个长期存在的网络生态污染毒瘤。互联网用户时常因下载了一款捆绑软件而被引导或在不知不觉中将浏览器原本的空白启动页修改成了五花八门的导航网站，后续无论是手动调整还是使用杀毒软件均难以修复——这一现象背后是流量劫持型流氓软件在作祟。流氓软件

[①] 参见北京市海淀区人民法院 (2018) 京 0108 刑初 714 号刑事判决书，载中国裁判文书网，https://wenshu.court.gov.cn/website/wenshu/181107ANFZ0BXSK4/index.html? docId = 6Dz40boryH + Mnm9cRWDouDpipjNZVYtLU4GhgSUPlcaV+iiSuYfUP5O3qNaLMqsJ6SQor4924ZdcCIub5/SVqdYkOemwXpWLOfv7qt0JHek2504sZ3FE3Q+P8F5zF5QK，最后访问时间：2022 年 12 月 1 日。

就像"互联网上的牛皮癣",作为介于"病毒程序"与合法软件之间的"灰色程序",逐渐导致信息数据泄露、下游犯罪行为高发。[①] 刑法应当如何规制故意制作、传播具有严重社会危害性的流氓软件行为? 本典型案例提供了翔实参考。

1. 规制对象方面:本案中的"变现软件",顾名思义,可以将网络流量价值变现为金钱利益。但与普通的互联网经济流量变现不同,此类软件的变现素材来源于通过非法技术手段劫持而来的搜索和访问流量,本质上为流量劫持型流氓软件。该软件的流量倒卖机制表征为:用户在电脑上执行变现软件后,变现软件会自动将用户的浏览器首页锁定为卿某公司参与设计的特定网页,促使用户在使用浏览器的过程中通过该首页进行搜索。此路径下的搜索结果页面将率先展示与关键词相关的广告,合作公司进而根据广告点击量给予软件开发者卿某公司分成。在机能上,变现软件集自行静默安装、篡改浏览器首页、收集并回传用户数据三者于一体,是一个包含后门程序和破坏程序的综合体。这一基本构造使得变现软件已被部分杀毒软件公认为计算机病毒。此外,本案中被告公司的技术人员对变现软件采取免杀处理时,采用了计算机病毒常用的 Rootkits 技术[②]进行技术防控,避免该软件被杀毒软件或流氓软件检测程序发现和清除,表现出明显趋向病毒化的特性。[③]

2. 行为定性方面:当用户执行变现软件后,其一,特定插件的源代码程序将被自动触发,并在用户不知情的情况下,在后台自行静默下载、自我安装,具备非法控制计算机信息系统的功能。其二,在此基础上,插件寄生于目标系统,篡改浏览器首页内容并使用户恢复首页的操作失效,这一行为的本质在于修改计算机信息系统的数据,影响计算机信息

[①] 参见邵明艳主编:《信息网络犯罪典型案例解析》,中国法制出版社 2021 年版,第 89 页。
[②] Rootkits 技术通常被用于攻击者在攻击过程中掩盖自己的存在,以便能够在未被检测的情况下长期潜伏并继续攻击受感染计算机。
[③] 参见邵明艳主编:《信息网络犯罪典型案例解析》,中国法制出版社 2021 年版,第 90 页。

系统的正常运行。涉案变现软件在规范上则属于 2011 年两高《危害计算机信息系统安全案件司法解释》第五条中的破坏性程序。其三，为了避免被用户本人或杀毒软件清除、拦截，变现软件会主动获取并回传软件在用户电脑上的崩溃情况、电脑安装软件的信息以及用户的浏览器首页信息等数据作为实施"免杀"处理的依据，具备非法获取计算机信息系统数据的功能。如此一来，变现软件的运行模式涉及非法控制计算机信息系统罪、破坏计算机信息系统罪和非法获取计算机信息系统数据罪三项罪名。进一步深入该软件的运行逻辑可知，插件源代码程序实施非法控制计算机信息系统的操作是实现后续修改系统功能的必要前置手段；而未经允许非法获取用户系统内的相关数据仅是为了确保系统相关功能持续性地保持被篡改的状态，属于卿某公司提供的"售后服务"。因此，唯有自动执行首页篡改任务，影响系统正常运行方是被告人的终局目的。故意制作、传播变现软件所涉的三个罪名间呈现出手段与目的的牵连关系，应当从一重罪，依据《刑法》第二百八十六条破坏计算机信息系统罪定罪量刑，方能对这一复杂的技术行为予以完整评价。

【实务难点】

一、如何认定"计算机信息系统"

技术原理上，计算机信息系统是一个多层级结构，其由下至上的四层级模型成为刑法构筑网络犯罪罪名体系的参照系：1. 物理层。物理层的硬件设施为系统计算与处理数据提供资源。在该层发生破坏行为指向对机器设备等硬件设施的损坏，涉及财产犯罪或财产犯罪与破坏计算机信息系统罪的竞合。2. 代码层。作为硬件和软件的分界，代码层主要完成资源的调度和分配，信息的存取和保护，并发活动的协调和控制等工作，是上层软件运行的基础。在该层发生的破坏行为指向计算机的操作系统，是《刑法》第二百八十六条第一款破坏系统功能型犯罪和第三款故意制作、传播破坏性程序型犯罪的主要攻击对象。3. 数据层。在该层发生的破坏行为主要指向计算机系统中的数据库，是《刑法》第二百八十六条第二款破坏数据型犯罪的主要发生场域。4. 应用系统层。在该层发生的破坏行为指向承载实际应用机能的应用软件，包括服务器端和客户端，是《刑法》第二百八十六条第二款破坏应用程序型犯罪的主要发生场域。服务器端和客户端之间虽然在形式上分离，但在运行机理上紧密联系，对一端施加的侵害可能传导至应用系统整体。计算机系统的四层结构之间呈现出前者是后者工作的基础，后者扩展前者的机能之关系。[①]

规范意义上，1994年国务院《计算机信息系统安全保护条例》第二条规定："计算机信息系统，是指由计算机及其相关的和配套的设备、设施（含网络）构成的，按照一定的应用目标和规则对信息进行采集、加工、存储、传输、检索等处理的人机系统。"这一概念下的"计算机信息系统"无法适应"万物互联"时代形式各异、功能多样的系统特征，对于手机、家用智能电器等联网终端设备能否纳入本罪保护范畴，司法人员一度具有陌生感。对此，司法解释通过不断扩张"计算机信息系统"这一技术关键词的容量，将几乎所有与计算机相关联的网络终端设备都解释为计算机信息系统，而无需再判断犯罪对象是否属于计算机。2011年两高《危害计算机信息系统安全案件司法解释》第十一条第一款规定："本解释所称'计算机信息系统'和'计算机系统'，是指具备自动处理数据功能的系统，包括计算机、网络设备、通信设备、自动化控

[①] 参见翟萍、王贺明主编：《大学计算机基础》，清华大学出版社2022年版，第67~68页。

制设备等。"据此，除了常规理解下的电脑，平板电脑、移动客户端等凡是被预设了自动处理数据功能的系统就都属于刑法语境下的计算机信息系统——这是面向物联网时代的法律概念。具体而言，为司法解释、规范性文件和指导性案例认定的非典型"计算机信息系统"主要包括：

（一）未联网的微型计算机信息系统

1997年《公安部关于对破坏未联网的微型计算机信息系统是否适用〈刑法〉第286条的请示的批复》（公复字〔1998〕7号）："未联网的计算机信息系统也属计算机信息系统，《计算机信息系统安全保护条例》第2、3、7条的安全保护原则、规定，对未联网的微型计算机系统完全适用。因此破坏未联网的微型计算机信息系统适用《刑法》第286条。"[1]

（二）通信设备

《人民司法》刊载的谭清某、陈北某破坏计算机信息系统案裁判明确："手机作为通信网络终端设备，属于整个手机通信网络的组成部分。"[2] 最高人民检察院在检例第35号（曾兴某、王玉某破坏计算机信息系统案）的指导要旨中指出："智能手机和计算机一样，使用独立的操作系统、独立的运行空间，可以由用户自行安装软件等程序，并可以通过移动通讯网络实现无线网络接入，应当认定为刑法上的'计算机信息系统'。"[3]

---

[1] 中华人民共和国最高人民法院刑事审判第一、二、三、四、五庭主办：《中国刑事审判指导案例（05）》，法律出版社2017年版，第718页。
[2] 参见李玉萍主编：《网络犯罪典型案例（2020卷）》，人民法院出版社2021年版，第7页。
[3] 万春等：《关于〈最高人民检察院第九批指导性案例〉的解读》，载《人民检察》2017年第23期。

（三）网络设备

最高人民法院指导案例 102 号（付宣某、黄子某破坏计算机信息系统案）中，行为人通过修改互联网用户路由器的 DNS 设置实施 "DNS 劫持" 的行为被认定为破坏计算机信息系统罪，代表着最高人民法院认可路由器属于刑法意义上的计算机信息系统。路由器又称为网关设备，在网络通信中是互联网的主要结点设备，具有判断网络地址以及选择 IP 路径的作用，承担了网络的信息传输与分发功能，属于计算机信息系统中的设备。① 因此，对互联网用户的路由器中存储、处理、传输的数据实施删除、增加或修改的不法操作，依法应当构成破坏计算机信息系统罪。

（四）环境质量监测系统

最高人民法院指导案例 104 号（李某、何利某、张锋某等人破坏计算机信息系统案）裁判要旨："环境质量监测系统属于计算机信息系统。"②

（五）自动化控制设备

最高人民法院指导案例 103 号（徐某破坏计算机信息系统案）裁判要旨："企业的机械远程监控系统属于计算机信息系统。"③

二、"破坏"行为是否以技术手段为必要

"破坏"不是技术概念，我们难以在技术原理中寻得构成"破坏"

---

① 参见陈兴良：《网络犯罪的类型及其司法认定》，载《法治研究》2021 年第 3 期。
② 最高人民法院指导案例 104 号（李某、何利某、张锋某等人破坏计算机信息系统案），载最高人民法院网，https://www.court.gov.cn/fabu-xiangqing-137091.html，最后访问时间：2022 年 11 月 15 日。
③ 最高人民法院指导案例 103 号（徐某破坏计算机信息系统案），载最高人民法院网，https://www.court.gov.cn/zixun-xiangqing-137071.html，最后访问时间：2022 年 11 月 15 日。

行为的技术条件。那么，刑法意义上的破坏计算机信息系统行为是否需以技术手段为必要？

规范层面，《刑法》第二百八十六条的罪状表述并未强调行为的技术性，将物理手段解释入"破坏"行为不会突破条文的可能含义。司法解释层面，2007年最高人民法院《危害军事通信案件司法解释》第六条规定，对军事通信造成破坏，同时构成《刑法》第二百八十六条的犯罪的，依照处罚较重的规定定罪处罚。2016年两高《环境污染案件司法解释》第十条第一款规定："违反国家规定，针对环境质量监测系统实施下列行为，或者强令、指使、授意他人实施下列行为的，应当依照刑法第二百八十六条的规定，以破坏计算机信息系统罪论处：（一）修改参数或者监测数据的；（二）干扰采样，致使监测数据严重失真的；（三）其他破坏环境质量监测系统的行为。"这两部司法解释不仅均未对破坏特定系统的行为作技术性要求，而且在实践中多次成为对采物理手段破坏计算机系统的罪行适用《刑法》第二百八十六条的裁判依据。

司法实践层面，在惯性思维的影响下，部分实务工作者主张本罪中的三种行为模式均限于技术维度。然而，最高司法机关与各地法院的普遍做法并不支持此种理解："两高"通过指导性案例的方式已经明确以非技术性手段造成系统不能正常运行可以构成本罪。譬如，最高人民检察院检例第35号（曾兴某、王玉某破坏计算机信息系统案）的犯罪手段仅表现于使用被害人提供的ID及密码登录苹果网站，依据既定流程修改被害人的登录密码。对于这一行为，最高人民检察院明确认为应当评价为破坏计算机信息系统罪。又如，最高人民法院指导案例104号（李某、何利某、张锋某等人破坏计算机信息系统案）的犯罪手段表现为用棉纱堵塞环境质量监测采样设备，物理干扰监测功能。对于这一行为，最高人民法院亦明确评价为破坏计算机信息系统罪。

简言之，我们认为，将"破坏"行为限缩至以技术手段为必要的观点创设了超法规的入罪事由，不符合司法实践对数据安全法益的保护动向，也不受技术原理的认可。无论采取技术手段还是物理手段增删改数据，对数据安全的侵犯都没有区别。因此，即便实施破坏计算机信息系统罪的行为人往往会采取具有相当技术含量的犯罪手段，也不应束缚于惯性思维，对计算机信息系统自身进行物理性的破坏，或消除磁盘所记载的信息等，使其失去用途的一切行为，① 都构成本罪中的"破坏"。

三、如何认定第一款中对计算机信息系统功能的"干扰"行为

不同于删除、增加、修改破坏系统功能的行为形态，"干扰"并不能基于功能的数量与内容之变化被直观地识别。在技术原理上，"干扰"指人为地发射一种强大的扰乱信号，用以干扰正常的操作状态或使用中的信号，使之不能正常工作或信号不能被正常输出或接收。②《刑法》第二百八十六条意义上的"干扰"，指用删除、修改、增加以外的其他方法，破坏计算机信息系统功能，使其不能正常运行。其中，作为危害结果的"不能正常运行"指计算机信息系统失去功能，不能运行或者计算机信息系统功能不能按原来设计的要求运行。③"干扰"的行为本质是一种降低系统功能性的妨害手段，可能源自对数据完整性或可用性的侵害。

干扰行为的破坏性何在？司法实践中尚存在松紧不一的把握标准。以资源挤兑为特征的网络服务器攻击行为在性质上构成"干扰"的结论已达成共识，④ 除此之外，干扰行为在司法实践中还集中表征为以下四种样态：

---

① 王肃之：《网络犯罪原理》，人民法院出版社2019年版，第203页。
② 刘方主编：《最新刑法适用实务指南（下）》，法律出版社2019年版，第903页。
③ 参见王爱立主编：《中华人民共和国刑法释义》，法律出版社2021年版，第620页。
④ 参见阎二鹏：《干扰型破坏计算机信息系统罪的司法认定》，载《中国刑事法杂志》2022年第3期。

（一）电子信号干扰

在最高人民法院指导案例 103 号（徐某破坏计算机信息系统案）中，行为人使用"GPS 干扰器"，在未经授权的情况下先后使为中某公司远程监控系统锁定的多台泵车永久处于解锁状态，导致 GPS 信息系统远程监控平台中显示的车辆状态与车辆的实际状态不一致，造成 GPS 信息系统锁定功能失效的行为，被法院认定为"对计算机信息系统功能进行干扰，造成计算机信息系统不能正常运行，后果特别严重"。[①]

（二）采用技术手段，剥夺系统管控权限

在最高人民检察院检例第 35 号（曾兴某、王玉某破坏计算机信息系统案）中，行为人通过修改他人手机的登录密码，远程锁定其智能手机设备，使之成为无法开机的"僵尸机"的行为，不仅侵犯数据的保密性，也破坏了完整性、可用性，而且剥夺了被害人对设备管控的合法权利，造成被害人无法正常使用该计算机信息系统，被法院认定为"属于对计算机信息系统功能进行修改、干扰的行为"[②]。同时可知，判断计算机信息系统能否正常运行时，最高人民检察院将被害人的主观标准纳入考量范围。

（三）采用技术手段，导致数据偏差

在张某某与陶某破坏计算机信息系统案中，行为人委托他人编写某软件并多次对外销售。该软件利用搜索引擎依据网页点击量对关键词搜索结果进行排名的原理，自动点击相关网页以增加点击量，干扰搜索引

[①] 最高人民法院指导案例 103 号（徐某破坏计算机信息系统案），载最高人民法院网，https://www.court.gov.cn/zixun-xiangqing-137071.html，最后访问时间：2022 年 11 月 15 日。

[②] 万春等：《关于〈最高人民检察院第九批指导性案例〉的解读》，载《人民检察》2017 年第 23 期。

擎对关键字搜索结果的正常排序。① 不同于其他破坏功能型犯罪行为，该行为并不直接瞄准系统功能，不但没有侵入系统破坏其运行机理，而且每个点击行为单独来看都符合既定运行规则。然而，所有自动点击行为整体却向系统内输入大量虚假信息并迫使系统处理，侵害了系统输出计算结果的真实可用性，间接影响搜索引擎排序功能的实际运行效果。即便这一结果反向证明了涉案搜索引擎的自动处理数据功能正常运行，其结果也与系统的设计要求产生严重出入，扰乱了目标系统的排名功能，因而被法院认定属于"对计算机信息系统功能进行干扰"②。

（四）采用物理手段，导致数据偏差

在最高人民法院指导案例 104 号（李某、何利某、张锋某等人破坏计算机信息系统案）中，行为人用棉纱堵塞采样器的采样孔，故意造成采样器内部气流场紊乱，使得传输的监测数据严重失真的行为，虽然未危及系统既定的数据处理规则，但采样器承载着系统的输入功能，堵塞采样器将导致监测系统从数据采集的源头环节就无法正常发挥应用功能，严重降低系统的可用性。法院依据 2016 年两高《环境污染案件司法解释》第十条规定将该行为评价为"影响对环境空气质量的正确评估，属于对计算机信息系统功能进行干扰"。③

---

① 参见南京市秦淮区人民法院（2014）秦刑初字第 97 号刑事判决书，载中国裁判文书网，https：//wenshu.court.gov.cn/website/wenshu/181107ANFZ0BXSK4/index.html? docId = AxudzOqwH02yuRLmU6c3AodAwevC1Zxz/hVYuLuQLQkxFKPwKCRGD5O3qNaLMqsJ6SQor4924ZebqMR5MgqiIUXCLhWEtuwT96UyX3wjSUMuRP6Rnwt3ZRJv5OKQqzYN，最后访问时间：2022 年 12 月 7 日。

② 参见南京市秦淮区人民法院（2014）秦刑初字第 97 号刑事判决书，载中国裁判文书网，https：//wenshu.court.gov.cn/website/wenshu/181107ANFZ0BXSK4/index.html? docId = AxudzOqwH02yuRLmU6c3AodAwevC1Zxz/hVYuLuQLQkxFKPwKCRGD5O3qNaLMqsJ6SQor4924ZebqMR5MgqiIUXCLhWEtuwT96UyX3wjSUMuRP6Rnwt3ZRJv5OKQqzYN，最后访问时间：2022 年 12 月 7 日。

③ 最高人民法院指导案例 104 号（李某、何利某、张锋某等人破坏计算机信息系统案），载最高人民法院网，https：//www.court.gov.cn/fabu-xiangqing-137091.html，最后访问时间：2022 年 11 月 15 日。

与删除、修改、增加行为相较,干扰行为更加注重在不改变系统既定运行规则的前提下对计算机信息系统运行效果的影响。[①] 这一司法趋势显化了"干扰"在破坏系统功能型犯罪手段中的兜底性色彩。总结上述指导案例与典型案例对"干扰"的认定,要旨在于干扰行为并不限于采技术手段实施电子干扰,也不限于必须侵入系统内部实施的内部干扰,更不限于结果上不可回转的永久性干扰。由其造成的"计算机信息系统不能正常运行"之危害结果包括通过扰乱系统的既定运行规则造成技术故障,也包括在不扰乱运行规则之前提下使系统功能不能按原来设计的要求运行。

指导案例与典型案例中"干扰"的行为表现

案例	行为表现
检例第 69 号	购买大量服务器资源,再利用木马软件操控控制端服务器实施 DDoS 攻击。导致三家游戏公司的 IP 被封堵,出现游戏无法登录、用户频繁掉线、游戏无法正常运行等问题。
《刑事审判参考》第 1029 号	使用 DDoS、CC[②] 的方式,多次对真某公司网站的服务器进行攻击,致使上述网站长时间内无法正常浏览。
指导案例 103 号	使用"GPS 干扰器",先后为被远程监控系统锁定的多台泵车解锁,导致 GPS 信息系统远程监控平台中显示的车辆状态与车辆的实际状态不一致,造成 GPS 信息系统锁定功能失效。
检例第 35 号	通过修改被害人手机的登录密码,远程锁定被害人的智能手机设备,使之成为无法开机的"僵尸机"。
(2014)秦刑初字第 97 号	利用搜索引擎根据网页点击量对关键词搜索结果进行排名的原理,通过自动点击相关网页的方式增加点击量,干扰搜索引擎对关键字搜索结果的正常排序。

---

① 阎二鹏:《干扰型破坏计算机信息系统罪的司法认定》,载《中国刑事法杂志》2022 年第 3 期。
② CC(Command and Control)是一种网络攻击技术的代称,通常用于控制僵尸网络中的感染主机,以实现攻击者的恶意目的。

续表

案例	行为表现
指导案例 104 号	用棉纱堵塞采样器的采样孔和拆卸采样器，改变采样器内部气流场，使得多个时间段内经过系统软件直接传输至监测总站的监测数据严重失真。
（2019）粤 0111 刑初 1263 号	软件具有高频率呼叫手机号码的功能，一个号码在被呼叫期间，该手机无法对其他电话进行呼叫与接听。这种高频率的呼叫方式能够影响正常的电话呼叫与接听，也影响到手机其他功能的正常使用。

四、本罪第二款中的"数据"是否仅限于会危及计算机信息系统正常运行的数据

面向数据犯罪出现的新罪情，《刑法》第二百八十六条第二款的适用频率较高，理论与实践衍生出扩容抑或限缩该款中"数据"范畴的适用分歧。规范层面，该款条文除了明确将"数据"的位置限制在"计算机信息系统中"以外，并未对该技术名词的外延作进一步限定。司法层面，关于《刑法》第二百八十六条第二款中的"数据"是否仅限于危及计算机信息系统不能正常运行的数据，最高司法机关前后观点相悖。最高人民法院的立场历经了由宽松向收紧的适用转向：非法删除交警部门系统中存储的交通违章信息虽然不会对系统的自动处理数据功能造成负面影响，但是具备妨碍公共管理秩序的社会危害性，因而有关部门曾于 2011 年就删除此类数据的行为定性问题征求最高人民法院研究室意见。研究室明确答复"应当认定为《刑法》第二百八十六条第二款规定的对计算机信息系统中存储、处理、传输的数据进行删除的操作，以破坏计算机信息系统罪定罪处罚"。[①] 换言之，即便被删除的数据没有造成系统

[①] 最高人民法院研究室：《关于对交警部门计算机信息系统中存储的交通违章信息进行删除行为如何定性的研究意见》，载张军主编：《司法研究与指导（总第 2 辑）》，人民法院出版社 2012 年版，第 137 页。

不能正常运行的结果，也被纳入了本款犯罪的涵摄范围。与之相反，最高人民法院于 2020 年传达的最新观点创设了"实质性破坏"的入罪标准：最高人民法院指导案例 145 号（张竣某等非法控制计算机信息系统案）的指导要旨表明，被告人虽对目标服务器的数据实施了修改、增加的侵犯行为，但由于未造成该信息系统功能实质性的破坏，或不能正常运行，因此不构成破坏计算机信息系统罪。① 即作为本款犯罪对象的系统数据和应用程序须至少能造成系统功能被"实质性破坏"的危害结果。最新观点则采折中说，认为虽然本款条文不要求对数据的增删改达到"造成计算机信息系统不能正常运行"或者"影响计算机信息系统正常运行"的程度，但也不意味着只要对数据有增删改即可构成破坏计算机信息系统罪，因此，应当适当限缩解释本款中的"数据"为"破坏系统运行的主要数据或者基本数据"。② 最高人民检察院则并未采取严苛的限缩论，最高人民检察院检例第 34 号（李骏某等破坏计算机信息系统案）中仅认为涉案中差评数据是目标系统的"重要组成部分"，③ 即便不会造成购物网站系统不能正常运行，但仍应依据《刑法》第二百八十六条第二款定罪量刑。"两高"针对同一条款的适用意见可能使得司法实务中出现不同观点。为各地刑事判例纳入涵摄范围的"数据"有的仅限于会直接造成系统不能正常运行的系统文件或"核心数据"，有的囊括了不会威胁系统基础功能的景区检售票系统中的门票数据、教务管理系统中学生的处分数据信息以及网上商城的积分等。

之所以在技术话语中罕见既有刑法学研究对数据划分的类别，正是

---

① 参见最高人民法院指导案例 145 号（张竣某等非法控制计算机信息系统案），载最高人民法院网，https://www.court.gov.cn/fabu-xiangqing-283891.html，最后访问时间：2022 年 12 月 1 日。
② 参见喻海松编著：《实务刑法评注》，北京大学出版社 2022 年版，第 1253 页。
③ 参见最高人民检察院检例第 34 号（李骏某等破坏计算机信息系统案），载最高人民检察院网站，https://www.spp.gov.cn/zdgz/201710/t20171017_202599.shtml，最后访问时间：2022 年 11 月 21 日。

因为究竟是系统中的何种数据将引发系统运行的安全危机不存在普适性分类,不应脱离技术原理和法律规范盲目地创设新名词。在内涵层面,首先,由于立法未对《刑法》第二百八十五条非法获取计算机信息系统数据罪预置与系统功能相关的结果要件,出于逻辑融贯,在解释《刑法》第二百八十六条第二款对象的"数据"时不应脱离体系解释的控制,径行添加与本条第一款"造成计算机信息系统不能正常运行"和本条第三款"影响计算机系统正常运行"相当的入罪要件,否则将造成危害更轻的数据获取行为入罪而危害更重的数据破坏行为不获罪的吊诡。根据2011年两高《危害计算机信息系统安全案件司法解释》第四条的规定,造成计算机系统不能运行只是本款犯罪后果严重的具体表现之一,破坏结果若满足固定的计算机台数、经济数额等亦符合入罪条件。其次,第一款破坏系统功能型犯罪在技术原理上的具象化保护对象体现为系统文件和系统程序。顺应立法者分设《刑法》第二百八十六条前两款的意旨,第二款中的"数据"应排除与系统正常运行直接相关的功能性数据,将"数据"范畴限定为不当然危及系统运行的非功能性数据。再次,在属性上,不应要求被破坏的数据具不可恢复性。因为被破坏的数据,一般技术人员无法恢复的,可能技术专家就能恢复,故被破坏的数据是否可以恢复是一种无从判断的、不具可操作性的标准。[1] 最后,作为破坏型数据犯罪行为对象的"非功能性数据"应当进一步具备对象上的关联性。如果行为人在合法用户的计算机信息系统中删除、修改,尤其是增加的数据与该系统中原本存储、处理或者传输的数据无关,对后者不产生任何影响,则不可能构成破坏计算机信息系统罪。[2]

在外延上,依据《刑法》第十三条犯罪的概念,删除、修改、增加系统内的有害数据、"脏数据"等无用数据不具备社会危害性,应将上

---

[1] 喻海松:《网络犯罪二十讲》,法律出版社2022年版,第66页。
[2] 张明楷:《破坏计算机信息系统罪的认定》,载《人民法院报》2022年3月3日。

述对象从《刑法》第二百八十六条第二款中的"数据"范畴中剔除。

五、罪名区分

（一）面对篡改数据的犯罪行为，如何区分非法控制计算机信息系统罪与破坏计算机信息系统罪的适用

非法控制计算机信息系统罪指侵入或采用其他技术手段对国家事务、国防建设、尖端科学技术领域以外的计算机信息系统实施非法控制，情节严重的犯罪行为。在案由为非法控制计算机信息系统罪的刑事案件中，最终按照破坏计算机信息系统罪定罪量刑的改判率为2.13%；在案由为破坏计算机信息系统罪的刑事案件中，最终按照非法控制计算机信息系统罪定罪量刑的改判率为4.33%。[①] 在行为形态上，非法控制计算机信息系统的行为本质在于未经授权和超越授权获取他人系统的操作权限，是一种"使用盗窃"的行为；破坏计算机信息系统的行为则重在采用删除、修改、增加或干扰的手段破坏系统安全。在入罪条件上，非法控制计算机信息系统罪是行为犯，行为人实施的非法控制行为只需达到情节严重的程度便成立犯罪；而破坏计算机信息系统罪是结果犯，行为人对系统实施的破坏行为必须造成客观的严重后果，方能构罪。两者虽然在罪状上存在诸多不同，但是欲控制计算机信息系统，所采用的技术手段往往包括删除、增加或修改系统数据，此时，非法控制行为亦形同破坏型数据犯罪的行为样态。若一律依据想象竞合择一重罪，按照后者定罪量刑，则存在架空前者罪名的适用之虞。面对篡改数据的犯罪行为，我们认为，保护法益、主观故意和结果要件是司法实践区分两罪名时较易辨别的参照系，详言之：

1. 保护法益：两项罪名的本质区别在于对数据安全的侵犯程度。非

---

① 李玉萍主编：《网络犯罪典型案例（2020卷）》，人民法院出版社2021年版，第12页。

法控制计算机信息系统罪突破了合法用户对数据使用的控制，侵犯了数据的保密性；而破坏计算机信息系统罪则不仅侵犯数据的保密性，还侵犯了完整性、可用性，使数据丧失原有效能，因此法定刑重于非法控制计算机信息系统罪。

2. 主观故意：单独来看，实施破坏计算机信息系统罪的行为人主观上明知其行为会对目标系统的功能或数据、应用程序造成破坏，仍积极追求或放任这种严重的实害后果实现。而在非法控制计算机信息系统罪中，行为人主观上非但不会追求傀儡机的功能紊乱或崩溃，反而会更加希望傀儡机能够正常运行，成为实施破坏目标计算机后行为的有效工具。[1] 如果犯罪目的的实现依赖于计算机信息系统的正常运行，且存在迹象表明行为人有意追求对他人信息网络资源的合理利用，避免造成系统故障，则主观上显然不具备破坏计算机信息系统的犯罪故意。

3. 危害结果：非法控制计算机信息系统罪重在强调"非法"，即未经授权和超越授权，而不在于"排他"，不要求剥夺权利人对系统的管控权限。如果行为人实施了排他性的非法控制，使目标系统于被害人而言丧失了使用效能，成为"僵尸机"，则依据最高人民检察院检例第35号（曾兴某、王玉某破坏计算机信息系统案）的指导要旨应被认定为对计算机系统的干扰行为，构成破坏计算机信息系统罪。此外，最高人民法院在指导案例145号（张竣某等非法控制计算机信息系统案）的裁判要旨中明确了两罪区分的"实质性破坏"规则："被告人虽对目标服务器的数据实施了修改、增加的侵犯行为，但由于未造成该信息系统功能实质性的破坏，或不能正常运行，因此不构成破坏计算机信息系统罪。"[2] 虽然本书前文站在数据本体的视角，认为本案裁判所确立的"实质性破

---

[1] 参见李玉萍主编：《网络犯罪典型案例（2020卷）》，人民法院出版社2021年版，第12页。
[2] 参见最高人民法院指导案例145号（张竣某等非法控制计算机信息系统案），载最高人民法院网，https://www.court.gov.cn/fabu-xiangqing-283891.html，最后访问时间：2022年12月1日。

坏"规则仍有待商榷，但该案作为各级法院审判时应当参照的指导性案例，无疑会对下级法院的实务工作产生显著影响。

（二）如何区分故意制作、传播破坏性程序型犯罪与专门提供侵入、非法控制计算机信息系统程序、工具罪

依据 2011 年两高《危害计算机信息系统安全案件司法解释》第二条的规定，"专门用于侵入、非法控制计算机信息系统的程序、工具"指具有避开或者突破计算机信息系统安全保护措施，未经授权或者超越授权获取计算机信息系统数据的功能的程序、工具；具有避开或者突破计算机信息系统安全保护措施，未经授权或者超越授权对计算机信息系统实施控制的功能的程序、工具；其他专门设计用于侵入、非法控制计算机信息系统、非法获取计算机信息系统数据的程序、工具。虽然司法解释明确列举了相关对象的范围，"非法控制计算机信息系统"的程序、工具在字面上也不涉及对系统的破坏，但伴随计算机程序的技术迭代，出现了诸如上文所提及的木马病毒等兼具两者属性的程序，不但可以被黑客用于远程监控计算机信息系统，伺机窃取宿主系统中的个人信息和重要文件，还可以在宿主系统中实施资料修改、数据删除等非法操作，甚至会根据黑客意图突然发起攻击。[①] 这一罪情使得行为对象的客观特征已不足以区分此罪与彼罪。

我们认为，除了参考程序设计者的主观动机，在罪状方面，故意制作、传播破坏性程序型犯罪不同于提供侵入、非法控制计算机信息系统程序、工具罪的工具犯本质。《刑法》第二百八十六条第三款的立法旨趣并不在于打击故意制作、传播破坏性程序的危险行为本身，相反，唯有当制作、传播破坏性程序造成了"影响计算机信息系统正常运行"的

[①] 参见邵明艳主编：《信息网络犯罪典型案例解析》，中国法制出版社 2021 年版，第 81 页。

危害结果时方构成破坏计算机信息系统罪。本款罪行的保护重点始终依托于计算机系统，不应被理解为可以脱离计算机系统的罪状限定进行独立打击。如果故意制作计算机病毒并销售，但病毒并未被植入计算机信息系统，不可能对计算机信息系统造成影响，不能依照破坏计算机信息系统罪定罪处罚。①

---

① 喻海松编著：《实务刑法评注》，北京大学出版社2022年版，第1252~1253页。

第五章
拒不履行信息网络安全管理义务罪

【法条链接】

《刑法》第二百八十六条之一规定：网络服务提供者不履行法律、行政法规规定的信息网络安全管理义务，经监管部门责令采取改正措施而拒不改正，有下列情形之一的，处三年以下有期徒刑、拘役或者管制，并处或者单处罚金：

（一）致使违法信息大量传播的；

（二）致使用户信息泄露，造成严重后果的；

（三）致使刑事案件证据灭失，情节严重的；

（四）有其他严重情节的。

单位犯前款罪的，对单位判处罚金，并对其直接负责的主管人员和其他直接责任人员，依照前款的规定处罚。

有前两款行为，同时构成其他犯罪的，依照处罚较重的规定定罪处罚。

【罪名概述】

一、本罪的设立背景

随着信息网络技术的发展,网络服务逐渐遍布于社会生活的方方面面。大量的新型网络犯罪不断涌现,而且传统犯罪的网络异化趋势也愈发明显。网络安全事关国家安全,是开展一切互联网活动的基础和前提。网络信息的碎片性、分散性、巨量性和网络服务商的技术能力及优势决定着网络服务提供者必然成为网络空间的重要治理力量。

网络服务提供者不再是单纯的商业活动经营者,而是兼具网络服务提供者与网络安全管理者的双重主体。信息网络空间中存在海量的违法内容,且大量网络违法犯罪行为具跨区域性,执法部门依靠自身的力量难以有效进行监控与治理。而网络服务提供者能够在第一时间掌握违法犯罪活动,甚至能够通过技术手段有效切断违法信息的传播。工具性、中立性地理解网络平台提供者的思路已不再适应当下的网络空间治理逻辑,网络服务提供者在信息网络化社会中的核心地位日渐凸显。在此背景下,2015年,《刑法修正案(九)》增设了"拒不履行信息网络安全管理义务罪",将情节较为严重的网络服务提供者拒不履行信息网络安全管理义务的行为纳入刑法视野。

二、本罪的刑法条文解读

拒不履行信息网络安全管理义务罪自增设以来,在理论界始终存在一定争议。有学者从企业合规的视角对英国、美国、德国的合规立法进行了比较法研究,认为拒不履行信息网络安全管理义务罪是对网络服务商内控义务的进一步确认,更是从刑事手段和内部治理两个维度贯彻刑事合规理念在我国《刑法》中的体现。① 也有学者认为拒不履行信息网络安全管理义务罪是为网络中介服务者设定了不纯正不作为的刑事责任,作为预防性刑事立法,应当对其进行严格的限缩解释。即在法益保护目的的限定下,以条件说、对原因的支配关系、一次规范中附有法律责任的作为义务顺序,立体地进行不纯正不作为帮助犯的刑事归责判定。② 在本罪主观方面的认识上,有学者主张本罪的主观方面只能是直接故意,同时须有违法性认识,意味着行为人发生违法性认识错误时,不宜以本罪论处。③ 在本罪客观方面的认定上,学者们就本罪与前置行政法律的衔接问题展开了讨论。④

从保护客体上看,拒不履行信息网络安全管理义务罪处在《刑法》分则第六章第一节"扰乱公共秩序罪"中,其所侵犯的法益是社会管理秩序所涵盖的信息网络安全管理秩序。本罪的行为主体限于网络服务提供者,指通过信息网络向社会公众提供信息,或者为获取网络信息等目的提供服务的机构或个人,包括信息网络上的一切提供设备、信息和中介、介入等技术服务的个人,网络服务商以及非营利网络服务提供者。

本罪的构成要件中,要求行为人不履行信息网络安全管理义务,经监管部门责令采取改正措施而拒不改正,行为人具有符合《刑法》第二百八十六条之一第一款规定的四种情形之一,作为本罪的事实,必须同时满足以下三个方面条件:

第一,拒不履行信息网络安全管理义务。义务应当理解为法律上或

---

① 参见李本灿:《刑事合规理念的国内法表达——以"某事件"为切入点》,载《法律科学(西北政法大学学报)》2018年第6期。
② 参见敬力嘉:《论拒不履行网络安全管理义务罪——以网络中介服务者的刑事责任为中心展开》,载《政治与法律》2017年第1期。
③ 参见谢望原:《论拒不履行信息网络安全管理义务罪》,载《中国法学》2017年第2期。
④ 参见王帅:《拒不履行信息网络安全管理义务罪中"责令采取改正措施"的解读——基于行刑联动的思考》,载《法律适用》2022年第8期。

道义上应尽的职责、责任，刑法中义务可以分为作为义务与不作为义务。本罪中的义务属于管理义务，具有管理责任的人因其职务的特殊性，被法律赋予一种监督管理的责任。网络服务提供者作为社会生活中的一员，他们所经营业务的行为必须合乎法律的规范要求，法治社会中的任何公民及其经营行为，都不得损害他人的合法权益。此外，网络服务提供者对其所提供的服务具有管理能力，法律赋予网络服务提供者相应的管理义务具有合理性。从《刑法》第二百八十六条之一的表述上看，本罪是一个纯正的不作为义务犯，只能由不作为构成。本罪涉及的网络安全管理义务就是信息网络服务提供者依法应当履行现行有效的信息网络安全管理法律、法规所明确规定的信息网络安全管理的作为和不作为义务。根据《网络安全法》第二十一条的规定，包括网络服务提供者在内的网络运营者的一般安全管理义务是"网络运营者应当按照网络安全等级保护制度的要求，履行下列安全保护义务，保障网络免受干扰、破坏或者未经授权的访问，防止网络数据泄露或者被窃取、篡改"。

第二，经监管部门责令采取改正措施而拒不改正。违反前述义务并不足以构成本罪，还必须具有行为人经监管部门责令采取改正措施而拒不改正的行为。由此表现出本罪中的"义务"具有两个维度的要求：其一，该义务是前置法律而非刑法所规定的网络服务提供者应当履行的网络安全管理义务；其二，该义务也是一种刑事义务，经监管部门责令采取改正措施而拒不改正，即行为人在违反前一行政义务的前提下，进一步违反刑事义务，其行为才应当受到刑法的评价。值得注意的是，"监管部门"的范畴及其权限存在争论。在《刑法修正案（九）》草案征求意见的过程中，曾有学术机构建议立法机关对本罪法条中的"监管部门"作出明确界定，从而避免因含义模糊造成司法实践中监管主体认定的混乱。但最终立法机关没有采纳这一建议。① 根据现有法律、法规对"监管部门"的规定，所谓"监管部门"是指依据法律、法规，具有网络安全监督管理职权的部门。通过对有关法律、法规规定的梳理，以下部门应当属于信息网络安全监管部门：（1）中央网络安全和信息化委员会；（2）国务院互联网信息办公室以及地方政府部门的网络信息办公室；（3）公安部门、国家安全部门、国家保密部门专门负责信息网络监管的部门；（4）工业和信息化部所属的信息通信管理局以及各省、自治区、直辖市通信管理局；（5）文化和旅游部所属互联网文化监管部门；（6）国务院新闻办公室以及省级人民政府的新闻办公室；（7）其他依法具有网络监管职权的部门。

第三，主观上要求行为人具备直接故意。直接故意指行为人在意识上已经认识到其行为必然或者可能发生危害后果，行为人却以积极态度在意志上追求或者希望该危害后果发生。由于本罪法条使用了"经监管部门责令采取改正措施而拒不改正"这样的语句，而拒不改正恰恰反映了行为人对危害后果的积极追求，因此本罪不能由单纯放任心理的间接故意构成。

【案例解读】

李某拒不履行信息网络安全管理义务案②

被告人李某 2014 年 8 月在某通信公司工作，是公司的高级运营总监，2019 年 3 月离职。2018 年 9 月，某科技公司董事长任某为盗取回收

---

① 谢望原：《论拒不履行信息网络安全管理义务罪》，载《中国法学》2017 年第 2 期。
② 此案例为作者根据工作、研究经验，为具体说明相关法律问题，编辑加工而得。

卡上绑定的用户个人微信账号，由任某向某通信公司董事长王某要求将用户停机三个月后被回收的卡进行重新制卡后发送给某科技公司，王某对此予以同意，并安排李某负责与某科技公司对接相关的具体事项。2018年9月，李某将三四万张行业卡交给某科技公司挑卡，某科技公司从中挑出4000张带有公民个人微信的卡号并要求某通信公司进行制卡。于是，李某便根据任某挑选的回收卡安排人员进行制卡和发卡工作。某科技公司在拿到该批回收卡后，将该批回收卡违规实名登记在其他公司名下，并将回收卡卖给林某用于盗取回收卡上绑定的用户微信账号，导致回收卡上绑定的微信号被大量盗取。

2016年12月21日，某通信公司因违反《电话用户真实身份信息登记规定》第六条被辽宁省通信管理局处以罚款，并责令立即改正；2017年1月10日，工业和信息化部网络安全管理局对抽查某通信公司部分网点违反实名制问题进行了通报，提出立即进行整改并严格落实电话用户登记工作的有关规定；2017年2月21日，工业和信息化部办公厅对某通信公司检查存在的"电话实名工作落实情况"问题进行了通报，并要求进行整改。以上相关部门的处罚及责令改正情况均与违反实名制规定有关。

法院判决认为，被告人李某无视国家法律，作为网络服务提供管理者，拒不履行信息网络安全管理义务，经监管部门责令采取改正措施而拒不改正，其行为触犯了《刑法》第二百八十六条之一之规定，已构成拒不履行信息网络安全管理义务罪。判处有期徒刑一年零三个月，并处罚金5000元。

在本案中，李某负有查验、评估、审核行业卡使用情况的职责，在明知违反实名制管理规定的情况下，仍然将大量带有公民个人信息的回收卡交给某科技公司，违反用户实名制进行挑卡，造成严重后果。某通信公司作为网络运营者将绑定个人微信号的移动电话卡回收制作成行业卡销售给其他公司，未落实行业卡短信功能限制要求，未认真履行行业用户安全评估责任，违反了电话用户实名制、行业卡安全管理等相关规定。且本案中，在两年内经监管部门多次责令改正而拒不改正，符合拒不履行信息网络安全管理义务罪的要件，构成本罪。

【实务难点】

本罪自 2015 年 11 月《刑法修正案（九）》施行以来截至 2022 年 9 月，全国法院以拒不履行信息网络安全管理义务罪论处的司法判例仅有 3 例。[①] 可见，本罪在司法实务中的适用较少。2019 年 10 月，最高人民法院、最高人民检察院联合发布了《非法利用、帮助信息网络犯罪司法解释》，其中有六个条文对本罪司法适用的相关问题作了规定，分别涉及网络服务提供者的界定、监管部门责令采取改正措施的认定、致使违法信息大量传播的认定标准、造成严重后果的认定、情节严重的认定、有其他严重情节的认定等问题。该司法解释虽然在一定程度上回应了本罪的适用疑难与理论争议，但本罪在司法适用中尚存在值得深入探讨的问题。

究其原因，是本罪增设之时我国《个人信息保护法》《网络安全法》《数据安全法》等相关法律尚在制定，网络服务提供者的网络安全管理义务行政责任尚未形成全面的规定。《刑法》在本罪的增设中体现出了立法的必要扩张，因此如何在司法实践中"严而不厉"地适用成为本罪的重难点问题。具体体现在如何界定网络服务提供者的信息网络安全管理义务、如何认定监管部门责令采取改正措施而拒不改正等客观方面的

[①] 截至 2022 年 9 月 1 日本书编写之时，笔者在中国裁判文书网上检索到的以拒不履行信息网络安全管理义务罪认定的刑事案件仅有 3 例。

认定上。

一、如何认定网络服务提供者

2019年两高《非法利用、帮助信息网络犯罪司法解释》第一条对"网络服务提供者"给出了明确的定义,即提供下列服务的单位和个人,应当认定为《刑法》第二百八十六条之一第一款规定的"网络服务提供者":(1)网络接入、域名注册解析等信息网络接入、计算、存储、传输服务;(2)信息发布、搜索引擎、即时通讯、网络支付、网络预约、网络购物、网络游戏、网络直播、网站建设、安全防护、广告推广、应用商店等信息网络应用服务;(3)利用信息网络提供的电子政务、通信、能源、交通、水利、金融、教育、医疗等公共服务。

适用难点:网络服务提供者的分支机构能否构成本罪的主体?

司法应对:单位的分支机构可以成为拒不履行信息网络安全管理义务罪的主体。第一,根据罪责自负原则,单位分支机构实施的犯罪行为不宜由单位承担刑事责任,应当将单位分支机构作为刑事责任追究的对象。第二,如果认为单位的分支机构不能成为本罪的主体,则意味着实践中须要求单位进行整改。如对某运营商分公司的责令改正文书须向总公司作出,会增加监管部门的执法难度,不具有可操作性。

二、如何理解网络服务提供者的信息网络安全管理义务

本罪作为典型的不作为犯罪,行为人负有作为义务是刑法上构成不作为犯的前提。根据法条的规定,行为人必须负有信息网络安全管理义务,且此义务须为法律、行政法规规定的义务。《网络安全法》对网络服务提供者的信息网络安全管理义务作出了细致的规定,具体包括防止违法信息大量传播义务、防止用户信息泄露义务、防止刑事案件证据灭失义务。

适用难点：是否要求网络服务提供者进行主动审查？

司法应对：以防止违法信息大量传播的要求为例，《网络安全法》第四十七条规定，网络运营者应当加强对其用户发布的信息的管理，发现法律、行政法规禁止发布或传输的信息的，应当立即停止传输该信息，采取消除等处置措施，防止信息扩散，保存有关记录，并向有关主管部门报告。可以理解为，要求网络服务提供者对网络用户呈现于其控制、管理的网络领域的信息进行主动审查后，发现是违法信息的，负有采取合理措施防止其传播的义务。

三、如何认定监管部门责令采取改正措施而拒不改正

根据2019年两高《非法利用、帮助信息网络犯罪司法解释》第二条规定，《刑法》第二百八十六条之一第一款规定的"监管部门责令采取改正措施"，是指网信、电信、公安等依照法律、行政法规的规定，承担信息网络安全监管职责的部门，以责令整改通知书或其他文书形式，责令网络服务提供者采取改正措施。认定"监管部门责令采取改正措施而拒不改正"，应当综合考虑监管部门责令改正是否具有法律、行政法规依据，改正措施及期限要求是否明确、合理，网络服务提供者是否具有按照要求采取改正措施的能力等因素进行判断。在本罪的适用中，要求司法机关准确把握这一要件，防止入罪门槛过低导致本罪的打击范围过大。

适用难点：如何认定哪些监管部门属于责令改正的主体？"国家有关规定"具体包括哪些？

司法应对：承担信息网络安全监管职责的"监管部门"必须是法律、行政法规规定的部门，此处的"国家有关规定"包括了法律、行政法规、部门规章。此外，需要特殊注意，"依照法律、行政法规的规定"并不仅指依照法律、行政法规的直接规定，还包括依照法律、行政法规

的间接规定。比如《网络安全法》第八条规定，国家网信部门负责统筹协调网络安全工作和相关监督管理工作。此处即依照法律、行政法规的直接规定。但该条还同时规定："县级以上地方人民政府有关部门的网络安全保护和监督管理职责，按照国家有关规定确定。"这里所指出的县级以上地方人民政府有关部门，意味着县级以上地方人民政府也可以根据国家有关规定成为信息网络安全监管部门，即为依照法律、行政法规的间接规定。

第六章
非法利用信息网络罪

【法条链接】

《刑法》第二百八十七条之一规定：利用信息网络实施下列行为之一，情节严重的，处三年以下有期徒刑或者拘役，并处或者单处罚金：

（一）设立用于实施诈骗、传授犯罪方法、制作或者销售违禁物品、管制物品等违法犯罪活动的网站、通讯群组的；

（二）发布有关制作或者销售毒品、枪支、淫秽物品等违禁物品、管制物品或者其他违法犯罪信息的；

（三）为实施诈骗等违法犯罪活动发布信息的。

单位犯前款罪的，对单位判处罚金，并对其直接负责的主管人员和其他直接责任人员，依照第一款的规定处罚。

有前两款行为，同时构成其他犯罪的，依照处罚较重的规定定罪处罚。

第六章 非法利用信息网络罪

【罪名概述】

一、本罪的设立背景

网络犯罪特殊的打击难点和制裁困境不仅在于其实行行为的技术性和多样性，还在于其预备行为更甚于传统犯罪预备行为的危害性和危险实现可能性。犯罪行为的网络技术预备行为成为犯罪网络化的关键性因素，此类行为不能简单视为传统犯罪中预备行为的网络翻版，其在社会危害性和行为的独立性上都具有不同的特性。预备行为在网络空间中往往成为网络犯罪的关键步骤，与在传统物理空间中不同，其能够悄然改变整个犯罪流程和关键节点，因而成为信息时代犯罪的典型样态之一。总而言之，网络空间中犯罪预备的行为定性和责任归属问题是传统的刑法评价体系和制裁体系面临的全新挑战，对于如何评价网络犯罪预备行为的问题，立法机关和司法机关通过刑法修正案和司法解释分别在总则和分则中作出了回应。从总则中看，《刑法》第二十二条规定了犯罪预备行为的认定和责任，截至目前，历次的刑法修正案并没有针对这一部分进行修订，对于实务中网络犯罪预备行为的认定和处罚疑难，司法机关通过司法解释对传统的犯罪预备责任进行了扩张。从分则中看，1997年《刑法》以及其后的《刑法修正案（七）》《刑法修正案（九）》都增设了独立于传统犯罪的网络犯罪罪名，不仅扩张了网络犯罪实行行为的类型化，还将网络犯罪中一些具有严重社会危害性的预备性质行为规定为实行行为加以惩处。"非法利用信息网络罪"为《刑法修正案（九）》第二十九条增加的新罪，明确将设立网站、发布信息等为实施犯罪所为的预备性质行为作为实行行为进行处罚，是网络犯罪预备行为正犯化的典型立法。一方面，本罪扩大了刑法在网络空间中的规制范围，是"打早打小"刑事政策下对网络犯罪高发态势的立法应对，预备行为的刑法规制模式转向强调分则规范；另一方面，本罪作为预备行为正犯化的立法，极大冲击了传统刑法评价体系和制裁体系，且其作为一种"兜底性"罪名，主要适用于无法以实行犯评价的网络犯罪预备行为，极易成为新型的"口袋罪"，因而引发了长期的学理争议。

　　首先，有学者认为，《刑法》第二十二条规定了处罚预备犯的原则，但由于预备行为与实行行为之间存在不可忽视的危害性差异，以及不同犯罪中行为阶段的模糊性，因此总则中关于处罚预备犯的条文无论是在法理正当性的证成上，还是在政策导向的司法实践中，都没有得到普遍认可和适用。[1] 但其次，也有学者指出，网络犯罪的预备行为不同于传统犯罪，特别是进入Web 3.0时代，人—网之间的交互性、互动性增加，网络犯罪行为依赖信息网络和智能技术实现，不受时空局限的支配性，能够对范围更广、不特定性更强的对象造成损害，其危害性呈现出"人+网"的叠加，因此在刑事政策和犯罪治理策略上必然要求犯罪预防手段和阶段的前置化，以谋求损害后果和危险实现可能性的最小化。[2] 最后，《刑法》第二百八十七条之一"非法利用信息网络罪"的实务适用争议并不仅源于其"预备行为正犯化"的罪刑规范性质，还在于本罪在构成要件的罪状表述上存在诸多缺陷，即危害行为边界宽泛、情节要件弹性大，导致司法实践中难以把握定罪量刑标准，司法适用率较低，存在被虚置和"口袋化"的问题，未能实现有效遏制新型网络犯罪的立法目

---

[1] 车浩：《刑事立法的法教义学反思——基于〈刑法修正案（九）〉的分析》，载《法学》2015年第10期。

[2] 齐文远：《"少捕慎诉慎押"背景下打早打小刑事政策之适用与反思——以网络犯罪治理为视角》，载《政法论坛》2022年第3期。

的。① 总而言之，从实务角度看，"非法利用信息网络罪"在政策上确有合理性和必要性，但现实中如果要在平衡风险与利益的前提下激活本罪的适用及其遏制、预防网络犯罪的机能，则必须从其构成要件的解析入手。

二、本罪的刑法条文解读

根据《刑法》第二百八十七条之一的规定，非法利用信息网络罪主要规制两类行为，一是设立用于实施违法犯罪活动的网站、通讯群组的行为；二是发布违法犯罪信息的行为。两类行为都是利用信息网络实施的犯罪类型中带有"准备工具、制造条件"意味的预备性质的行为，且这两种行为的目的不限定于某一种犯罪，而是所有犯罪。② 如果犯罪嫌疑人后续行为构成其他犯罪的，则依照处罚较重的规定定罪处罚。因此，实务中只有在后续犯罪难以查清或者不构成其他犯罪的情况下，才会考虑适用非法利用信息网络罪定罪处罚。通过对近年的裁判文书数量进行分析，目前司法机关以非法利用信息网络罪定罪的案件并不多，其原因一方面是在"全链条""一体化"打击网络犯罪的政策指导下，司法机关在定罪量刑时一般将符合该罪的行为认定为被其他重罪所吸收，另一方面是因为本罪的法条规定内容笼统，可操作性不强，导致要件的认定存在疑难。③ 本罪罪状中"情节严重""违法犯罪""网站、通讯群组"以及"发布信息"四个要件的认定和解释是适用本罪的关键。

---

① 陈洪兵：《非法利用信息网络罪"活"而不"泛"的解释论思考》，载《青海社会科学》2021年第1期。
② 车浩：《刑事立法的法教义学反思——基于〈刑法修正案（九）〉的分析》，载《法学》2015年第10期。
③ 王谦、宋振中、杨绍文：《非法利用信息网络罪的法律适用问题研究》，载《信息网络安全》2020年第1期。

（一）"情节严重"的认定

在我国刑法四要件的犯罪论体系中，"情节严重"在个罪中的体系地位和内涵界定一直存在争议，主要争点在于"情节严重"是否属于犯罪的构成要件。在司法实务中，个罪中"情节严重"要素的性质关乎罪与非罪和量刑幅度的选择，详言之，在定罪上，如果"情节严重"属于构成要件，则符合刑法分则所规定的基本的实行行为还不足以构成犯罪，还要符合司法解释规定的特定情形才能构成犯罪；如果"情节严重"属于构成要件以外的罪量要素、整体的评价要素、提示性规定等，[1]则是否具备司法解释规定的特定情形对于犯罪成立并无影响。在量刑上，"情节严重"如果作为量刑规则即法定刑升格条件，则一旦具备特定情形，就应当以较重的刑罚处罚。在《刑法》第二百八十七条之一非法利用信息网络罪中，"情节严重"并非仅影响法定刑升格的要素，而是一种必然影响犯罪成立的要素，如果将其排除在构成要件之外，则会与犯罪论体系的基本功能和意义相抵触，因此无论该要素是影响犯罪的"质"还是"量"，都应当将其作为构成要件对待。我国刑事制裁体系中对于犯罪的认定一直采取"立法定性，司法定量"的进路，[2]实际上，可以说我国的立法是"既定性又定量"的。也就是说，犯罪成立必须达到刑法及其司法解释规定的"质"与"量"。因此，非法利用信息网络罪中的"情节严重"是成立本罪的必要不充分条件，在适用本罪时，尽管行为人的行为符合了《刑法》第二百八十七条之一列举的三种行为类型，但如果不同时具有法律规定的"情节严重"情形，则不能作为犯罪

---

[1] 陈兴良：《作为犯罪构成要件的罪量要素——立足于中国刑法的探讨》，载《环球法律评论》2003年第3期；张明楷：《犯罪构成体系与构成要件要素》，北京大学出版社2010年版，第238页。

[2] 周明、陆银清：《非法利用信息网络罪定罪标准研究——以"行为方式"与"情节严重"认定标准构建为视角》，载《司法体制综合配套改革与刑事审判问题研究——全国法院第30届学术讨论会获奖论文集（下）》，人民法院出版社2019年版，第1515页。

处理，而是考虑适用行政法进行处罚或者不予以处罚。"情节严重"作为构成要件在本罪适用中的作用十分关键，由于非法利用信息网络罪本质上属于预备行为正犯化的立法，在我国刑法总则规定的预备犯处罚条款依然存在的情况下，必须警惕本罪的"口袋化"，深入理解并准确适用法律围绕"情节严重"所规定的入罪标准，防止刑法介入阶段不当提前，过度限制公民权利，阻碍信息网络科技发展。

2019年两高《非法利用、帮助信息网络犯罪司法解释》基于《刑法》第二百八十七条之一的罪状要素对非法利用信息网络罪的入罪标准作出了规定。该解释第十条规定，对于"设立违法犯罪活动的网站、通讯群组"的第一种行为类型，假冒国家机关、金融机构名义，以及设立的网站、通讯群组或者用户账号达到一定数量的情形才具有刑事可罚性；对于"发布违法犯罪信息"的第二种、第三种行为类型，必须达到一定的数量和传播度才具备刑事可罚性；此外，犯罪数额和犯罪前科也包含在"情节严重"的情形之内。2019年两高《非法利用、帮助信息网络犯罪司法解释》释明了成立本罪的必要条件，明确了一般违法行为和刑事违法行为之间的界限。该司法解释之所以对本罪的"情节严重"作出上述几个维度的规定，是根据本罪及网络犯罪的特性确定的。首先，作为信息传播型犯罪，信息是非法利用信息网络罪的核心。因而，与信息密切相关的信息内容、数量是成立本罪与否的关键。其次，本罪属于抽象危险犯，在抽象危险犯中，刑法只是规定了具体行为，而没有危险结果的要求，抽象危险犯所制造的是一种"拟制的危险"而不是实在的法益侵害结果。[①] 因此，抽象危险犯的刑事行为类型化关乎刑事可罚性的判断，换言之，立法和司法解释规定的行为类型必须具有刑法所不能容许的法益侵害危险。本罪被纳入《刑法》分则第六章第一节"扰乱公共秩

---

① 黎宏：《论抽象危险犯危险判断的经验法则之构建与适用——以抽象危险犯立法模式与传统法益侵害说的平衡和协调为目标》，载《政治与法律》2013年第8期。

序罪",表明本罪所侵害的法益是公共的社会秩序,因此本罪实行行为的危险评估应当包含信息影响力、传播度等直接关联到公共秩序管理和维稳的因素。再次,本罪法定刑为"三年以下有期徒刑或者拘役,并处或者单处罚金",属于刑法理论中的轻罪范畴。在认定"情节严重"时既无过分严格限缩的必要,也须与《刑法》中其他罪名罪刑协调。最后,实践中,行为人在为他人的违法犯罪实施非法利用信息网络的行为时,多是以牟利为目的,因此作为传统犯罪定罪量刑标准的"违法所得"也应当作为本罪入罪的考量因素。[1] 尽管 2019 年两高《非法利用、帮助信息网络犯罪司法解释》第十条所规定的"情节严重"定量标准已经基本从较为全面的角度对本罪的适用限度作出了诠释,但网络犯罪在手段和危害性的代际更新上同信息网络的发展一样迅速,本罪实行行为的定量标准在实务适用中依然面临着抽象危险犯法益侵害性论证的难题。譬如,对于设立违反犯罪通讯群组中用户数量的要求,以及发布违法犯罪信息对象数量的要求,是否仅以形式上的计数即可认定?同一个用户可以申请多个账号,还可以利用系统漏洞建立"僵尸账号",对于没有实际控制人或者同属一人的多个账号,是否应当计入?从实务经验来看,在大型的网络犯罪案件中,涉及的账号和用户可以万计,从追求实质解释的立场出发逐一核实账户对于公检机关来说无疑是不可能的任务;从罪名性质来看,本罪作为抽象危险犯,其法益侵害性本就属于一种法律拟制的风险而非实害后果,"情节严重"的解释是将这种拟制风险进行一定的量化和形式化,使其易于适用,这种定型的量化标准势必是立法者基于现实社会背景所作的规定。也就是说,原则上应当形式理解司法解释的数量标准,无须逐个核验用户数量或者信息数量的有效性,实务中也大多持此种做法;[2] 但根据罪刑法定原则的要求,如果确有证据证

---

[1] 张尹:《非法利用信息网络罪的司法适用》,载《法律适用》2019 年第 15 期。
[2] 陈柏新:《非法利用信息网络罪的司法适用》,载《上海法学研究集刊》2020 年第 23 卷。

明犯罪对象的占比大部分为无效对象，则应当坚持实质解释出罪。当然，信息和数据的爆炸式增长会给司法适用带来更多更复杂的挑战，未来法治体系的完善进路可以是，在办案机制方面，加快发展以大数据为中心的侦查技术，加速构建公检法机关同行业部门、信息网络科技企业等的多方衔接合作机制，有效提升数据统计、账户实名审核的速率。

（二）"违法犯罪"的界定

根据《刑法》第二百八十七条之一，非法利用信息网络罪的两类实行行为都与"违法犯罪活动"有关联，因此，如何解释"违法犯罪"就关乎本罪适用的限度。在2019年两高《非法利用、帮助信息网络犯罪司法解释》出台之前，刑法学界对于"违法犯罪"的认识分歧主要在于其是否包含一般违法犯罪，即不构成犯罪的违法行为。比如，对于本罪的第二种行为类型"发布违法犯罪信息"，如果信息内容属于一般违法的，如发布招嫖广告、组织吸毒、制售管制刀具、驾照消分等，是否应当以该罪定罪处罚？对于此问题，学理界存在扩大解释、限缩解释和折中三种立场。采用扩大解释方法的观点认为，"违法犯罪"既包含情节较轻不构成犯罪的一般违法行为，也包括情节较重构成犯罪的严重违法行为；[1] 采纳限缩解释方法的观点认为，"违法犯罪"仅包括符合刑法分则构成要件的犯罪行为；[2] 采取折中立场的观点则认为，"违法犯罪"包括犯罪行为和符合刑法分则条文却尚未构成犯罪的一般违法行为。[3] 2019年两高《非法利用、帮助信息网络犯罪司法解释》采纳了折中立场，该司法解释第七条规定，"违法犯罪"包括犯罪行为和属于刑法分则规定的行为类型但尚未构成犯罪的违法行为。换言之，如果行为目的所指的

---

[1] 张慧：《网络犯罪相关罪名法律适用问题研究》，载《现代法学》2019年第4期。
[2] 张明楷：《刑法学》，法律出版社2021年版，第1381页。
[3] 皮勇：《论中国网络空间犯罪立法的本土化与国际化》，载《比较法研究》2020年第1期。

"违法犯罪"只是未规定在刑法分则条文中的一般违法行为,则不予以定罪处罚。该司法解释的规定划分了一般违法行为和犯罪行为的界限,划清了前置法与刑法之间的处罚边界,将刑法介入前置化在个案适用中适当克制和回缩,避免司法恣意和贸然定罪。

不过,理论界对2019年两高《非法利用、帮助信息网络犯罪司法解释》的立场还存在异议。有学者认为,该司法解释第七条明显违背了我国《刑法》第三条的罪刑法定原则,对"违法犯罪"进行严格的限缩解释实质上背离了立法设置该罪的真实意图,而司法解释的折中立场排除了一般违法行为,也无法发挥刑法介入的前置化与预防的早期化效果。[①]也有学者进一步指出,"违法犯罪"中所指的违法行为,不应以是否符合刑法分则规定的标准判断是否纳入规制范围,而应从实质性的理解角度,既要贯彻源头治理、打早打小的刑事政策要求,又要保障公民的基本权利,防止本罪滥用,因而应将"违法犯罪"限定为与条文明文列举的诈骗、传授犯罪方法、制售违禁物品、管制物品行为的法益侵害性相当,与犯罪有关,具有侵害重大法益危险性的活动,以平衡网络安全维护与公民网络空间言论自由保障。[②]

也有学者认为,2019年两高《非法利用、帮助信息网络犯罪司法解释》并没有绝对排除一般违法行为,不必然会造成处罚的不协调。一方面,属于刑法分则规定的行为类型但尚未构成犯罪的违法行为,本质上还是一般违法行为;另一方面,属于刑法分则规定的行为类型但尚未构成犯罪的违法行为,当然存在向犯罪行为转化的可能性,而不属于刑法分则规定的行为类型的其他一般违法行为,或者因为违法性程度升高发生质变,或者因为与刑法分则规定的行为类型的关联性,同样存在向犯

[①] 孙道萃:《非法利用信息网络罪的适用疑难与教义学表述》,载《浙江工商大学学报》2018年第1期。

[②] 陈洪兵:《非法利用信息网络罪"活"而不"泛"的解释论思考》,载《青海社会科学》2021年第1期。

罪行为转化的可能性。比如，卖淫嫖娼行为一般不属于刑法分则规定的行为类型，设立用于实施卖淫嫖娼行为的网站、通讯群组或者发布有关卖淫嫖娼信息的，难以被归为司法解释关于本罪违法犯罪的界定范围，但是卖淫嫖娼行为与我国刑法分则规定的组织卖淫罪，强迫卖淫罪，协助组织卖淫罪，引诱、容留、介绍卖淫罪，引诱幼女卖淫罪，传播性病罪等罪名具有紧密而直接的关联性，设立用于实施卖淫嫖娼行为的网站、通讯群组或者发布有关卖淫嫖娼信息的行为，极有可能转化为刑法分则规定的上述行为类型；又如，虽然吸毒行为一般不构成犯罪，但是设立用于实施吸毒行为的网站、通讯群组或者发布有关吸毒信息的，往往与引诱、教唆、欺骗他人吸毒罪，强迫他人吸毒罪，容留他人吸毒罪等紧密关联并具有转化成犯罪的可能性。总而言之，无论是在信息网络空间中还是传统物理空间中，一般违法行为与犯罪行为之间的界限并不清晰，而且具有随时转化的可能性。因此，2019 年两高《非法利用、帮助信息网络犯罪司法解释》第七条实际上并没有将一般违法行为完全排除在外。该学者进一步指出，为了避免恣意定罪和处罚不协调的问题，关键在于深刻认识和敏锐判断利用信息网络实施的一般违法行为与刑法分则规定的犯罪行为之间的关联程度和转化可能性，这就要求解释者跳出对第七条的形式化理解框架，避免得出非此即彼或者一刀切式的结论，而转向更为具象化的视角，将非法利用信息网络罪中的违法犯罪解释为"犯罪行为、属于刑法分则规定的行为类型但尚未构成犯罪的违法行为，以及虽不属于刑法分则规定的行为类型但与该行为类型紧密关联、具有随时转化可能性的一般违法行为"[①]。

[①] 俞小海：《非法利用信息网络罪司法适用难题解析》，载《人民司法（应用）》2022 年第 28 期。

(三)"设立网站、通讯群组"的认定

1. 设立行为的解析

首先，2019年两高《非法利用、帮助信息网络犯罪司法解释》第八条规定，无论是以实施违法犯罪为目的，还是设立后主要用于实施违法犯罪活动的网站、通讯群组都构成《刑法》第二百八十七条之一第一款的实行行为。可见，本罪的行为要件排除了中性的业务行为，仅规制具有实施违法犯罪目的或者后果的危害行为。其次，"设立网站、通讯群组"的行为事实上是为自己实施其后的违法犯罪活动还是为他人实施违法犯罪活动在所不问，如果行为人设立网站、通讯群组是为了自己其后的违法犯罪活动，则该行为属于典型的犯罪预备行为，如果在刑法分则中行为人其后的犯罪行为在法定刑上与非法利用信息网络罪相同，则可能出现该罪的预备犯与非法利用信息网络罪二罪法条竞合的情况。有学者指出，在这种情况下，为了凸显立法者增设非法利用信息网络罪的司法导向作用，充分激活其一般性的规制功能与一定的兜底功能，应首先考虑是否援引本罪。[①] 假如行为人其后实施的犯罪在法定刑上与非法利用信息网络罪不同，则按照第二百八十七条之一第三款的规定，同时构成其他犯罪的，依照处罚较重的规定定罪处罚。再次，设立网站、通讯群组的行为应当采取文义解释的方法和限缩解释的态度，设立的本质是"从无到有"，后续的维护、修改、升级、管理等行为一般不能包含在内。但是，有学者指出，如果行为人实施的修改、完善、升级、运维、管理等辅助性行为发生于网站、通讯群组的设立过程中，且直接作用于网站、通讯群组的设立，属于设立行为的必经环节，也应认定为本罪中的设立行为。比如，在最高人民法院2019年发布的十大毒品（涉毒）

[①] 孙道萃：《非法利用信息网络罪的适用疑难与教义学表述》，载《浙江工商大学学报》2018年第1期。

犯罪典型案例[1]之五"梁某元非法利用信息网络、非法持有毒品案"中，被告人梁某元在某网站上主动联系网络技术员，重新架设该网络平台，通过QQ群及QQ站务群对平台进行管理，交付网络维护费、服务器租赁费等，发展平台会员，并对平台内的虚拟房间进行管理。经查，该平台在此期间以虚拟房间形式组织大量吸毒人员一起视频吸毒，法院认为梁某元的行为属于"设立用于组织他人吸食毒品等违法犯罪活动的网站、通讯群组，情节严重"，以非法利用信息网络罪对其定罪处罚。[2] 而对于网站、通讯群组设立之后，技术员、业务员、运营人、维护人等不同主体针对网站、通讯群组而实施的修改、完善、升级、运维、管理等行为，如果有证据证明修改、完善、升级、运维、管理等行为与设立行为存在犯意联络，虽然不能直接认定该行为为设立行为，但可考虑以非法利用信息网络罪的共犯论处。最后，与设立公司、设立金融机构等不同，网站、通讯群组的设立没有严格、规范的程序要求。[3]

2. "通讯群组"的解析

在当前的刑法理论界，鲜有观点对行为对象"通讯群组"的定义进行专门研究，2019年两高《非法利用、帮助信息网络犯罪司法解释》也没有进一步释明。在实务中，"通讯群组"的认定对于本罪的认定影响不大，只是关系到行为人的行为属于本罪第一种"设立违反犯罪网站、通讯群组"的行为还是属于第二种"发布违法犯罪信息"的行为。关于"通讯群组"的释义只有参引2017年9月7日国家互联网信息办公室发

---

[1] 《最高人民法院发布2019年十大毒品（涉毒）犯罪典型案例》，载最高人民法院网站，https://www.court.gov.cn/zixun/xiangqing/166442.html，最后访问时间：2023年6月15日。
[2] 江苏省苏州市中级人民法院（2018）苏05刑终643号刑事判决书，载中国法院网，https://www.chinacourt.org/article/detail/2019/06/id/4107447.shtml，最后访问时间：2023年2月16日。
[3] 俞小海：《非法利用信息网络罪司法适用难题解析》，载《人民司法（应用）》2022年第28期。

布的《互联网群组信息服务管理规定》①（以下简称《规定》）第二条第二款规定的"互联网群组"：互联网群组是指互联网用户通过互联网站、移动互联网应用程序等建立的，用于群体在线交流信息的网络空间。在网信办有关负责人答记者问时，也详细列举了《规定》所称的互联网群组类型，其中包括微信群、QQ群、微博群、贴吧群、陌陌群、支付宝群聊等。②作为用户在线交流空间的互联网群组最初是常见于社交平台和社交软件中，常见的即微信群和QQ群，还有在年轻人群中较为流行的微博粉丝群、短视频平台的直播间和粉丝群、线上会议室等。随着信息网络的复杂性、流变性、交融性发展，通讯群组的形式、平台和功能等都在不断更迭变化，更多非以社交为中心功能的软件和网站都开发了建立互联网群组的功能。比如，从前不具有社交功能的手机软件如电子词典、音乐播放软件、视频播放网站、电子阅读器等并不存在用户间建立群组进行信息发布和交流的功能，但如今，为了增加用户黏性，各种软件都在着力于扩张应用功能，在各种类型的手机软件和网站平台上都可能建立供给多个用户进行在线交流的群组，可以说通讯群组在各个网络平台上都十分常见。如果要在理论上对《刑法》第二百八十七条之一"通讯群组"进行定义，则可以参考《规定》对互联网群组的解释，从概念范畴上说，通讯群组应当是互联网群组的下位范畴概念，互联网群组的核心功能是"群体在线交流"，通讯群组也应当具备。有学者进一步提出，可以从功能和形式两个维度上明确通讯群组的核心特征。从功能上看，通讯群组应当具有交互式、即时性和多向性的在线交流功能；从形式上看，通讯群组必须通过互联网站、移动互联网应用程序等实现

---

① 《互联网群组信息服务管理规定》，载国家互联网信息办公室网站，http://www.cac.gov.cn/2017-09/07/c_1121623889.htm，最后访问时间：2023年4月24日。
② 《国家互联网信息办公室有关负责人就〈互联网群组信息服务管理规定〉答记者问》，载国家互联网信息办公室网站，http://www.cac.gov.cn/2017-09/07/c_1121623976.htm，最后访问时间：2023年6月15日。

对多数人的聚合。当然，通讯群组的在线交流功能是一种可能性，并非现实层面必须完成在线交流信息。实践中，通讯群组的设立者完全可以用技术手段禁止组员发言、交流或者接收信息，比如腾讯会议主持人对参会人员全体禁言，但这并不影响通讯群组自身具备在线交流信息的功能。① 总而言之，只具有单向通讯功能且用户互不聚合的互联网群组并不属于《刑法》第二百八十七条之一所称的"通讯群组"，如邮件和电话中设立的联系人群组，因此设立此类互联网群组用于实施违法犯罪活动的，不能认定为非法利用信息网络罪的第一种实行行为，而该行为人设立群组之后发送违法犯罪信息的，可以考虑构成本罪的第二种实行行为。

（四）"发布信息"的行为认定

首先，"发布违法犯罪信息"是非法利用信息网络罪的第二种行为类型，在《刑法》第二百八十七条之一第一款的第二项、第三项中只列举了"非法信息"的种类，对发布行为本身的样态形式没有作出进一步规定。从文义解释来看，发布信息即指发布违法犯罪信息本身，但根据2019年两高《非法利用、帮助信息网络犯罪司法解释》第九条的规定，利用信息网络提供信息的链接、截屏、二维码、访问账号密码及其他指引访问服务的，也应当认定为"发布信息"，换言之，无论是发布信息本身还是发布包含、指向信息的载体，都可以认定为本罪的实行行为。比如，在"孙某华、孙某非法利用信息网络罪案"中，被告人孙某华、孙某得知互联网商家为了取得群众的关注，一般会将自己商用的二维码注册业务外包给他人，以便动员广大手机用户扫码关注浏览，并且按照手机终端APP刷单数量给中间商按比例分成。二被告人认为有利可图，

---

① 俞小海：《非法利用信息网络罪司法适用难题解析》，载《人民司法（应用）》2022年第28期。

自 2019 年 4 月起,便利用部分 APP 注册需要外包服务的时机,找到各商家的中间人承包具体业务,利用已有宣传经验的具有传销性质的微信群,编造虚假的宣传口号,将二维码包装成"国家扶贫项目",让群内用户以为可以得到国家扶贫款,从而扫描商家 APP 二维码进行注册,二人便凭借注册数量赚取商家的佣金。法院最后以二行为人发布违法犯罪信息认定为非法利用信息网络罪定罪处罚。[1]

其次,"发布信息"的犯罪行为主要是通过利用信息在互联网的传播速率和影响力来危害社会秩序,因此对该行为刑事可罚性的认定必须结合违法犯罪信息的数量和传播度综合评估。2019 年两高《非法利用、帮助信息网络犯罪司法解释》第十条规定,"发布信息"行为的入罪标准要达到一定的信息数量和传播广度。该司法解释对"情节严重"的规定提示司法者在案件侦查和案卷研判时注意核实行为人发布信息的数量和传播广度,不能仅凭信息的内容妄加定罪。如在"莫某非法利用信息网络罪"中,被告人于 2017 年 10 月开始至案发,通过 QQ 在网络上发布招嫖信息,为一名卖淫女招揽嫖客从事卖淫活动。被告人使用 QQ 在十余个 QQ 群发布招嫖信息,当有嫖客联系时,被告人就和嫖客谈好卖淫服务的内容和价格,随后将嫖客联系方式通过微信发给卖淫女,每次交易完成后被告人抽取 100 元好处费,截至案发,被告人共获利 500 余元。[2] 当地法院以非法利用信息网络罪对其定罪处罚,但笔者认为该判决存在疑问。本案中,被告人在通讯群组中发布招嫖违法信息,符合非法利用信息网络罪"发布违法犯罪信息"的基本行为类型,但其仅为一

---

[1] 吉林省梅河口市人民法院 (2020) 吉 0581 刑初 134 号刑事判决书,载中国裁判文书网,https://wenshu.court.gov.cn/website/wenshu/181107ANFZ0BXSK4/index.html?docId=P83y7mkM3w3u-B1g6SUtJ+7VNGjo+GV9jPP4lP2byemegt4CXO6shs5O3qNaLMqsJ/hLmMMFzrt2wTjLRgFx3ym0McKF9x-UVXJLCBCLq+qCP0EXGqOj0ns1mpiOfiOC5I,最后访问时间:2023 年 2 月 16 日。

[2] 王谦、宋振中、杨绍文:《非法利用信息网络罪的法律适用问题研究》,载《信息网络安全》2020 年第 1 期。

名卖淫女介绍卖淫活动,其发布的信息不足 100 条,其发送对象不足 2000 个,其发布信息的 QQ 群成员累计也未达到 3000,在实行行为上未构成"情节严重"。此外,被告人违法所得不足 10000 元,在犯罪数额上也未构成"情节严重"。因此,尽管按照 2017 年两高《卖淫案件司法解释》第八条第二款,利用信息网络发布招嫖违法信息,情节严重的,以非法利用信息网络罪定罪处罚,但根据 2019 年两高《非法利用、帮助信息网络犯罪司法解释》第十条,本案被告人的实行行为并不满足《刑法》第二百八十七条之一"情节严重"的"量"的要件,不满足非法利用信息网络罪的构成要件,不应认定为本罪。

最后,如果采取限缩解释,根据 2019 年两高《非法利用、帮助信息网络犯罪司法解释》第十条,"发布信息"的行为仅限于利用信息网络在网站和通讯群组中实施,不包括通过电信网络实施的行为,如通过电话向不特定用户告知、宣传违法犯罪信息的行为。但在实务中,司法机关多采宽松的解释态度。比如,在"张某、陈某、郑某微等非法利用信息网络案"中,经调查,2020 年 3 月至 7 月间,被告人张某等合伙先后帮上家被告人陈某以六合彩或福利彩票的话术通过微信等引流吸粉进行获利,每成功添加一人获利 35~40 元。工作室聘请被告人王某飞任主管,负责每天给话务员分发资料、联系上家对接微信、话费充值、发放电话卡、管理话务员考勤以及和话务员核对每天业绩。被告人张某先后招聘了多人作为话务员。在工作室运营期间,被告人张某、郑某微合伙经营的工作室共拨打出主叫电话 6 万余条,非法获利 151882.5 元。公诉机关指控被告人张某、陈某、郑某微、王某飞的行为触犯非法利用信息网络罪,法院最后也以本罪对被告人定罪处罚。[①] 本案中,被告人王某

[①] 福建省浦城县人民法院(2020)闽 0722 刑初 226 号刑事判决书,载中国裁判文书网,https://wenshu.court.gov.cn/website/wenshu/181107ANFZ0BXSK4/index.html?docId=edG9PvBd9FB1-7R9CZG+DYLOzGqlRe7r1mO7T5UGOzfD5bcv37Uqh35O3qNaLMqsJ/hLmMmFzrt2wTjLRgFx3ym0McKF9-xUVXJLCBCLq+qCMnLPimjpgT9Urc8Kz/qNvu,最后访问时间:2023 年 2 月 16 日。

飞、张某等并未直接使用微信或者网站发布违法犯罪信息，只是通过拨打电话吸引"粉丝"，法院也将其认定为利用信息网络发布违法犯罪信息的行为，可见2019年两高《非法利用、帮助信息网络犯罪司法解释》第十条第四项"向二千个以上用户账号发送有关信息"中的"用户账号"也可以扩大解释为电信网络用户的电话账号。

【案例解读】

一、谭某羽、张某等非法刷单案[①]

（一）基本案情

2016年12月，为获取非法利益，被告人谭某羽、张某商定在网络上从事为他人发送"刷单获取佣金"的诈骗信息业务，即向不特定的用户发送信息，信息内容大致为"亲，我是×××，最近库存压力比较大，请你来刷单，一单能赚10~30元，一天能赚几百元，详情加QQ×××"。通常每100个人添加上述信息里的QQ号，谭某羽、张某即可从让其发送信息的上家处获取约5000元的费用。谭某羽、张某雇用被告人秦某发等具体负责发送诈骗信息。张某主要负责购买账号、软件、租赁电脑服务器等；秦某发主要负责招揽、联系有发送诈骗信息需求的上家、接收上家支付的费用及带领其他人发送诈骗信息。

2016年12月至2017年3月，谭某羽、张某通过上述方式共非法获利人民币80余万元，秦某发在此期间以"工资"的形式非法获利人民

[①] 该案选自《非法利用信息网络罪、帮助信息网络犯罪活动罪典型案例》，载最高人民法院网站，https://www.court.gov.cn/zixun/xiangqing/193721.htm，最后访问时间：2023年6月15日。

币约 2 万元。被害人王某甲、洪某因添加谭某羽、张某等人组织发送的诈骗信息中的 QQ 号，分别被骗 31000 元和 30049 元。法院最终以非法利用信息网络罪对二被告人定罪量刑。

（二）案例分析

本案为 2019 年 10 月 25 日由最高人民法院发布的 4 起非法利用信息网络罪、帮助信息网络犯罪活动罪典型案例中的一例。本案的判决要点在于行为人实施的并非诈骗罪的实行行为，而是预备行为，该行为构成非法利用信息网络罪的入罪判断并不以诈骗行为实施与否、由谁实施为要件。法院认为，以非法获利为目的，通过信息网络发送刷单诈骗信息，其行为本质上属于诈骗犯罪预备，构成非法利用信息网络罪。虽然无证据证实具体实施诈骗的行为人归案并受到刑事追究，但不影响非法利用信息网络罪的成立。[①] 本案中，谭某羽、张某为非法获利通过信息网络发送刷单诈骗信息，属于为实施诈骗犯罪准备工具、制造条件的预备行为，同时也是《刑法》第二百八十七条之一规定的为实施诈骗等违法犯罪活动发布信息，情节严重的行为，属于已经着手实行本罪的行为。

二、崔某等人非法引流案与王某等人非法"吸粉"案[②]

（一）基本案情

崔某等人明知罗某某介绍的微信群组系用于网络赌博等违法犯罪活动，为非法获利，仍组织公司员工从事罗某某介绍的拉人入群的"引

[①] 江苏省宿迁市中级人民法院（2018）苏 13 刑终 203 号刑事判决书，载中国裁判文书网，https://wenshu.court.gov.cn/website/wenshu/181107ANFZ0BXSK4/index.html? docId = yJxAGr8vjV3pomga7Cs2nc1RIrnOYRE2AENOoYLHZHfMPJl8Bw5kkJO3qNaLMqsJ/hLmMmFzrt2wTjLRgFx3ym0McKF9xU-VXJLCBCLq+qCNeKuS+x/fDBqGL/krVO9BR，最后访问时间：2022 年 11 月 11 日。

[②] 此案例为作者根据工作、研究经验，为具体说明相关法律问题，编辑加工而得。

流"业务。崔某负责接收罗某某提供的显示需要被拉入微信群的手机号码的"料"、显示需要拉入指定微信群的"码"以及佣金，再将"料"和"码"整理拆分后分发给公司员工，员工具体负责通过微信添加"料"中显示的手机号码为好友，并将其拉入"码"中显示的指定微信群中。

2022年2月至2022年7月，被告人王某在明知他人利用信息网络实施犯罪的情况下，以获取非法利益为目的，在微信群内和其招募人员一起采取收发红包吸引关注的形式，为犯罪分子推广涉诈APP提供帮助，被告人王某非法获利十余万元。另查明，被告人王某到案后主动上缴违法所得120000元，赔偿本案被害人刘某10000元，并取得刘某谅解。

（二）案例分析

此类引流、"吸粉"案件的争议焦点在于，被告人利用信息网络吸引、招募粉丝的行为究竟是帮助信息网络犯罪活动罪中"明知他人实施犯罪提供推广等帮助"的行为，还是非法利用信息网络罪中"设立违法犯罪通讯群组""发布违法犯罪信息"的行为。在法条中，几种行为在罪状上存在竞合，在现实中，各地法院的判决也存在分歧。在崔某案中，辩护人认为被告人的行为属于帮助信息网络犯罪活动罪而不应认定为非法利用信息网络罪，但审理该案的法院认为，崔某是为谋取非法利益，设立用于实施违法犯罪活动的通讯群组，情节严重，其行为构成非法利用信息网络罪。但在王某案中，法院认为被告人王某在明知他人利用网络信息实施犯罪的情况下，以谋取非法利益为目的，为犯罪分子推广涉诈APP提供帮助，情节严重，其行为已构成帮助信息网络犯罪活动罪。

三、邹某诈骗案[①]

（一）基本案情

邹某购买电脑、手机、手机卡等作案工具，租用房屋，利用网络平台群发诈骗短信，以出售复制他人的手机卡为由，骗取他人钱财1.48万元。

（二）案件分析

公诉机关以诈骗罪审查起诉，但一审法院认定邹某利用信息网络为自己实施诈骗等违法犯罪活动发布信息，情节严重，构成非法利用信息网络罪。而二审法院认为，邹某以非法占有为目的，采用虚构事实、隐瞒真相的手段骗取他人财物，情节特别严重，其行为已构成诈骗罪。邹某利用信息网络为实施诈骗发布信息，情节严重，其行为又构成非法利用信息网络罪。鉴于同时构成诈骗罪，应依照处罚较重的诈骗罪的相关规定定罪处罚。

四、宋某组织卖淫案与李某甲、付某组织卖淫案[②]

（一）基本案情

宋某组织多人进行介绍卖淫活动，并用微信邀约黎某通过信息网络发布招嫖信息。黎某通过招嫖信息联系到嫖客后，将嫖娼地点等信息发送给宋某，最终顺利促成两次介绍卖淫行为的发生。

李某甲、付某为组织卖淫活动，安排李某乙等人在网络上发布招嫖信息，吸引嫖客。李某乙等人在与嫖客确定好嫖娼时间、地点、价格等信息后，将相关信息发给李某甲和付某。李某甲、付某接到上述信息后，

[①] 此案例为作者根据工作、研究经验，为具体说明相关法律问题，编辑加工而得。
[②] 此案例为作者根据工作、研究经验，为具体说明相关法律问题，编辑加工而得。

转发给卖淫女,并安排卖淫女根据不同情况进行卖淫。

(二)案例分析

上述两案同属于利用信息网络为他人实施犯罪而发布信息的情形,但前者以非法利用信息网络罪定罪处罚,后者则以目的犯罪(协助组织卖淫罪)定罪处罚。可见,非法利用信息网络罪作为预备行为的正犯化罪名,与其他犯罪的预备犯状态之间还存在难以区分的界限。[①]

五、唐某设立、出售违法犯罪网站案[②]

(一)基本案情

被告人唐某自2017年起,通过下载、修改程序源代码的方式,制作可用于伪造国内各大银行手机网银、微信等转账记录截图,以及伪造身份证、户口本、行驶证、驾驶证等证件图片的生成器软件(统称飞狐软件)并在网上贩卖。2017年至2019年间,唐某先后搭建多个虚假网站,用于发布销售飞狐软件相关信息,共计获利人民币2.5万余元。其间,唐某向田某(已判决)出售飞狐软件,被其用于制作银行转账凭证、手机信息等虚假截图诈骗沈某人民币27万余元。

(二)案例分析

本案在实务中存在以非法利用信息网络罪或是以帮助信息网络犯罪活动罪定罪处罚的争议。根据《刑法》第二百八十七条之一和《刑法》第二百八十七条之二的规定,非法利用信息网络罪和帮助信息网络犯罪活动罪的实行行为类型之间存在竞合,本案争点在于,被告人唐某制作

[①] 李振林:《非法利用信息网络罪与关联犯罪关系之厘清》,载《人民司法(应用)》2022年第28期。

[②] 此案例为作者根据工作、研究经验,为具体说明相关法律问题,编辑加工而得。

设立生成虚假证件信息的软件并设立网站宣传该软件的行为,是非法利用信息网络罪中的"发布违法犯罪信息"的行为,还是帮助信息网络犯罪活动罪中与"提供互联网接入、服务器托管、网络存储、通讯传输等技术支持,或者提供广告推广、支付结算等帮助"同类同质的行为。法院最后的判决结果是以非法利用信息网络罪对唐某定罪处罚,该判决较为合理。首先,帮助信息网络犯罪活动罪与非法利用信息网络罪的行为主体定位不同。帮助信息网络犯罪活动罪的实行行为是为"他人"的犯罪提供帮助,而不是自己实施犯罪,而非法利用信息网络罪列举的实行行为并没有限制该行为是为自己还是他人实施违法犯罪活动而作。因此,不能片面地认为本罪是帮助信息网络犯罪活动罪的特别犯罪,要审慎定罪,非法利用信息网络罪的行为主体范围比帮助信息网络犯罪活动罪更广,为他人或是自己实施网络犯罪提供帮助或者单独实施非法利用信息网络的行为都能成立非法利用信息网络罪。其次,在本案中区分帮助信息网络犯罪活动罪与非法利用信息网络罪的关键之一在于理解二罪在客观方面的行为性质不同。帮助信息网络犯罪活动罪客观方面的"技术支持""广告推广""支付结算"等词语本身具有中立性,可能与正常的网络服务、网络业务行为无异,在刑法未出台相关罪名将其规定为犯罪实行行为的情况下也并非违法行为,而非法利用信息网络罪的客观方面中为实施诈骗设立群组或发布销售毒品、枪支、淫秽物品信息的行为具有明显的社会危害性,属于社会管理所不容许的行为。因此,判断客观上行为是否具有中立性,是否系中立帮助行为是区分两罪的重点。账户信息、交易流水截图是社会经济生活的重要凭证信息,而使用图片编辑软件任意伪造财务数据或国家机关公文、证件等,存在扰乱公共秩序、经济秩序和侵害特定人财产权利的极大风险,且唐某设立网站宣传该软件也是为了销售宣传该违法软件,两阶段行为效果一致,绝非正常合法的技术行为和盈利行为。因此,应当以非法利用信息网络罪中设立违法犯罪活动网站、发布其他违法犯罪信息的规定将其定罪。最后，区分帮助信息网络犯罪活动罪与非法利用信息网络罪的关键之二在于理解二罪在主观方面的要求不同。帮助信息网络犯罪活动罪对行为人的主观方面有"明知"的要求，如果能够排除行为人的"明知"，则可以排除帮助信息网络犯罪活动罪的适用。但在本案中，被告人唐某具有在网站首页广告中明确告知并推荐买家使用该软件拖延偿还欠款及规避杀毒软件、放任不特定人员购买、不过问购买用途等客观行为，可以认定其主观明知飞狐软件及其贩卖行为具有违法性，对发布造假软件信息并贩卖可能造成的后果持放任态度。因此，单从主观方面"明知"要素是否存在并非决定本案定罪的突破口。[①]

六、曾某某建立假冒快递网站案[②]

（一）基本案情

2016年底，被告人曾某某明知被告人翁某要其制作假网站实施犯罪活动（诈骗），仍按照翁某的要求，仿照顺丰快递网站，建立假冒的顺丰快递网站，并在其中设置快递单查询功能。公诉机关指控被告人曾某某明知他人利用虚假网站实施犯罪，为其犯罪提供网站制作、信息查询等技术支持，情节严重，应当以帮助信息网络犯罪活动罪追究其刑事责任。法院经审理认为，被告人曾某某利用信息网络设立用于实施诈骗犯罪活动的网站，情节严重，其行为构成非法利用信息网络罪，公诉机关指控罪名不当，法院予以纠正。

[①] 胡敏颖、张楚昊、李钟觐：《非法利用信息网络罪的认定》，载《上海法学研究》2020年第23卷。

[②] 此案例为作者根据工作、研究经验，为具体说明相关法律问题，编辑加工而得。

（二）案例分析

本案被告人曾某某明知被告人翁某要其制作假网站实施犯罪活动（诈骗罪），仍然为其设立假冒的顺丰快递网站，属于设立用于实施诈骗活动的网站的非法利用信息网络的行为，同时又属于明知他人利用信息网络实施诈骗犯罪，为其提供网络技术支持的帮助信息网络犯罪的行为，公诉机关指控其构成帮助信息网络犯罪活动罪，法院判决其构成非法利用信息网络罪，均未能全面评价其行为，其应当构成非法利用信息网络罪与帮助信息网络犯罪活动罪的想象竞合犯，择一重罪处罚。①

【实务难点】

一、非法利用信息网络罪与帮助信息网络犯罪活动罪的区分与适用

非法利用信息网络罪与帮助信息网络犯罪活动罪都属于现代刑法扩大网络空间犯罪圈的立法，前者属于预备行为正犯化，后者属于帮助行为正犯化。网络犯罪具有显著的链条性、产业化特征，犯罪实行行为的阶段化和作用力呈现出融合一体的趋势，信息网络作为犯罪工具和平台具有跨地域性、去中心化的"优势"，导致预备性质与着手性质的行为、帮助性质与直接性质的行为之间的界限逐渐模糊。因此，对非传统正犯行为的预备行为和帮助行为进行处罚，不仅面临着法理上正当性证成难题，还面临着实践中行为定性的困境。

从法条上看，非法利用信息网络罪和帮助信息网络犯罪活动罪的区

---

① 马春辉：《非法利用信息网络罪的应然理解与适用》，载《上海法学研究》2020年第23卷。

别主要有两个方面。第一，在客观方面，非法利用信息网络罪的实行行为不限于为他人还是为自己实施，而帮助信息网络犯罪活动罪作为帮助性质的犯罪，必须是为他人犯罪而实施，为自己犯罪实施的支持、帮助行为的，属于传统正犯行为的范畴；第二，在主观方面，帮助信息网络犯罪活动罪要求行为人"明知"他人实施犯罪。从实践中看，帮助信息网络犯罪活动罪中"广告推广等帮助行为"的罪状表述可包含非法利用信息网络罪中"为他人实施违法犯罪活动设立网站、通讯群组或者发布信息的行为"，比如上述案例解读中的"引流""吸粉"等行为，本质上即属于广告推广，也属于发布违法犯罪信息，两个罪名的实行行为在现实生活中存在竞合可能。从性质上看，有实务观点认为，非法利用信息网络罪相比帮助信息网络犯罪活动罪来说更像一个"特殊罪名"，二者竞合时应当优先适用非法利用信息网络罪。原因是非法利用信息网络罪是将"上网"行为单独入罪，帮助信息网络犯罪活动罪是将"帮助"行为单独入罪，前者是单纯利用信息网络的特殊罪名。一旦分辨不清行为人的行为性质属于"发布消息"还是"广告推广"，优先适用非法利用信息网络罪，因为它是纯依靠网络的特殊罪名。在两罪界分实在困难的情况下，宜优先适用非法利用信息网络罪。

二、非法利用信息网络罪与行为人后续其他犯罪的处理问题

如前所述，非法利用信息网络罪对于真正实施"违法犯罪"的主体没有要求，因此该罪的行为人很可能同时触犯本罪与其他犯罪。对于行为人实施了符合非法利用信息网络罪构成要件的行为，后续又实施了其他犯罪的，实践中就出现了一罪处理还是数罪并罚的争议。

实践中，非法利用信息网络的行为很多都是作为诈骗，非法销售枪支、毒品、淫秽物品，传授犯罪方法等罪的手段行为存在，进而非法利

用信息网络罪时常会与上述相应犯罪形成犯罪竞合或牵连关系,此时应当适用《刑法》第二百八十七条之一第三款的规定"有前两款行为,同时构成其他犯罪的,依照处罚较重的规定定罪处罚",即从一重处。此种罪状表述一般适用于两种罪数形态,即牵连犯和想象竞合犯。

1. 牵连犯从一重处的情形

牵连犯,是指行为人犯罪的手段行为或原因行为,与目的行为或结果行为分别触犯不同罪名的情况。[①] 换言之,行为人实施了两种构成犯罪的行为,且两种行为存在手段与目的或者原因与结果的逻辑和事实关系,即成立牵连犯。比如,行为人为实施诈骗犯罪,实施了符合非法利用信息网络罪的行为,如设立展示诈骗信息的网站、建立传授诈骗方法的通讯群组,或者群发诈骗短信等行为,后续又实施了诈骗行为,则行为人的前阶段行为与后阶段行为分别触犯了非法利用信息网络罪和诈骗罪,但二行为之间是手段与目的的关系,因此应当以牵连犯论,从一重罪论处。

2. 想象竞合犯从一重处的情形

想象竞合犯,指行为人实施的一个犯罪行为同时构成两个罪名的罪数形态。想象竞合犯与牵连犯的不同之处在于行为人实质上只实施了一个行为,根据不重复评价的原则,应当以一罪论处。想象竞合犯的实质在于一个犯罪行为同时侵犯了两个法益,比如行为人非法利用"伪基站"发送诈骗信息,该行为既对一般的信息网络秩序造成了危险,又扰乱了无线电通讯的管理秩序,因此该行为既可能构成非法利用信息网络罪,也可能构成扰乱无线电通讯管理秩序罪,应按照想象竞合犯从一重处理。理论上,非法利用信息网络罪的实行行为也可能与其他犯罪的预备行为形成竞合,比如利用微信群组发布诈骗信息、卖淫信息或者淫秽

[①] 张明楷:《论"依照处罚较重的规定定罪处罚"》,载《法律科学(西北政法大学学报)》2022年第2期。

信息，既符合非法利用信息网络罪的规定，也符合诈骗罪、组织卖淫罪或者传播淫秽物品罪的规定，但从立法目的的角度考虑，设立非法利用信息网络罪本就旨在将具有严重社会危害性的犯罪预备行为作为正犯进行规制，且此类行为本质上侵犯的法益并非毫不相交，而是存在重合，因此本罪在法律适用中并不应看作与其他犯罪预备犯的想象竞合，应当按照法条竞合的原理，属于量刑规则中特殊法与一般法的规定，直接适用特殊法即非法利用信息网络罪的规定。[①]

3. 重罪与轻罪的衡量研判

此外，《刑法》第二百八十七条之一第三款中"从一重"处理的规定要求司法机关对相对的重罪和轻罪进行比较判断，一般通过比较最高法定刑或者量刑幅度即可确定。然而，有学者指出目前实践中司法机关在适用本条时存在对部分犯罪构罪以及量刑事实查实不足的情形，有碍罪轻罪重的准确有效认定，导致本罪的滥用。例如，有司法机关认定行为人自行制造以及通过网络从上家处购买枪支散件后，通过信息网络发布销售该批枪支散件的信息并实际销售部分枪支散件（已售和在存的枪支散件共23件，未达到制造、销售枪支罪的入罪标准），但并未明确行为人利用信息网络发布销售枪支散件的具体信息量，最终法院以非法利用信息网络罪对行为人定罪处刑。本案中行为人的行为明显未达到制造、销售枪支罪的入罪标准，法院的判决书应当写明涉案信息的发布数量，否则不仅缺乏定罪的依据，还有滥用非法利用信息网络罪的嫌疑。根据罪刑法定原则的实质要求，法无明文规定不为罪，即便本罪属于轻罪，也不能以刑代罚，将本罪作为信息网络时代的"口袋罪"。再如，某法院在一例侵犯公民个人信息罪的案件中认为，行为人利用网络设立为他人用于实施非法获取公民个人信息违法犯罪活动的网站，同时从其设立

---

① 姜金良：《法益解释论下非法利用信息网络罪的司法适用——基于〈刑法修正案（九）〉以来裁判文书样本的分析》，载《法律适用》2019年第15期。

的网站中非法获取公民个人信息7584条,同时触犯了非法利用信息网络和侵犯公民个人信息罪。按照法条规定,行为人应择一重罪论处,即应以侵犯公民个人信息罪从重处罚。但在本案的裁判文书中,法院并未明确该侵犯公民个人信息犯罪对应的量刑幅度,本案中侵犯公民个人信息罪是否为"更重的犯罪"的说理不够明晰。[①]

三、《刑法》第二百八十七条与第二百八十七条之一之间的适用逻辑

《刑法》第二百八十七条规定:"利用计算机实施金融诈骗、盗窃、贪污、挪用公款、窃取国家秘密或者其他犯罪的,依照本法有关规定定罪处罚。"目前实务界与司法界均对本罪注意规定的功能和性质达成共识,详言之,本条属于对计算机犯罪之犯罪客体要件进行提示的注意规定,即提醒司法人员,当行为人利用计算机实施了刑法分则所规定的犯罪行为时,必须基于核心实行行为的样态和行为结果来判断该行为是属于单纯危害计算机系统及其内部数据等信息安全法益的计算机犯罪,还是属于危害公私财产权、侵犯商业秘密、侵犯国家秘密等传统法益内容的传统犯罪,要按照核心行为的法益侵害性本质,对其以相应的罪名定罪处罚,而不是一概适用第二百八十五条或者第二百八十六条以计算机犯罪定罪处罚。[②] 譬如,行为人在网络空间非法获取他人游戏装备等虚拟财产的行为,应当认定为财产犯罪,而非"非法获取计算机信息系统数据罪",因为虚拟财产也属于财物,并不应当纳入数据的范畴,否则

[①] 秦宗川:《非法利用信息网络罪司法认定问题研究》,载《贵州警察学院学报》2021年第4期。

[②] 张春:《〈刑法修正案(九)〉第二十九条规定的网络犯罪问题研究》,载《人民司法(应用)》2016年第19期。

计算机犯罪就将面临"口袋化"的危机。① 再如，通过侵入计算机系统非法获取他人生物识别信息的行为，应当评价为"侵犯公民个人信息罪"而非"非法获取计算机信息系统数据罪"，因为该行为侵犯的是个人信息权法益，而非计算机系统的数据安全法益。也有观点进一步指出，对于《刑法》第二百八十七条的理解与适用不能一概而论，犯罪行为确实构成其他犯罪的，不能一律排除该罪名的适用，应当结合具体案情，适用牵连犯、想象竞合犯原理或按照数罪并罚原理定罪处罚。② 在《刑法修正案（九）》之后，《刑法》第二百八十七条中的"有关规定"不仅包括本条所列举的传统犯罪，还包括第二百八十五条第二款和第三款、第二百八十六条之一、第二百八十七条之一、第二百八十七条之二等专门的网络犯罪，以及第二百五十三条、第二百一十七条、第二百一十九条等常在信息网络上实施的传统犯罪。目前实务中第二百八十七条与第二百八十七条之一的适用冲突主要在于，"信息网络"是比"计算机"更广的客体概念，"利用计算机"的行为包含在"利用信息网络"的行为范畴中，因此行为人利用计算机实施的传统犯罪应当优先适用第二百八十七条认定为利用计算机实施犯罪的提示性规定还是第二百八十七条之一非法利用信息网络罪就成为难题。从社会发展的现实形势考虑，计算机的概念已经逐步被信息网络概念所取代，第二百八十七条应当逐渐被第二百八十七条之一所取代，因为后者的"信息网络"要件具有更高的概括性和包容性，能够发挥更广泛的"兜底"作用，在网络"手段型""对象型""空间型"三种样态的犯罪中，都更具有适用的便宜

---

① 杨志琼：《非法获取计算机信息系统数据罪"口袋化"的实证分析及其处理路径》，载《法学评论》2018 年第 6 期。
② 李玉萍：《关于利用计算机实施犯罪的定罪处罚问题初探》，载《人民法院报》2020 年 12 月 10 日，第 6 版。

性。① 因此，未来立法可考虑删除第二百八十七条的兜底规定，限缩网络犯罪的犯罪圈，防止刑法权力在网络空间中不当限制个人自由和正当业务，阻碍信息科技的发展。

---

① 孙道萃：《非法利用信息网络罪的适用疑难与教义学表达》，载《浙江工商大学学报》2018年第1期。

第七章
帮助信息网络犯罪活动罪

【法条链接】

《刑法》第二百八十七条之二规定：明知他人利用信息网络实施犯罪，为其犯罪提供互联网接入、服务器托管、网络存储、通讯传输等技术支持，或者提供广告推广、支付结算等帮助，情节严重的，处三年以下有期徒刑或者拘役，并处或者单处罚金。

单位犯前款罪的，对单位判处罚金，并对其直接负责的主管人员和其他直接责任人员，依照第一款的规定处罚。

有前两款行为，同时构成其他犯罪的，依照处罚较重的规定定罪处罚。

【罪名概述】

一、本罪的设立背景

近年来，网络犯罪呈现"社会化分工"的产业链趋势，网络犯罪中较为常见的诈骗、赌博、开设赌场等行为类型，通常涉及技术支持、传播推广、资金结算等,而行为人并非都是通信网络技术专业人员,因此其需要借助第三方的网络帮助行为以达到其犯罪目的。在这样的新样态下,技术帮助行为的泛化支撑在整个黑产链条中的重要性日益凸显。

网络空间中的帮助行为,通常以采取积极网络技术支持的形式展开,如盗取贩卖公民个人信息、开办银行卡、利用伪基站发送信息、提供通讯线路、专业转账取款、专业洗钱、开发网络改号、分析工具软件、制作木马程序等,即在明知有人从事网络犯罪的情况下仍然提供互联网接入等网络服务。一些平台凭借掌控技术的优势同时为多个网络犯罪链条提供帮助,获取巨额利益,这些帮助行为不仅为他人实施网络犯罪降低了犯罪成本,提高了犯罪效率,更增强了罪犯逃避监管的能力。

但是,针对此种帮助行为,适用刑法总论关于共同犯罪的规定存在一些问题:

第一,与传统的帮助行为不同,网络犯罪产业链中的帮助行为呈现跨地域、组织分散、帮助对象不特定等特性,致使帮助行为人与实施目标犯罪的行为人之间的主从关系难以认定。传统帮助行为通常情况下以"一对一"的形式展开,帮助者与被帮助者对彼此的基本情况、犯罪目的以及犯罪动向都有清晰的认知。但在虚拟的网络空间中,"一对多"成为帮助行为的主要形式,往往没有固定的帮助对象,难以确定主犯作为共同犯罪处理。

第二,虽然都促进了犯罪活动的实施,但与传统帮助行为相比,网络犯罪产业链中的帮助行为社会危害性相对独立,甚至对网络犯罪能否开展、犯罪所得能否顺利处置具有决定性的效果。相较一般帮助行为的实施手段,网络帮助行为具有更强的技术性、垄断性和不可取代性,以"一对多"为辐射面的帮助行为在网络犯罪产业链中起到不可或缺的支柱作用,上游和下游的帮助行为呈现出"不是核心行为,胜似核心行为"的效果。一旦技术支持者停止为网络犯罪相关人提供服务,该网络犯罪往往无法开展或复现。

第三，传统帮助行为与网络犯罪相关人主观意思联络系高度趋同，而网络犯罪产业链中的帮助行为与目标犯罪行为人的意思联络则较为孱弱。网络空间的虚拟性，决定了犯罪主体组织协调分散、身份关系隐匿疏远、行为人商议协作简化，这必然导致了帮助行为人与网络犯罪相关人之间犯意联络片面化、单向化、薄弱化。

申言之，规制网络犯罪产业链中的帮助行为成为打击网络犯罪的关键所在，有独立入罪的必要，以应对网络帮助行为在实践中所带来的紧迫问题，有效斩断网络犯罪产业链条。因此，2015年11月，《刑法修正案（九）》增设第二百八十七条之二帮助信息网络犯罪活动罪，对网络上具有帮助他人犯罪的属性的行为，专门作为犯罪独立加以规定。

二、本罪的刑法条文解读

（一）客观行为

帮助信息网络犯罪活动罪是指为他人犯罪提供互联网接入、服务器托管、网络存储、通讯传输等技术支持，或者提供广告推广、支付结算等帮助，情节严重的行为。

1. 帮助行为的类型归纳

从文义解释上看，技术支持与其他帮助的界分较为模糊，且以"等"字兜底，行为类型较为丰富，仅能从网络服务业务的类型加以界分。如互联网接入、服务器托管、网络存储、通讯传输属于网络资源服务，信息发布或者搜索、广告推广、引流推广等属于网络推广服务，资金转账、套现、取现属于支付结算服务等。其中：

第七章 帮助信息网络犯罪活动罪

（1）提供网络资源服务

互联网接入服务	是指利用接入服务器和相应的软硬件资源建立业务节点，并利用公用通信基础设施将业务节点与互联网骨干网相连接，为各类用户提供接入互联网的服务。用户可以利用公用通信网或其他接入手段连接到其业务节点，并通过该节点接入互联网。
服务器托管	是指利用相应的机房设施，以外包出租的方式为用户的服务器等互联网或其他网络相关设备提供放置、代理维护、系统配置及管理服务。
网络存储	是指提供数据库系统或服务器等设备的出租及其存储空间的出租服务。
通讯传输、线路出租	是指提供公共网络基础设施、公共数据传送和基本话音通信服务的业务。
域名解析	是指在互联网上通过架设域名解析服务器和相应软件，实现互联网域名和 IP 地址的对应关系转换的服务。

（2）提供网络推广服务

信息发布	是指建立信息平台，为其他单位或个人用户发布文本、图片、音视频、应用软件等信息提供平台的服务。
信息搜索	是指通过公用通信网或互联网，采取信息收集与检索、数据组织与存储、分类索引、整理排序等方式，为用户提供网页信息、文本、图片、音视频等信息检索查询服务。
广告推广、引流推广	是指根据单位或个人用户需要向用户指定的终端、电子邮箱等递送、分发文本、图片、音视频、应用软件等信息，实现推广信息的递送。

（3）提供支付结算服务

本意是指单位、个人在社会经济活动中使用票据、信用卡和汇兑、托收承付、委托收款等结算方式进行货币给付及其资金清算的行为。本罪支付结算主要针对的是非法转让具有支付结算功能的载体（如银行卡、资金账户）的行为。

2. "情节严重"的具体类型

为了防止帮助信息网络犯罪活动罪的滥用，法条限定帮助行为要达到情节严重的程度，2019年两高《非法利用、帮助信息网络犯罪司法解释》第十二条对情节严重的6种情形予以列举，并在第七项设了兜底项：明知他人利用信息网络实施犯罪，为其犯罪提供帮助，具有下列情形之一的，应当认定为《刑法》第二百八十七条之二第一款规定的"情节严重"：（1）为三个以上对象提供帮助的；（2）支付结算金额二十万元以上的；（3）以投放广告等方式提供资金五万元以上的；（4）违法所得一万元以上的；（5）二年内曾因非法利用信息网络、帮助信息网络犯罪活动、危害计算机信息系统安全受过行政处罚，又帮助信息网络犯罪活动的；（6）被帮助对象实施的犯罪造成严重后果的；（7）其他情节严重的情形。2021年两高一部《电信网络诈骗犯罪意见（二）》第九条在前述第七项规定的"其他情节严重的情形"基础上增加2项：（1）收购、出售、出租信用卡、银行账户、非银行支付账户、具有支付结算功能的互联网账号密码、网络支付接口、网上银行数字证书5张（个）以上的；（2）收购、出售、出租他人手机卡、流量卡、物联网卡20张以上的。可见立法者既限制了该罪名的不当适用，又为随时出现的新情况留有裁量空间。故在实践中，对该兜底项中情节严重的情形，要与已明确的多种情形的标准相权衡，同时结合全案整体情况综合评判。

（二）主观方面：明知他人利用信息网络实施犯罪而故意实施

帮助信息网络犯罪活动罪的"明知"在对象性、独立性与程度性上都有自己的特殊性。

1. 就"明知"的对象范围而言，明知他人实施"犯罪"的含义既非符合犯罪构成要件意义上的犯罪，亦非宽泛的违法犯罪行为，应当将其理解为犯罪行为意义上的犯罪。

2. 就"明知"的独立性而言，本罪的行为人不需要同实行犯的行为人建立高度意思联络，也不要求认识因素包含具体罪名。明知的界限在下文"实务难点"中详细剖析。

3. 就"明知"的程度而言，本罪的"明知"必须达到明知某一帮助对象可能在从事具体犯罪活动的程度。在这种程度的解释下，本罪的"明知"仍是一个依靠主观证据证明的要素，若犯罪嫌疑人坚称自己并不知情，司法机关可能难以适用该罪名。为了激活帮助信息网络犯罪活动罪的适用，2019年两高《非法利用、帮助信息网络犯罪司法解释》第十一条规定："为他人实施犯罪提供技术支持或者帮助，具有下列情形之一的，可以认定行为人明知他人利用信息网络实施犯罪，但是有相反证据的除外：（一）经监管部门告知后仍然实施有关行为的；（二）接到举报后不履行法定管理职责的；（三）交易价格或者方式明显异常的；（四）提供专门用于违法犯罪的程序、工具或者其他技术支持、帮助的；（五）频繁采用隐蔽上网、加密通信、销毁数据等措施或者使用虚假身份，逃避监管或者规避调查的；（六）为他人逃避监管或者规避调查提供技术支持、帮助的；（七）其他足以认定行为人明知的情形。"2021年两高一部《电信网络诈骗犯罪意见（二）》第八条第二款在此基础上进一步规定："收购、出售、出租单位银行结算账户、非银行支付机构单位支付账户，或者电信、银行、网络支付等行业从业人员利用履行职责或提供服务便利，非法开办并出售、出租他人手机卡、信用卡、银行账户、非银行支付账户等的，可以认定为《最高人民法院、最高人民检察院关于办理非法利用信息网络、帮助信息网络犯罪活动等刑事案件适用法律若干问题的解释》第十一条第（七）项规定的'其他足以认定行为人明知的情形'。但有相反证据的除外。"整体而言，司法解释增加了可用于推定主观目的的客观行为，证明难度相对更低。

【案例解读】

王某帮助信息网络犯罪活动案[①]

（一）案情概述

2019年4月至6月间，被告人王某租用免备案的服务器，明知部分网站系以营利为目的的赌博网站，在这些网站被防火墙拦截后，接受他人委托，在计算机上多次为赌博、博彩等违法网站进行301跳转[②]，即当用户点击这些网站时，如受阻，其便通过技术手段，跳转到赌博网站所对应的新域名，即使这些赌博网站被监管部门拦截，仍可使网民继续访问，以逃避监管。经勘验，被告人王某为143家赌博网站进行了301跳转并从中收取费用，共获利3万余元。法院经审理认为，被告人王某明知他人利用信息网络开设赌场，仍为他人犯罪提供技术支持，逃避监管，违法所得1万元以上，达到情节严重，其行为已构成帮助信息网络犯罪活动罪。

[①] 扬州经济技术开发区人民法院（2019）苏1091刑初170号刑事判决书，载中国裁判文书网，https://wenshu.court.gov.cn/website/wenshu/181107ANFZ0BXSK4/index.html?docId=JbFeWClI-ELXiUMnQDDox/qbz1boccDQA5DZNd2aEtnS1JCn3I2ZB+5/dgBYosE2gMdHY03ED4CBBQmPXEVNJ7Q/rLeHyTLkyfpB7YGkxAtBZ2+LiQiSlifCxhjDwWy/K，最后访问时间：2022年11月20日。

[②] 301跳转，即页面永久性移走，也被称为301重定向、301转向、301永久重定向，是一种非常重要的"自动转向"技术，是网址重定向最为可行的一种办法。当用户或搜索引擎向网站服务器发出浏览请求时，服务器返回的HTTP数据流中头信息（header）中的状态码的一种，表示本网页永久性转移到另一个地址。载百度百科网站，https://baike.baidu.com/item/301%E6%B0%B8%E4%B9%85%E9%87%8D%E5%AE%9A%E5%90%91/577939?fr=aladdin，最后访问时间：2023年4月20日。

（二）裁判观点

本案的争议焦点为：被告人的行为构成开设赌场罪的共犯还是帮助信息网络犯罪活动罪？对被帮助对象实施的犯罪中的"犯罪"应如何理解？

焦点辨析1：罪名认定

一种观点认为，被告人王某自述在接受301跳转任务时即知晓被帮助的网站为赌博、博彩网站，其与开设赌场的犯罪分子具有共谋，且实施了帮助赌博网站正常运行的行为，属于事中共谋的共犯类型，应认定为开设赌场犯罪分子的共犯，构成开设赌场罪。

另一种观点认为，根据证据规则，在被帮助对象未到案，且缺乏客观证据的情况下，仅凭被告人王某的供述及帮助行为，无法认定构成共同犯罪。但被告人王某在主观上明知被帮助者利用网络开设赌场，客观上为被帮助者进行301跳转以逃避监管，且犯罪数额达到了2019年两高《非法利用、帮助信息网络犯罪司法解释》中关于情节严重的认定标准，故对被告人王某的行为应认定为帮助信息网络犯罪活动罪。

最终法院采纳了后者观点，认为所谓被帮助对象所实施的"犯罪"只需要达到刑法罪名中相应的行为即可。本案中被帮助对象实施的是开设网络赌场的行为，根据2008年《立案追诉标准（一）》第四十四条规定，"开设赌场的，应予立案追诉。在计算机网络上建立赌博网站，或者为赌博网站担任代理，接受投注的，属于本条规定的'开设赌场'"，即开设赌场行为符合本法条要求。因此，结合本案，被告人王某为他人开设网络赌场提供帮助、逃避监管，直接促使开设赌场罪的顺利进行。但在被帮助对象未到案、缺乏客观证据的情况下，难以认定被告人王某为开设赌场罪的共犯，无法确认共谋故意。

我们认为，对于这类案件，有必要对客观证据提出更高的要求，以确定共同犯罪。但由于网络犯罪的特点，这种严格的证据标准往往会阻碍调查人员。因此，准确理解和适用《刑法》第二百八十七条之二将帮助行为正犯化，可以在很大程度上缓解网络犯罪帮助行为的迫切治理需求。

焦点辨析2：明知推定与兜底条款的适用

作为帮助信息网络犯罪成立的先决条件，"明知"在定罪量刑中起着至关重要的作用，但该主观要素在证明层面依赖推定和被告人自认明知，且必须达到排除合理怀疑的程度。2019年两高《非法利用、帮助信息网络犯罪司法解释》第十一条列举了推定明知的6种情形，以此为证明本罪的主观明知提供有力抓手。具体而言，判断帮助信息网络犯罪活动的行为人是否明知，可从以下方面推定：

第一，结合行为人供述、综合认知水平、认知能力进行主观认知推定。从推定效果来看，行为人的供述和知情协助行为的犯罪性质可能是其明知的最直接和最有效的证据。若被告没有自认，仍然可以从被告的供词中提取有效信息，并将其与其他证据结合起来，以确认其主观意识。此外，行为人的经验、职业和专业知识，以及对帮助工具的了解，意味着行为人作为特定个人应该知道其帮助的行为是涉嫌违法犯罪的。

第二，结合客观行为的载体、次数、非正常状态进行判断。书面或电子方式记录的证据材料、涉案人沟通的次数、帮助行为的累积量等，以及行为人的客观行为是否符合正常逻辑、违反惯例或禁令，都是审查判断依据。

结合本案，被告人王某对租用免备案的服务器为他人的赌博、博彩网站进行301跳转的行为予以认可，他的自认对主观明知的认定起到关键作用，同时也符合2019年两高《非法利用、帮助信息网络犯罪司法解释》第十一条第六项为他人逃避监管或者规避调查提供技术支持、帮助的规定，可以推定其明知。即使不符合该项规定，按照兜底的推定方式，也可综合行为人的主观认知与客观行为，综合推定其明知。比如，被告人从事计算机网络工作，具备一定认知水平和能力，对301跳转的使用场景及使用目的不可谓不知；又如，根据301跳转频率的非正常次数，以及跳转目标网站的违法性，可以推定其对被帮助人涉嫌赌博犯罪的情形是知道的。综上，足以认定行为人对赌博网站进行301跳转的目的违法犯罪性系明知。

【实务难点】

一、如何认定帮助信息网络犯罪活动罪的"明知"

对于帮助信息网络犯罪活动罪"明知"的内涵，刑法学界及司法实践有多种观点，有的仅理解为"知道"[1]，有的理解为"知道或应当知道"[2]，有的理解为"知道或或许知道"[3]，有的理解为"知道或有理由知道"[4]，等等。但是，在2019年两高《非法利用、帮助信息网络犯罪司法解释》第十一条以及2021年两高一部《电信网络诈骗犯罪意见（二）》第八条已经明确了帮助信息网络犯罪活动罪的主观明知推定规则（"可以认定行为人明知"）的前提下，"明知"在"知道"以外，无论认为是"应当知道"还是"有理由知道"抑或其他类型，在司法适

---

[1] 参见花岳亮：《帮助信息网络犯罪活动罪中"明知"的理解适用》，载《预防青少年犯罪研究》2016年第2期。
[2] 参见梁敏捷、陈常：《网络诈骗犯罪中"明知"的认定》，载《人民检察》2018年第9期；李永超、王丽：《帮助信息网络犯罪活动罪主观明知与情节严重的认定》，载《人民司法（案例）》2021年第35期。
[3] 参见郝川、冯刚：《帮助信息网络犯罪活动罪的"明知"应包含"或许知道"》，载《检察日报》2020年9月23日。
[4] 参见李亚琦：《审慎认定帮助信息网络犯罪活动罪中的"明知"》，载《人民检察》2019年第3期。

用上都只能在"推定知道"的意义上解释。即根据相关司法解释，帮助信息网络犯罪活动罪中的"明知"应当包括有直接证据加以证明的"知道"和以间接证据加以推定的"知道"。进而，关于明知类型的争论便丧失了实践意义，争议的焦点相应地集中于明知的程度与明知的对象上。

关于明知的程度，应当避免混淆"可能知道/可能明知"与"明知可能"这两个概念。常有学者将"可能知道"与"确定知道"相较，并置于明知的程度分级这一范畴加以讨论。[①] 但从文义解释的角度，可能知道意味着可能不知道，其属于事实问题，描述的是刑事诉讼中行为人主观明知要素的查证情况。只有当其可能性达到刑事诉讼证明标准时，才能够真正认定为帮助信息网络犯罪活动罪中的"明知"这一构成要件。而"明知可能"则是以前述达到证明标准的"明知"为事实前提，描述的是行为人对明知的对象的认识程度，与"明知必然"相对。所以，如果使用"可能知道"的概念讨论明知的程度，则实际上混同了明知的证明问题与明知的内涵，从而可能错误地将未达到刑事诉讼证明标准的"事实"纳入刑事实体法的考察范围。因此，明知的程度仅应包括"明知必然"与"明知可能"，这对应着犯罪故意中的认识因素。

对于刑法总则故意犯罪中的明知与刑法分则各罪中明知的关系，无论采取统一说还是区分说，在故意犯罪的框架下，都应当认为刑法分则规定的明知包含于刑法总则的明知之中。[②] 换言之，在帮助信息网络犯罪活动罪中，"明知他人利用信息网络实施犯罪"仅仅是本罪主观故意心态的注意规定，其与本罪犯罪故意中认识因素的要求是重叠的。"明知他人利用信息网络实施犯罪"是"明知自己的行为会发生危害社会的结果"在帮助信息网络犯罪活动罪主观故意中的具体体现之一。相应

[①] 参见周光权：《明知与刑事推定》，载《现代法学》2009 年第 2 期。
[②] 参见邹兵建：《"明知"未必是"故犯"——论刑法"明知"的罪过形式》，载《中外法学》2015 年第 5 期。

地,明知的程度当然包括"明知必然"与"明知可能"。换个角度理解,本罪的行为人完全可以在相关网络犯罪行为实施之前提供帮助,此时其明知的对象指向未来不确定发生的事实,进而行为人只具有可能性认识。所以,即使行为人确实仅仅"怀疑"他人可能利用信息网络实施犯罪而提供帮助,也属于明知的范畴,同样满足帮助信息网络犯罪活动罪的主观要件。

就明知推定的依据而言,认定行为人是否"明知"他人利用信息网络实施犯罪,应当坚持主客观相一致原则,即要结合行为人的认知能力、既往经历、交易对象、与信息网络犯罪行为人的关系、提供技术支持或者帮助的时间和方式、获利情况,出租、出售"两卡"的次数、张数、个数,以及行为人的供述等主客观因素,同时注重听取行为人的辩解并根据其辩解合理与否,予以综合认定。司法办案中既要防止片面倚重行为人的供述认定明知;也要避免简单客观归罪,仅以行为人有出售"两卡"行为就直接认定明知。特别是对于交易双方存在亲友关系等信赖基础,一方确系偶尔向另一方出租、出售"两卡"的,要根据在案事实证据,审慎认定"明知"。

同时,在办案过程中可着重审查行为人"明知"的特征及表现,包括:(1)跨省或多人结伙批量办理、收购、贩卖"两卡"的;(2)出租、出售"两卡"后,收到公安机关、银行业金融机构、非银行支付机构、电信服务提供者等相关单位部门的口头或书面通知,告知其所出租、出售的"两卡"涉嫌诈骗、洗钱等违法犯罪,行为人未采取补救措施,反而继续出租、出售的;(3)出租、出售的"两卡"因涉嫌诈骗、洗钱等违法犯罪被冻结,又帮助解冻,或者注销旧卡、办理新卡,继续出租、出售的;(4)出租、出售的具有支付结算功能的网络账号因涉嫌诈骗、洗钱等违法犯罪被查封,又帮助解封,继续提供给他人使用的;(5)频繁使用隐蔽上网、加密通信、销毁数据等措施或者使用虚假身份,逃避监管或者规避调查的；（6）事先串通设计应对调查的话术口径的；（7）曾因非法交易"两卡"受过处罚或者信用惩戒、训诫谈话，又收购、出售、出租"两卡"的等。

适用难点：帮助信息网络犯罪活动罪主观明知要件的对象"犯罪"作何理解？

实践中对他人利用信息网络实施犯罪中的"犯罪"存在两种不同的观点：一种观点认为，此处的"犯罪"只需符合刑法分则罪名对应的实行行为即可；另一种观点认为，被帮助者的行为要达到构成犯罪的程度才能认定为此处的"犯罪"。

2019年两高《非法利用、帮助信息网络犯罪司法解释》第十二条第二款规定，"实施前款规定的行为，确因客观条件限制无法查证被帮助对象是否达到犯罪的程度，但相关数额总计达到前款第二项至第四项规定标准五倍以上，或者造成特别严重后果的，应当以帮助信息网络犯罪活动罪追究行为人的刑事责任"。本条文对确因客观条件限制无法查证被帮助对象是否达到犯罪的程度时应如何处理作出了规定。适用该规定有几点限制：一是此种情形下通常是被帮助对象人数众多，对于帮助单个或者少数对象利用信息网络实施犯罪的，必须以被帮助对象构成犯罪为入罪前提；二是确因客观条件限制无法证实被帮助对象实施的行为达到犯罪程度，但经查证确系刑法分则规定的行为的，如果是一般的违法行为也不能适用这一例外规则；三是情节远高于"情节严重"的程度，即此种情形下虽然无法查证被帮助对象构成犯罪，但帮助行为本身具有十分严重的社会危害性，达到独立刑事惩处的程度。也就是说，构成本罪，要求被帮助行为达到构成犯罪的标准，即使因客观条件限制无法查证，对推定该行为社会危害性的要求也须严格遵循。[1]

---

[1] 参见周加海、喻海松：《〈关于办理非法利用信息网络、帮助信息网络犯罪活动等刑事案件适用法律若干问题的解释〉的理解与适用》，载《人民司法》2019年第31期。

从而，这里的犯罪应当指犯罪行为。帮助信息网络犯罪活动罪规定于《刑法》第二百八十七条之二，而《刑法》第二百八十七条之一规定的非法利用信息网络罪已明确使用"违法犯罪"这一概念。从体系解释的角度出发，相邻两个条文分别使用"违法犯罪"与"犯罪"两个不同的概念，应当作出不同的解释。且2019年两高《非法利用、帮助信息网络犯罪解释》第七条亦明确区分了犯罪行为与违法行为。诚然，为了贯彻严厉打击网络犯罪的刑事政策，此种解释可以有效实现打击目标，但却有类推解释之嫌。

实际上，在明确区分"明知可能"与"可能明知"的前提下，冒着违反罪刑法定原则的风险扩张解释本罪中的"犯罪"概念已无必要性。因为当行为人明知被帮助的人利用信息网络实施违法行为（如刷单炒信、赌博等）时，相关违法行为本身也具有构成犯罪的可能性，而此处的违法行为是否可能构成犯罪属于规范判断的内容，并不是行为人犯罪故意所需要认识的内容，此时完全可能满足帮助信息网络犯罪活动罪的主观明知要件。

二、如何理解帮助信息网络犯罪活动行为的性质

在帮助行为高度碎片化的背景下，各个环节的行为人只需参与其中一小部分，帮助信息网络犯罪活动行为在整个网络犯罪产业链条中有着相当大的独立性。案件侦查难以做到对整个黑产链条上的各个环节全部查明，司法实务中面对的也多是碎片化的犯罪事实，故而对其行为性质难以全面认定。研究其行为性质，根本上就是为了解决网络帮助行为定罪量刑与否及其轻重，以及其与被帮助的网络犯罪相关人之间的关联关系，为司法适用与案件证明提供有力抓手。

就如何从理论上解释帮助信息网络犯罪活动行为的性质，学者基于不同视角作出回应，主要有"量刑规则说""中立帮助行为说""积量构

罪说""帮助行为正犯化说"。在以上争论中,"帮助行为正犯化"得到实务界广泛认可。

多数学者仍然站在对传统理论进行修正的共犯立场,基于传统共犯理论(限制从属说)难以有效阐释帮信行为(即帮助信息网络犯罪活动行为)而强调帮信行为独立于正犯行为。多数论者认为,《刑法》第二百八十七条之二直接将该提供网络技术支持帮助的行为规定为正犯行为,统一罪名并且设置独立的法定刑,属于立法论上共犯行为正犯化的典型代表。[①] 该观点在承认共犯关系的存在前提下,同时认可帮信行为的正犯独立性。如前文所述,帮信行为在网络犯罪链条中的地位举足轻重,甚至直接决定了被帮助者是否能够成功实施相关网络犯罪,其法益侵害程度更为严重,故而应当予以正犯化。我们认为,将其独立出来是立法者的一种选择,既然设置了独立的法定刑,就说明有意识地将该帮助行为独立化、解释者不能再通过其他方法将立法者的这种选择轻易抹杀,也没有必要否定其正犯化的性质。

三、如何辨析支付结算型帮助行为与掩饰、隐瞒犯罪所得、犯罪所得收益罪

自2019年两高《非法利用、帮助信息网络犯罪司法解释》正式颁布后,帮助信息网络犯罪活动罪上升为适用量排名靠前的罪名。随着该罪名的大量适用,司法实务中有必要找准界分帮助信息网络犯罪活动罪中的"支付结算"行为与掩饰、隐瞒犯罪所得、犯罪所得收益罪的"转移"行为的依据,为这两个罪名在网络犯罪中找准适当的坐标。

(一)支付结算型帮助行为的样态分析

从行为人借助的媒介来看,既有通过出租、出借、出售银行卡帮助

[①] 参见张明楷:《论帮助信息网络犯罪活动罪》,载《政治与法律》2016年第2期。

支付结算的情形，也有出租第三方支付平台账户的情形，还有虽然与资金流不发生直接接触但为其提供技术支持的行为等。

从行为人涉入支付结算帮助的程度来看，可分为三类：第一类，"卡农"，是指仅出租、出售、出借本人及亲友名下银行卡、支付码、资金账户的行为人；第二类，"卡头"或"卡商"，是指以出租、出售、出借银行卡"四件套"（即持卡人个人银行卡、对应绑定的个人实名手机卡、个人身份证和银行U盾）等全套支付结算账户为业的人；第三类，是以自己名义注册空壳公司，并在银行办理对公账户，推出跑分平台[①]等非法黑灰软件，甚至以虚构交易的方式收取上下游钱款牟利，为网络犯罪提供支付结算帮助的行为人。

从行为的突出类型来看，除传统的帮助取款行为外，还衍生出许多类型。例如：第一，"跑分"，是指跑分者利用自己的第三方收付款二维码，替他人代收款，并结算佣金的行为；第二，虚假交易，行为人以正规平台、合法企业外壳为包装，通过制造虚假订单来为非法网络犯罪活动提供支付结算服务；第三，"压卡"，是指行为人跨省市办理多张银行卡并出售给上家，由上家在操作转移资金期间对行为人进行包食宿的看管，结束后获取提成。[②]

上述行为样态在实践中均有可能产生交叉融合，并非只有单一的支付结算模式，需要对其行为之间是否存在竞合、牵连关系进行判断。比如，有的跑分行为人既出售自己及亲友名下的银行卡，又收集他人银行卡进行二次贩卖，其行为同时触犯多种罪名，包括掩饰、隐瞒犯罪所得罪，妨害信用卡管理罪，帮助信息网络犯罪活动罪。故而，有必要对支

---

① 跑分平台是由经营者研发、运行、维护的应用程序或网站，该类平台吸引跑分者注册入驻，收集跑分者的二维码。平台运营者一方面对接资金接收、流转的需求方，另一方面组织跑分者，根据需求进行收付款。跑分平台以收取跑分会员一定数量的保证金来确保平台顺利运行。

② 参见上海市第一中级人民法院课题组：《网络支付结算型帮助行为的刑法规制——兼论帮助信息网络犯罪活动罪的理解与适用》，载《中国应用法学》2022年第1期。

付结算在刑法整体罪名框架的体系性定位作出厘清。

（二）支付结算型帮助行为的刑法教义学含义

"支付结算"本属于银行及金融机构的正常经营业务，按照中国人民银行《支付结算办法》第三条的定义，支付结算是指单位、个人在社会经济活动中使用票据、信用卡和汇兑、托收承付、委托收款等结算方式进行货币给付及其资金清算的行为。传统金融行业的资金支付结算范畴极为庞大，但在涉及《刑法》第一百九十一条洗钱罪，第二百二十五条非法经营罪，第三百一十二条掩饰、隐瞒犯罪所得、犯罪所得收益罪等各罪名时，因其立法背景、规范对象的区别，侧重各有不同：

1. 非法经营罪中的支付结算

在非法经营罪中，对非法从事资金支付结算业务扰乱市场行为予以刑事处罚，规范对象主要针对的是地下钱庄和无证发卡机构。2019 年《最高人民法院、最高人民检察院关于办理非法从事资金支付结算业务、非法买卖外汇刑事案件适用法律若干问题的解释》规定，所谓"非法从事资金支付结算业务"包括以下几类：（1）使用受理终端或者网络支付接口等方法，以虚构交易、虚开价格、交易退款等非法方式向指定付款方支付货币资金的；（2）非法为他人提供单位银行结算账户套现或者单位银行结算账户转个人账户服务的；（3）非法为他人提供支票套现服务的；（4）其他非法从事资金支付结算业务的情形。支付结算型非法经营行为的打击重点在于无合法资质从事金融业务，且情节档次较高，要求非法经营数额在五百万元以上的或违法所得数额在十万元以上的，才能构成非法经营罪。此外，非法经营罪在基本犯之上还存在"情节特别严重"的加重量刑幅度，即非法经营数额在二千五百万元以上或违法所得数额在五十万元以上，更说明了本罪侧重于无金融资质大量处理资金扰乱市场秩序的支付结算。例如，跑分平台经营者、虚假商家一般与上游犯罪分子联系紧密，通过高频率、重伪装的方式转移大额资产，共同犯罪意图较为明显，可能构成共犯，但其本身的行为又符合支付结算型非法经营罪的犯罪构成。

2. 掩饰、隐瞒犯罪所得、犯罪所得收益罪中的支付结算

掩饰、隐瞒犯罪所得罪与帮助信息网络犯罪活动罪中的支付结算存在交叉部分，但并非完全竞合。应当率先认清的是，通过判断行为对象以及上游犯罪是否查证属实，可先行确定能否排除是否属于支付结算型掩饰、隐瞒犯罪所得罪。

洗钱罪和掩饰、隐瞒犯罪所得、犯罪所得收益罪所涉及的支付结算，都属于洗钱类支付结算，即通过利用本票、支票、汇票等金融票据或者采取汇兑、委托收款等结算方式，使上游犯罪所得及其产生的收益形式上成为合法收入，从而掩饰、隐瞒上游犯罪所得的非法来源及其不法性质，主要针对的是明知是黑钱仍提供转账、取现、套现，或配合他人提供验证服务的行为。一般网络犯罪并非洗钱罪特殊的八种上游犯罪，故而这里的洗钱类支付结算特指掩饰、隐瞒犯罪所得、犯罪所得收益罪。

2021年两高一部《电信网络诈骗犯罪意见（二）》第十一条规定："明知是电信网络诈骗犯罪所得及其产生的收益，以下列方式之一予以转账、套现、取现，符合刑法第三百一十二条第一款规定的，以掩饰、隐瞒犯罪所得、犯罪所得收益罪追究刑事责任。但有证据证明确实不知道的除外。（一）多次使用或者使用多个非本人身份证明开设的收款码、网络支付接口等，帮助他人转账、套现、取现的；（二）以明显异于市场的价格，通过电商平台预付卡、虚拟货币、手机充值卡、游戏点卡、游戏装备等转换财物、套现的；（三）协助转换或者转移财物，收取明显高于市场的'手续费'的……"就规范侧重来看，支付结算型掩饰、隐瞒犯罪所得、犯罪所得收益行为规制的重点是明知资金性质违法而予以转移处置的行为，也即，行为人对他人具备资金性质的有价之物采取

转移、套现、取现或协助处置的措施,且明知标的物属于上游网络犯罪的犯罪所得或其收益。

第一,行为对象。掩饰、隐瞒犯罪所得、犯罪所得收益罪的行为对象是"犯罪所得或其收益",即通过他人犯罪直接或间接得到的赃款、赃物。从犯罪所得或其收益的来源区分,可分为取得利益型犯罪和经营利益型犯罪。[①] 在取得利益型犯罪中,典型如诈骗犯罪,行为人以非法占有为目的,此时其诈骗所得资金全部属于犯罪所得;在经营利益型犯罪中,典型如非法经营罪、开设赌场罪,犯罪人收取的手续费、佣金等属于犯罪所得。司法机关在判断行为对象的来源时,需要判断资金性质是否属于他人犯罪所得或其收益,证明标准较高。反观帮助信息网络犯罪活动罪,其帮助的行为对象是信息网络犯罪的实行犯,该罪对信息网络犯罪相关人支付结算的钱款是否属于违法所得并没有明确要求,只要该笔款项或资金账户存在于网络犯罪链条之中,行为人对其流转起到积极的促进作用,就符合帮助信息网络犯罪活动罪的客观构成。

第二,行为时点。掩饰、隐瞒犯罪所得、犯罪所得收益罪的支付结算型帮助行为具有环节上的事后性,只有在他人网络犯罪既遂(或结束)之后,通过窝藏、转移等方法掩饰、隐瞒犯罪所得的,才符合本罪的行为构成。反之,如若行为人是在他人实施诈骗的事前或事中提供支付结算的帮助,则不构成掩饰、隐瞒犯罪所得、犯罪所得收益罪。学界一般认为帮助行为发生的时点是区分掩饰、隐瞒犯罪所得、犯罪所得收益罪与帮助信息网络诈骗罪的关键,因此一个重要前提就是明确网络犯罪既遂的认定标准。

1996年《最高人民法院关于审理诈骗案件具体应用法律的若干问题的解释》规定:"已经着手实行诈骗行为,只是由于行为人意志以外的

[①] 参见莫洪宪、黄鹏:《涉众型经济犯罪违法所得处理问题研究》,载《人民检察》2016年第16期。

原因而未获取财物的,是诈骗未遂。"后该司法解释于 2013 年废止。从该旧司法解释观之,区分诈骗罪是否成立既遂的标准采取了"占有说",即认为诈骗既遂应以公私财物实际被行为人非法占有为标准。然而,随着"控制说""失控说""失控兼控制说"等学说支持呼声渐高,有必要重新审视诈骗罪既遂的认定标准:控制说认为,行为人切实地获得了公私财物的支配权或者控制权是诈骗罪基本犯的既遂形态;失控说主张,诈骗罪成立既遂的标准是财物所有人失去了财物的控制权或支配权;失控兼控制说认为,公私财物已脱离被害人控制且实际处于行为人控制范围之内,是诈骗罪既遂的认定标准。①

我们认为,在处理网络犯罪案件时,相关人控制被害人钱款构成既遂,如果有证据证明,行为人在侵财犯罪人控制被害人钱款后,为之提供支付结算帮助的,应构成掩饰、隐瞒犯罪所得罪,即支持"控制说"。一方面,处理涉众型网络犯罪的难点之一就是追索确定被害人,如果采取"失控说"或"失控兼控制说"的被害人侧衡量标准,避无可避地需要考察被害人财产的整体损失,反而阻碍网络犯罪案件的审查处理;另一方面,控制说范围广于占有说而窄于失控说,能将转入帮助套现、取现、转账行为人的银行卡、账户行为纳入规制范围,同时又能排除网络犯罪的相关人因客观原因未收到诈骗款或有价物而成立既遂的情形,只要行为人控制了某项财物,就意味着被害人必然丧失了对财物的控制,此时就可以认定钱款为犯罪所得,进而将后续提供支付结算协助的行为认定为掩饰、隐瞒犯罪所得、犯罪所得收益罪。

第三,主观明知。掩饰、隐瞒犯罪所得、犯罪所得收益罪对主观"明知"的认定标准要求高,其相较于刑法总则故意明知的一般内容,

---

① 杜文俊、陈超:《网络诈骗犯罪中帮助取款行为的司法认定——以 336 份司法裁判文书为例证》,载《河南警察学院学报》2021 年第 3 期。

具有特殊含义。① 从司法解释与实践的一贯态度来看，掩饰、隐瞒犯罪所得、犯罪所得收益罪的"明知"包括"知道或应当知道"，主要依据在赃物类立法解释、司法解释中有所体现。例如，2014年《全国人民代表大会常务委员会关于〈中华人民共和国刑法〉第三百四十一条、第三百一十二条的解释》规定："知道或者应当知道是刑法第三百四十一条第二款规定的非法狩猎的野生动物而购买的，属于刑法第三百一十二条第一款规定的明知是犯罪所得而收购的行为。"再如，2020年《最高人民法院、最高人民检察院、公安部关于办理涉窨井盖相关刑事案件的指导意见》第七条规定，知道或者应当知道是盗窃所得的窨井盖及其产生的收益予以窝藏、转移、收购、代为销售或者以其他方法掩饰、隐瞒的，以掩饰、隐瞒犯罪所得、犯罪所得收益定罪处罚。明知所指向的对象是犯罪所得或犯罪所得收益，即行为人知道或应当知道该笔资金（或资金账户）系由上游犯罪行为完成后直接所得的赃款赃物，才能认定构成掩饰、隐瞒犯罪所得、犯罪所得收益的主观要件。如若现有证据无法证明行为人对上游犯罪实施结束的停止状态是知道或应当知道的，或无法说清行为人对该笔款项来源的违法性存在明知，那么"明知是犯罪所得及其收益"就无法达成。退一步，则有构成更宽泛、证明难度更小的帮助信息网络犯罪活动罪主观要件"明知他人网络犯罪活动"的可能。

3. 帮助信息网络犯罪活动罪中的支付结算

支付结算型帮信行为，主要针对的是非法转让具有支付结算功能的载体（如银行卡、资金账户）的行为，也是电信网络诈骗"断卡行动"的主要打击目标。2021年两高一部《电信网络诈骗犯罪意见（二）》详细列明了所谓支付结算型帮信行为的类型，即收购、出售、出租信用

---

① 参见陆建红：《"明知"构成要件适用研究——以掩饰、隐瞒犯罪所得、犯罪所得收益罪为视角》，载《法律适用》2016年第2期。

卡、银行账户、非银行支付账户,具有支付结算功能的互联网账号密码、网络支付接口、网上银行数字证书的行为,5张(个)以上或者在该载体上支付结算金额在5万元以上即属于"情节严重"。该司法解释主要针对电信网络诈骗中极为猖獗的非法转让两卡现象,通过限定张数、金额的方式,将该类收购、出租(出借)、出售具有支付结算功能载体的行为纳入帮助信息网络犯罪活动罪的规制范围。这一司法解释规定主要基于两方面作出考量:

一方面,立法者只为帮助信息网络犯罪活动罪设定了一个量刑幅度,最高法定刑为三年有期徒刑,属于刑法中的轻罪。为了实现精准打击,避免罚不当其罪,必须科学划定本罪与他罪的界限,防止将其他犯罪降格作为帮助信息网络犯罪活动罪予以处理,进而导致对网络犯罪中帮助行为打击力度的减弱。

另一方面,罪刑法定原则是刑法的生命,即使刑法不禁止扩大解释,解释的结果也要符合罪刑法定原则。作为刑法中的重罪,掩饰、隐瞒犯罪所得、犯罪所得收益罪非法定情况不可扩张适用范围,抑制不必要的重刑主义倾向也是刑法谦抑性的要求。认为帮助信息网络犯罪活动罪的法定刑较轻是立法者基于帮助行为辅助性、开放性的特点以及对网络空间技术自由的权衡作出的退让,抑或是指责立法者未全面认识网络帮助行为的危害性,主张增加本罪的量刑幅度的观点,实则是忽视了第二百八十七条之二第三款"有前两款行为,同时构成其他犯罪的,依照处罚较重的规定定罪处罚"。

(三)小结

帮助信息网络犯罪活动罪与掩饰、隐瞒犯罪所得、犯罪所得收益罪存在交叉。虽然同为提供支付结算业务,但规范行为有很大差别。非法经营罪规制的是未经批准许可从事金融业务的非法机构,处罚重点在于无金融资质；洗钱罪或掩饰、隐瞒犯罪所得、犯罪所得收益罪规制的是黑钱洗成白钱的组织或个人，处罚重点在于资金性质违法；帮助信息网络犯罪活动罪规制的是非法转让具有支付结算功能的银行卡或类卡物的卡商，处罚重点在于卡的黑市交易。后两罪区分的本质是上游违法犯罪所得的属性认定，若帮信行为人转账资金并非犯罪所得，或并不处于上游犯罪既遂之后，则可先行排除掩饰、隐瞒犯罪所得罪的适用。此外，网络犯罪涉及《刑法》分则第三章规定的破坏金融管理秩序犯罪和金融诈骗犯罪时，就引申出是否能以洗钱罪评价在网络犯罪既遂之后帮助取款、转款或变现行为的问题。要认定为洗钱罪除需具备洗钱罪对上游犯罪的特殊要求外，行为人还应当具有掩饰、隐瞒上游犯罪所得及其收益的来源、性质的主观目的。

第八章
侵犯公民个人信息罪

【法条链接】

《刑法》第二百五十三条之一规定：违反国家有关规定，向他人出售或者提供公民个人信息，情节严重的，处三年以下有期徒刑或者拘役，并处或者单处罚金；情节特别严重的，处三年以上七年以下有期徒刑，并处罚金。

违反国家有关规定，将在履行职责或者提供服务过程中获得的公民个人信息，出售或者提供给他人的，依照前款的规定从重处罚。

窃取或者以其他方法非法获取公民个人信息的，依照第一款的规定处罚。

单位犯前三款罪的，对单位判处罚金，并对其直接负责的主管人员和其他直接责任人员，依照各该款的规定处罚。

【罪名概述】

一、本罪的设立背景

随着我国经济社会的快速发展和信息网络的高速流通，公民个人信息越来越具有价值。为保护公民隐私和正常的工作、生活不受侵害和干扰，[1] 刑法设立了侵犯公民个人信息罪，这一罪名的设立整体上经历了以下三个阶段

（一）雏形：1979 年《刑法》第一百九十一条确立私自开拆、隐匿、毁弃邮件、电报罪

1979 年《刑法》未有和公民个人信息犯罪相关的条文，仅在第一百九十一条规定了私自开拆、隐匿、毁弃邮件、电报罪，这一罪名保护的客体是邮件、电报，和公民个人信息一致、与公民隐私相关，可认为是侵犯公民个人信息罪的雏形。在 1997 年《刑法》修订后，该条被确立为《刑法》第二百五十三条。

（二）确立：2009 年《刑法修正案（七）》增设《刑法》第二百五十三条之一，确立出售、非法提供公民个人信息罪和非法获取公民个人信息罪

侵犯公民个人信息的行为真正意义上进入刑法评价的视野则始于 2009 年 2 月 28 日《刑法修正案（七）》。《刑法修正案（七）》增设了

---

[1] 缐杰、宋丹：《〈关于办理侵犯公民个人信息刑事案件适用法律若干问题的解释〉理解与适用》，载《人民检察》2017 年第 16 期。

《刑法》第二百五十三条之一，将国家机关等单位在履行职责或者提供服务过程中获得的公民个人信息出售、非法提供给他人的行为，以及窃取、非法获取公民个人信息的行为规定为犯罪。① 由此，出售、非法提供公民个人信息罪和非法获取公民个人信息罪两个罪名通过《刑法修正案（七）》第七条在我国《刑法》中确立。②

（三）调整：2015年《刑法修正案（九）》第十七条修改完善原规定，整合确立侵犯公民个人信息罪

为切实加大对公民个人信息的刑法保护力度，2015年8月29日通过、2015年11月1日起施行的《刑法修正案（九）》第十七条对侵犯公民个人信息犯罪从以下四个方面进行了修改完善：一是扩大了犯罪主体的范围，将"国家机关或者金融、电信、交通、教育、医疗等单位的工作人员"等特殊主体扩宽为一般主体；二是放宽了构成犯罪的范围，将"违反国家规定"修改为"违反国家有关规定"；三是在客观方面拓宽了行为方式，将"本单位在履行职责或者提供服务过程中获得的公民个人信息，出售或者非法提供给他人"修改为"向他人出售或者提供公民个人信息"，且明确规定"将在履行职责或者提供服务过程中获得的公民个人信息，出售或者提供给他人的"作为法定刑升格的情节；③ 四是在量刑方面提高了最高法定刑，增加了"情节特别严重的，处三年以上

---

① 吴波、俞小海：《法治观察：侵犯公民个人信息罪的司法适用问题探析》，载杨浦区政法综治网，http://yp.shzfzz.net/node2/yangpu/n3620/u1ai1306463.html，最后访问时间：2022年12月3日。

② 《刑法修正案（七）》第七条规定，在刑法第二百五十三条后增加一条，作为第二百五十三条之一："国家机关或者金融、电信、交通、教育、医疗等单位的工作人员，违反国家规定，将本单位在履行职责或者提供服务过程中获得的公民个人信息，出售或者非法提供给他人，情节严重的，处三年以下有期徒刑或者拘役，并处或者单处罚金。窃取或者以其他方法非法获取上述信息，情节严重的，依照前款的规定处罚。单位犯前两款罪的，对单位判处罚金，并对其直接负责的主管人员和其他直接责任人员，依照各该款的规定处罚。"

③ 吴波、俞小海：《法治观察：侵犯公民个人信息罪的司法适用问题探析》，载杨浦区政法综治网，http://yp.shzfzz.net/node2/yangpu/n3620/u1ai1306463.html，最后访问时间：2022年12月3日。

七年以下有期徒刑，并处罚金"的规定。2015年《最高人民法院、最高人民检察院关于执行〈中华人民共和国刑法〉确定罪名的补充规定（六）》取消出售、非法提供公民个人信息罪和非法获取公民个人信息罪罪名，整合为"侵犯公民个人信息罪"。[①] 由此，出售、非法提供公民个人信息罪和非法获取公民个人信息罪被正式整合为侵犯公民个人信息罪。[②]

二、本罪的刑法条文解读

从传统的四要件学说分析侵犯公民个人信息的要件：第一，本罪的客体应为公民个人信息的安全和公民身份管理秩序，这点在学界争议不大。而在"公民个人信息"这一具体概念上，根据相关规定对于公民个人信息的定义可以看到，虽然相关司法解释和《民法典》《网络安全法》《个人信息保护法》所采用的个人信息概念并不完全相同，但是对于认定是否属于个人信息的核心判断标准基本相同，即该信息是否具备"指向或能够识别特定个人"的"识别性"。[③] 第二，本罪的客观方面表现为行为人向他人出售或者提供公民个人信息且情节严重的行为。在这点上，有学者提出当前《刑法》第二百五十三条之一规定的侵犯公民个人信息罪的行为方式仅包括"向他人出售或者提供"和"窃取或者以其他方法非法获取"，并不能够完全涵摄现实生活中纷繁复杂且严重侵犯公民个人信息的行为方式，还遗漏了"合法获取个人信息后非法使用"这一在互联网时代典型的侵犯公民个人信息的行为方式，应当将这一行为方式

[①] 缐杰、宋丹：《〈关于办理侵犯公民个人信息刑事案件适用法律若干问题的解释〉理解与适用》，载《人民检察》2017年第16期。

[②] 喻海松编著：《实务刑法评注》，北京大学出版社2022年版，第1046页。

[③] 参见周光权：《侵犯公民个人信息罪的行为对象》，载《清华法学》2021年第3期。

补充纳入。[①] 第三，本罪的主体为一般主体，同时单位可以构成本罪。第四，本罪的主观方面应为故意犯罪。在主体和主观方面，学界争议较小，在此不再展开分析。

【案例解读】

一、陈某甲、于某、陈某乙侵犯公民个人信息案[②]

（一）案情概述

2020年，陈某甲决定从事"私家侦探"活动，后在网上发布信息，称可找人、查人，并注册了昵称为"专业商务调查"的微信号承揽业务。后闵某（另案处理）通过网络搜索，联系到陈某甲，要求陈某甲寻找其离家出走的妻子郭某，并将郭某的姓名、照片、手机号码等提供给陈某甲。而后陈某甲将郭某的手机号码交给他人，由该人获得郭某的手机定位后反馈给陈某甲。陈某甲则伙同于某等人采取蹲点守候的方式，确认了郭某的具体位置，并向闵某提供。2021年6月，闵某再次联系陈某甲要求帮助寻找其妻子。6月17日，陈某甲又采取上述方法获得了郭某的手机定位信息、快递地址信息。6月18日，陈某甲与于某、陈某乙三人驾车到达对应位置，与闵某一起蹲点守候到6月23日。后被害人郭某出现后，陈某甲等三人驾车离开。当日13时左右，闵某将郭某杀害。

[①] 刘宪权、何阳阳：《〈个人信息保护法〉视角下侵犯公民个人信息罪要件的调整》，载《华南师范大学学报（社会科学版）》2022年第1期。

[②] 该案选自"检察机关依法惩治侵犯公民个人信息犯罪典型案例"之案例四，载最高人民检察院网站，https://www.spp.gov.cn/xwfbh/dxal/202212/t20221207_594973.shtml，最后访问时间：2023年6月1日。

经查，闵某先后支付陈某甲 39500 元。陈某甲分给于某 9000 元、分给陈某乙 6000 元。

检察院在审查逮捕闵某涉嫌故意杀人案时，发现陈某甲、于某、陈某乙虽然不能认定为闵某故意杀人罪的共犯，但涉嫌侵犯公民个人信息犯罪，遂建议公安机关立案侦查。

法院判决认为认定三名被告人构成侵犯公民个人信息罪，判处陈某甲、于某、陈某乙有期徒刑三年至一年三个月不等，并处罚金。

（二）案件分析

1. 关于个人信息的认定：行踪轨迹信息属于公民个人信息

2017 年两高《侵犯公民个人信息罪司法解释》第五条第一款第一项规定出售或者提供行踪轨迹信息，被他人用于犯罪的，应当认定为刑法第二百五十三条之一规定的"情节严重"，可见该条已明确将行踪轨迹信息确定为公民个人信息。另外，《民法典》第一千零三十四条也明确指出，行踪轨迹信息属于个人信息。

2. 关于"情节严重"的认定：出售或者提供公民个人信息被他人用于犯罪的，应认定为"情节严重"

行踪轨迹信息可以直接定位特定自然人的具体位置，与公民的生命、健康、财产、隐私等息息相关。犯罪分子通过窃取、非法提供行踪轨迹信息谋取不法利益，严重危害公民人身、财产安全和社会管理秩序。根据 2017 年两高《侵犯公民个人信息罪司法解释》第五条第一款第一项，出售或者提供行踪轨迹信息，被他人用于犯罪的，构成"情节严重"的情形，应当依法从严惩处。而根据 2017 年两高《侵犯公民个人信息罪司法解释》第五条第二款第一项，实施第一款规定的行为，且造成被害人死亡、重伤、精神失常或者被绑架等严重后果的，应当认定为"情节特别严重"。在本案中，被告人通过采用手机定位、查看快递信息、蹲点守候等手段非法获取被害人的个人信息并提供给杀害被害人的行为人闵某，闵某据此信息将被害人郭某找到并杀害，本案被告人即属于"情节特别严重"的情形，依法应判处三年以上七年以下有期徒刑。

二、解某某、辛某某等人侵犯公民个人信息案①

（一）案情概述

北京某信息咨询有限公司于 2015 年 7 月成立，解某某为法定代表人、辛某某为股东。该公司最初主要业务为网络商业推广，后公司出现亏损，解某某、辛某某便决定出售公民信息牟利。2018 年 1 月至 2019 年 6 月，解某某、辛某某雇用吴某某、郝某、李某某等 50 余人通过在网上刊登贷款广告、在公司的微信公众号设置贷款广告链接，吸引有贷款需求的人填写"姓名、手机号、有无本地社保和公积金、有无负债、房产和车辆持有状况、工资收入、有无保险、征信情况、借款需求、还款周期"等信息。获取上述信息后，解某某、辛某某指使员工将上述信息上传到公司开发的某 APP，再通过在微信群收集、在微信公众号发放广告，获取银行、金融公司信贷员的姓名和手机号。通过与信贷员联系，吸引他们在 APP 注册充值。信贷员充值后，解某某、辛某某等人在未经信息权利人同意的情况下，将信息以每条 30 元至 150 元的价格出售给信贷员。通过出售上述信息，解某某、辛某某等人违法所得共计 450 余万元。

法院以侵犯公民个人信息罪判处解某某、辛某某等被告人有期徒刑三年六个月至一年四个月不等，并处罚金。

---

① 该案选自"检察机关依法惩治侵犯公民个人信息犯罪典型案例"之案例一，载最高人民检察院网站，https://www.spp.gov.cn/xwfbh/dxal/202212/t20221207_594973.shtml，最后访问时间：2023 年 6 月 1 日。

（二）案件分析

1. 关于个人信息的认定：征信信息属于公民个人信息

根据2017年两高《侵犯公民个人信息罪司法解释》第五条第一款第三项可推知，征信信息属于公民个人信息，具有非法获取、出售征信信息五十条条以上，或者违法所得五千元以上情形之一的，属于"情节严重"，依法应以侵犯公民个人信息罪定罪处罚。根据2017年两高《侵犯公民个人信息罪司法解释》第五条第二款第三项，数量或者数额达到上述规定标准十倍以上的，则属于"情节特别严重"，依法应处三年以上七年以下有期徒刑，并处罚金。

2. 关于情节严重的认定：信息数量和违法所得标准

2017年两高《侵犯公民个人信息罪司法解释》第五条第一款和第六条第一款明确了侵犯公民个人信息罪"情节严重"的多种具体情形，其中，第五条第一款第三项至第七项将信息数量、违法所得数额标准均列为"情节严重"的认定维度。在这两项标准中，通常，对于情节严重的认定会先采用信息数量的认定标准。2017年两高《侵犯公民个人信息罪司法解释》第十一条明确，非法获取公民个人信息后又出售或者提供的，公民个人信息的条数不重复计算；向不同单位或者个人分别出售、提供同一公民个人信息的，公民个人信息的条数累计计算；对批量公民个人信息的条数，根据查获的数量直接认定，但是有证据证明信息不真实或者重复的除外。

但在实务中，存在客观上无法排除重复计算信息数量的情况，本案的指导性意见即在于在该情况下，可以通过确定违法所得数额作为定罪量刑的事实依据。信息数量、违法所得数额是侵犯公民个人信息罪定罪量刑的重要依据。其中之一达到司法解释规定的标准，即可认定为"情节严重"或者"情节特别严重"，按照侵犯公民个人信息罪定罪量刑。如果二者分别属于不同的量刑幅度，可以按照处罚较重的量刑幅度处理。

【实务难点】

鉴于当前信息网络背景下侵犯公民个人信息犯罪的日益猖獗，各地司法机关均采取了一系列有效的应对措施，并在司法实践中积累了一定的成果和经验。尤其是关于"情节严重"和"情节特别严重"的认定，2017年两高《侵犯公民个人信息罪司法解释》第五条提供了较为系统细致的审查认定标准。但是，面对日益复杂的侵犯公民个人信息案件，实务中仍面临着以下难点。

一、如何认定"公民个人信息"

近年来，侵犯公民个人信息犯罪的实务案件所涉个人信息类型越发复杂，[1] 体量也越发巨大。[2] 关于"公民个人信息"这一概念，法律法规和国家标准已有相关规定。2017年两高《侵犯公民个人信息罪司法解释》第一条将《刑法》第二百五十三条中出现的"公民个人信息"解释为"以电子或者其他方式记录的能够单独或者与其他信息结合识别特定自然人身份或者反映特定自然人活动情况的各种信息"。2020年5月28日，《民法典》通过，其第一千零三十四条指出"个人信息是以电子或

---

[1] 典型案件参见"检察机关依法惩治侵犯公民个人信息犯罪典型案例"之案例一，载最高人民检察院网站，https://www.spp.gov.cn/xwfbh/dxal/202212/t20221207_594973.shtml，最后访问时间：2023年6月1日。该案涉及个人征信信息这类在实践中较为少见的个人信息；在最高人民检察院对案例的分析中，已明确个人征信信息属于公民个人信息。

[2] 典型案件参见"检察机关依法惩治侵犯公民个人信息犯罪典型案例"之案例二，载最高人民检察院网站，https://www.spp.gov.cn/xwfbh/dxal/202212/t20221207_594973.shtml，最后访问时间：2023年6月1日。该案所涉公民个人信息共计8100余万条。

者其他方式记录的能够单独或者与其他信息结合识别特定自然人的各种信息，包括自然人的姓名、出生日期、身份证件号码、生物识别信息、住址、电话号码、电子邮箱、健康信息、行踪信息等"。根据 2021 年《个人信息保护法》第四条的规定，个人信息是以电子或者其他方式记录的与已识别或者可识别的自然人有关的各种信息。从以上规定中可以看到，公民个人信息一般认为是指向或能够识别特定个人的信息，包括姓名、年龄、家庭地址、爱好、社会保障号等。但在实务中，关于公民个人信息的认定还存在以下难点。

适用难点 1：公民个人信息的认定标准和具体范围

司法应对：如前文所述，相关规定对于认定是否属于个人信息的核心判断标准基本相同，即该信息是否具备"指向或能够识别特定个人"的"识别性"。而关于公民个人信息的具体范围，可以参考当前在个人信息保护领域认可度较高的推荐性国家标准 GB/T 35273-2020《信息安全技术　个人信息安全规范》[1]。该标准第 3.1 条指出，个人信息是指以电子或者其他方式记录的能够单独或者与其他信息结合识别特定自然人身份或者反映特定自然人活动情况的各种信息。而第 3.1 条的注 1 则指出，个人信息包括姓名、出生日期、身份证件号码、个人生物识别信息、住址、通信通讯联系方式、通信记录和内容、账号密码、财产信息、征信信息、行踪轨迹、住宿信息、健康生理信息、交易信息等。该标准还通过规定详细的附录 A 明确了个人信息的判定方法[2]和个人基本资料、个人身份信息、个人生物识别信息、网络身份标识信息等 13

---

[1] 载全国标准信息公共服务平台，https://std.samr.gov.cn/gb/search/gbDetailed?id=A02801 29495AEBB4E05397BE0A0AB6FE，最后访问时间：2023 年 4 月 24 日。

[2] 参见《信息安全技术　个人信息安全规范》附录 A："……判定某项信息是否属于个人信息，应考虑以下两条路径：一是识别，即从信息到个人，由信息本身的特殊性识别出特定自然人，个人信息应有助于识别出特定个人。二是关联，即从个人到信息，如已知特定自然人，由该特定自然人在其活动中产生的信息（如个人位置信息、个人通话记录、个人浏览记录等）即为个人信息。符合上述两种情形之一的信息，均应判定为个人信息……"

类个人信息类别，以及更多的、具体的个人信息类型。另外需指出的是，在实践中，公民个人信息并不限于该附录 A 列明的类型，对个人信息的判定和识别应综合考虑是否具备"识别性"这一核心特征。另外，"公民个人信息"的范围除了包括中国公民的个人信息，还包括外国公民和无国籍人的个人信息。

适用难点 2：匿名化后的公民个人信息是否属于公民个人信息

司法应对：根据相关规定可以明确，公民个人信息不包括匿名化处理后的信息。《个人信息保护法》第四条明确指出，个人信息不包括匿名化处理后的信息。2017 年两高《侵犯公民个人信息罪司法解释》第三条第二款也提出"……但是经过处理无法识别特定个人且不能复原的除外"。此外，推荐性国家标准 GB/T 35273-2020《信息安全技术 个人信息安全规范》第 3.14 条的注也明确指出个人信息经匿名化处理后所得的信息不属于个人信息。

适用难点 3：通过个人信息或其他信息加工处理后形成的信息是否属于公民个人信息

司法应对：推荐性国家标准 GB/T 35273-2020《信息安全技术 个人信息安全规范》第 3.1 条的注 3 还指出，个人信息控制者通过个人信息或其他信息加工处理后形成的信息，例如，用户画像或特征标签，能够单独或者与其他信息结合识别特定自然人身份或者反映特定自然人活动情况的，属于个人信息。

二、如何认定"违反国家有关规定"

《刑法修正案（九）》将侵犯公民个人信息罪的前提要件由"违反国家规定"修改为"违反国家有关规定"，前提要件的范围由此扩大。而在实务中，"国家有关规定"这一概念的范围还不甚明确。

适用难点：如何确定"国家有关规定"的范围

司法应对：根据《刑法》第九十六条关于"违反国家规定"之含义的规定，"国家规定"仅限于全国人大及其常委会制定的法律和决定，国务院制定的行政法规、规定的行政措施、发布的决定和命令。而2017年两高《侵犯公民个人信息罪司法解释》第二条将"国家有关规定"解释为法律、行政法规、部门规章有关公民个人信息保护的规定，① 特指国家层面的涉及公民个人信息管理方面的规定。② 即侵犯公民个人信息罪的"国家有关规定"在效力位阶方面不包括地方性法规等非国家层面的规定，仅包括有关公民个人信息保护的规定。

三、如何认定"提供"和"以其他方法非法获取"

适用难点1：如何认定"提供"

司法应对：2017年两高《侵犯公民个人信息罪司法解释》第三条明确了两类"提供"的情形，包括"向特定人提供公民个人信息，以及通过信息网络或者其他途径发布公民个人信息"和"未经被收集者同意，将合法收集的公民个人信息向他人提供"。

适用难点2：如何认定"以其他方法非法获取"

司法应对：前述司法解释第四条则明确了属于"以其他方法非法获取公民个人信息"的情形，即"违反国家有关规定，通过购买、收受、交换等方式获取公民个人信息，或者在履行职责、提供服务过程中收集公民个人信息"。具体包括两种情况：一是总结实际案例，对非法获取公民个人信息的主要表现形式，即购买、收受、交换等方式，予以明确。二是参照《网络安全法》第四十一条"网络运营者不得收集与其提供的服务无关的个人信息，不得违反法律、行政法规的规定和双方的约定收

---

① 2017年两高《侵犯公民个人信息罪司法解释》第二条规定，违反法律、行政法规、部门规章有关公民个人信息保护的规定的，应当认定为刑法第二百五十三条之一规定的"违反国家有关规定"。

② 缐杰、宋丹：《〈关于办理侵犯公民个人信息刑事案件适用法律若干问题的解释〉理解与适用》，载《人民检察》2017年第16期。

集、使用个人信息"的规定,特别明确在履行职责或者提供服务过程中,违反国家有关规定收集公民个人信息的,属于"以其他方法非法获取公民个人信息"。①

---

① 缐杰、宋丹:《〈关于办理侵犯公民个人信息刑事案件适用法律若干问题的解释〉理解与适用》,载《人民检察》2017年第16期。

第九章
电信网络诈骗犯罪

【法条链接】

电信网络诈骗犯罪是指以非法占有为目的，利用电信网络技术手段，通过远程、非接触等方式，诈骗公私财物的犯罪。电信网络诈骗犯罪并非单一罪名，而是以诈骗罪、帮助信息网络犯罪活动罪为核心的罪名集群，散落在《刑法》分则第三章、第五章、第六章中。所涉罪名依其在电信网络诈骗犯罪链条上的客观行为样态不同，可分为上、中、下游三个阶段，如下表所示：

电信网络诈骗客观行为样态与刑法罪名集群概览

犯罪阶段	客观行为样态	涉嫌罪名
上游	【伪装】获取诈骗资源	买卖、骗取、窃取、租借或以其他非法手段获取身份证等个人信息、电话卡、物联网卡、互联网账号、网址域名、黑灰设备等诈骗素材。	侵犯公民个人信息罪（《刑法》第二百五十三条之一），身份证件类犯罪（《刑法》第二百八十条第三款、第二百八十条之一），公文证件印章类犯罪（《刑法》第二百八十条第一款、第二款）
		非法获取计算机信息系统数据罪（《刑法》第二百八十五条第二款），提供侵入、非法控制计算机信息系统程序、工具罪（《刑法》第二百八十五条第三款），拒不履行信息网络安全管理义务罪（《刑法》第二百八十六条之一），

续表

犯罪阶段	客观行为样态	涉嫌罪名
		非法利用信息网络罪（《刑法》第二百八十七条之一），帮助信息网络犯罪活动罪（《刑法》第二百八十七条之二），扰乱无线电通讯管理秩序罪（《刑法》第二百八十八条） 非法拘禁罪（《刑法》第二百三十八条），强迫劳动罪（《刑法》第二百四十四条），偷越国（边）境类犯罪（《刑法》第三百一十八条至第三百二十二条）
中游	【演戏】 精准实施诈骗	使用上游获取的资源编写诈骗脚本实施诈骗，典型手段如投资理财、婚恋情感、"杀猪盘"、冒充机关、冒充客服、网络贷款、刷单返利等。	诈骗罪（《刑法》第二百六十六条），招摇撞骗罪（《刑法》第二百七十九条），帮助信息网络犯罪活动罪（《刑法》第二百八十七条之二）
			赌博罪（《刑法》第三百零三条第一款），开设赌场罪（《刑法》第三百零三条第二款），组织参与国（境）外赌博罪（《刑法》第三百零三条第三款）
			敲诈勒索罪（《刑法》第二百七十四条）
下游	【变现】 转移诈骗资金	将诈骗所得财物通过掩饰、隐瞒、转化使其在形式上可合法化持有，典型如跑分平台、虚拟货币洗钱、取现走私、虚构交易等方式。	妨害信用卡管理罪（《刑法》第一百七十七条之一第一款），窃取、收买、非法提供信用卡信息罪（《刑法》第一百七十七条之一第二款），信用卡诈骗罪（《刑法》第一百九十六条）
			洗钱罪（《刑法》第一百九十一条），非法经营罪（《刑法》第二百五十五条），帮助信息网络犯罪活动罪（《刑法》第二百八十七条之二），掩饰、隐瞒犯罪所得、犯罪所得收益罪（《刑法》第三百一十二条）

【罪名概述】

近年来,电信网络诈骗犯罪形势十分严峻,已成为发案多、上升快、涉及面广、人民群众反映强烈的犯罪类型。国家高度重视打击治理电信网络诈骗违法犯罪工作,各地区各部门各行业和全国公安机关全链条重拳打击涉诈犯罪生态系统,全方位筑牢技术反诈防护网,全领域铲除电信网络诈骗犯罪滋生土壤。① 但是在现代信息技术条件下,伴随着网络的非接触性和金融的高度便捷性,电信网络诈骗犯罪呈现出案发率高、破案难、追赃难、定性难等诸多特点,电信网络诈骗犯罪及其关联犯罪的证据认定困境、侦查取证困境、罪名适用困境等成为制约司法实践打击电信网络诈骗犯罪的重要因素。

一、犯罪特点

如上所述,如今的电信网络诈骗犯罪逐步呈现出"单独犯罪—团伙犯罪—职业犯罪—产业化犯罪—犯罪产业链"的趋势。犯罪具有分工精细化、专业化、组织化、集团化的特征,形成了上、中、下游分明的链条式犯罪模式,同时具有对链条化产业提供支撑性作用的帮助型违法犯罪活动。各团伙之间独立存在、独立运行,又相辅相成、相互依存,团伙间"点对点"交流形成了一系列网络黑灰产业链。② 纵观电信网络诈骗萌发新型犯罪特征,可总结出五大演化趋势:

---

① 《坚决遏制电信网络诈骗违法犯罪多发高发态势》,载《人民日报》2022 年 4 月 19 日。
② 参见申龙、曲源明、胡书萌:《电信网络诈骗黑灰产业链剖析及应对》,载《中国刑事警察》2021 年第 4 期。

（一）诈骗手法翻新快

2020 年发现的新型诈骗手法有 300 余种，隐蔽性、迷惑性强。新的诈骗手法随着新技术、新应用、新业态的出现应运而生，并不断演变升级。60%以上的诈骗都是通过不法分子制作的手机 APP 实施。[①] 其中刷单返利、虚假投资理财、虚假网络贷款、冒充客服、冒充公检法 5 种诈骗类型发案占比近 80%，成为最为突出的 5 大高发类案，其中刷单返利类诈骗发案率最高，占发案总数的三分之一左右；虚假投资理财类诈骗涉案金额最大，占全部涉案资金的三分之一左右。[②]

（二）互联网诈骗问题突出

互联网诈骗形势严峻，发案率持续上升。电话诈骗向网络诈骗转移，从传统的拨打电话、发送短信向网络发展，网络诈骗占比迅速提升，网络诈骗占比目前已达 85%以上，其中，85%以上是通过 QQ、微信实施，30%以上通过支付宝转移赃款。[③]

（三）技术对抗持续升级

目前，诈骗分子利用人工智能、智能群呼设备等新技术新设备，躲避拦截封堵。猫池（多用户拨号连接）、GOIP（虚拟拨号设备）等技术工具被犯罪分子大量运用，利用呼叫转移等新手法逃避系统监测的对抗持续不断。其他新型违法犯罪工具和作案平台也层出不穷，如跑分平台、

[①] 《国家反诈中心负责人谈当前电信网络诈骗犯罪形势分析及破解之道》，载"公安部刑侦局"人民号（人民日报新媒体平台），https://mp.pdnews.cn/Pc/ArtInfoApi/article?id=18269531，最后访问时间：2023 年 6 月 1 日。

[②] 《公安部公布五类高发电信网络诈骗案件》，载法治网，http://www.legaldaily.com.cn/index/content/2022-05/12/content_8716383.htm，最后访问时间：2022 年 12 月 4 日。

[③] 《形势严峻 电信网络诈骗犯罪呈多发高发态势》，载中国网，http://guoqing.china.com.cn/2021-05/21/content_77515579.htm，最后访问时间：2022 年 12 月 4 日。

虚拟货币等被大量应用。

（四）跨境、跨平台化趋势明显

目前已逐步从单一的电话诈骗扩展为跨平台、跨网络诈骗，大量利用境外电信网络资源。随着我国打击治理电信网络违法犯罪力度加大，诈骗窝点加速向境外特别是菲律宾、柬埔寨、马来西亚、越南、缅甸等东南亚国家转移，电信网络诈骗犯罪境外作案占比达80%。[①]

（五）诈骗黑灰产业链更加专业

"黑市"上存在形成上下游连接紧密的多层级产业链。各类黑灰产业。非法获取个人信息，批量开办贩卖手机卡、银行卡和网络账号，制造销售智能群呼设备和"伪基站"，开发诈骗APP，新型洗钱通道不断涌现等，专业化和产业化特征明显，犯罪分子可以根据需求进行采购、组装，"金主"和实际控制人隐藏在幕后甚至境外，很难同时实施全链条一体化打击。

二、治理现状

（一）现有刑法罪名体系

电信网络诈骗犯罪依托互联网技术，成规模、有组织地扩张泛滥，从行为与核心诈骗行为的联结上看，当下的电信网络诈骗及其关联犯罪可以被细分为上游犯罪、中游犯罪和下游犯罪，各个环节的不法行为盘根错节，环节内部与外部又各自形成了极为精细的分工，其中：上游环节主要是为之后实施电信网络诈骗犯罪收集并提供各种资源，包括信息

[①] 《公安部：目前电信网络诈骗犯罪境外作案占比达80%》，载中国新闻网，http://www.chinanews.com.cn/gn/2022/07-25/9811390.shtml，最后访问时间：2023年6月1日。

物料与技术工具①等。中游环节主要表现为实施诈骗，是电信网络诈骗的核心环节，一般包括确定诈骗对象、编写诈骗脚本、开展诈骗活动等内容。下游环节则通常是诈骗成功后的洗钱活动。上中下游各环节联系紧密，又相互独立，由此围绕电信网络诈骗衍生出一系列专业的"引流""洗钱""侵公""贩卡""贩号"等互相支持、互相依存、利益共享的黑灰产业链犯罪模式。②除《刑法》条文外，两高一部分别于2016年、2021年出台《电信网络诈骗犯罪意见》《电信网络诈骗犯罪意见（二）》，逐步健全电信网络诈骗刑法治理体系，着眼于链条上、中、下游各环节，以刑法体系化思维逐个击破。

1. 上游

上游黑灰产业是整条电信网络诈骗犯罪产业链的开端，被形象地称为电信网络诈骗犯罪的"土壤"。以盗取贩卖公民个人信息产业、非法开办贩卖电话卡产业、恶意注册产业、虚假认证产业为主，趋向于电信网络诈骗犯罪的预备阶段，③为中游的诈骗犯罪团伙实施犯罪提供便利条件。在上游黑灰产业治理上，有可能适用的罪名如下：

（1）侵犯公民个人信息罪（《刑法》第二百五十三条之一）、身份证件类犯罪（《刑法》第二百八十条第三款、第二百八十条之一）、公文证件印章类犯罪（《刑法》第二百八十条第一、二款）。

在大数据时代，公民的个人信息以数据形式储存，典型网络诈骗犯罪的产业链上游就会出现大量的网络黑客开发木马病毒或钓鱼网站等，侵入计算机系统或迷惑受害者以窃取公民个人信息。尤其是电信网络诈

---

① 信息物料是指与个人身份有关的信息，如手机号码、实名制网络账号、信用卡信息资料等。技术物料主要包括物理性工具与程序性工具。前者主要是指猫池、卡池、手机群控设备、伪基站等；技术工具主要包括计算机病毒等破坏性程序、钓鱼网站等。参见刘宪权：《网络黑产链犯罪中帮助行为的刑法评价》，载《法学》2022年第1期。

② 参见孙建光：《浅谈当前形势下电信网络诈骗犯罪治理》，载《信息网络安全》2021年增刊。

③ 参见申龙、曲源明、胡书萌：《电信网络诈骗黑灰产业链剖析及应对》，载《中国刑事警察》2021年第4期。

骗从撒网式诈骗到精准化诈骗，所依赖的正是非法买卖个人信息从而精准掌握被害人情况。手机 APP 也是个人信息泄露的重要渠道，物流快递企业、医疗机构、学校甚至政府机构都存在个人信息泄露的风险。[1]

2016 年两高一部《电信网络诈骗犯罪意见》第三条第二项就指出，"违反国家有关规定，向他人出售或者提供公民个人信息，窃取或者以其他方法非法获取公民个人信息，符合刑法第二百五十三条之一规定的，以侵犯公民个人信息罪追究刑事责任。使用非法获取的公民个人信息，实施电信网络诈骗犯罪行为，构成数罪的，应当依法予以并罚"。2021 年两高一部《电信网络诈骗犯罪意见（二）》第五条又补充规定，"非法获取、出售、提供具有信息发布、即时通讯、支付结算等功能的互联网账号密码、个人生物识别信息，符合刑法第二百五十三条之一规定的，以侵犯公民个人信息罪追究刑事责任。对批量前述互联网账号密码、个人生物识别信息的条数，根据查获的数量直接认定，但有证据证明信息不真实或者重复的除外"。

另外，非法获取和利用个人信息以及公司法人、企事业单位、机关法人等单位信息制造虚假证件、公文、印章的行为在上游黑灰产业中也尤为猖獗，应当被严格重视、严密预防、严厉打击。2021 年两高一部《电信网络诈骗犯罪意见（二）》第六条就规定，"在网上注册办理手机卡、信用卡、银行账户、非银行支付账户时，为通过网上认证，使用他人身份证件信息并替换他人身份证件相片，属于伪造身份证件行为，符合刑法第二百八十条第三款规定的，以伪造身份证件罪追究刑事责任。使用伪造、变造的身份证件或者盗用他人身份证件办理手机卡、信用卡、银行账户、非银行支付账户，符合刑法第二百八十条之一第一款规定的，以使用虚假身份证件、盗用身份证件罪追究刑事责任"。实施上述行为，

---

[1] 参见庄华、马忠红：《东南亚地区中国公民跨境网络犯罪及治理研究》，载《南洋问题研究》2021 年第 4 期。

同时构成其他犯罪的，依照处罚较重的规定定罪处罚（法律和司法解释另有规定的除外）。

（2）非法获取计算机信息系统数据罪（《刑法》第二百八十五条第二款），提供侵入、非法控制计算机信息系统程序、工具罪（《刑法》第二百八十五条第三款），拒不履行信息网络安全管理义务罪（《刑法》第二百八十六条之一），非法利用信息网络罪（《刑法》第二百八十七条之一），帮助信息网络犯罪活动罪（《刑法》第二百八十七条之二），扰乱无线电通讯管理秩序罪（《刑法》第二百八十八条）。

在上游获取诈骗资源、创设诈骗条件的过程中，行为人尝试使用种种非法技术手段，甚至披上合法的外壳从事违法行为，比如骗过存储有潜在受害者信息的计算机系统并非法获取个人信息数据、制造用于爬取系统信息的程序工具、干扰通讯波段逃避侦查溯源等，为后续诈骗行为的顺利开展提供便利，这就可能涉及刑法有关网络犯罪的诸多罪名。2016年两高一部《电信网络诈骗犯罪意见》第三条第一项、第六项、第七项就指出，"在实施电信网络诈骗活动中，非法使用'伪基站''黑广播'，干扰无线电通讯秩序，符合刑法第二百八十八条规定的，以扰乱无线电通讯管理秩序罪追究刑事责任。同时构成诈骗罪的，依照处罚较重的规定定罪处罚。网络服务提供者不履行法律、行政法规规定的信息网络安全管理义务，经监管部门责令采取改正措施而拒不改正，致使诈骗信息大量传播，或者用户信息泄露造成严重后果的，依照刑法第二百八十六条之一的规定，以拒不履行信息网络安全管理义务罪追究刑事责任。同时构成诈骗罪的，依照处罚较重的规定定罪处罚。实施刑法第二百八十七条之一、第二百八十七条之二规定之行为，构成非法利用信息网络罪、帮助信息网络犯罪活动罪，同时构成诈骗罪的，依照处罚较重的规定定罪处罚"。可以看出，实施后续诈骗行为除了应承担刑事责任之外，还要对上游实施的网络犯罪数罪并罚。

(3)非法拘禁罪（《刑法》第二百三十八条）、强迫劳动罪（《刑法》第二百四十四条）、偷越国（边）境类犯罪（《刑法》第三百一十八条至第三百二十二条）。

随着电信网络诈骗跨国跨境化形势日趋严峻，为确保电信网络诈骗组织及窝点迅速搭建，境外的犯罪团伙需要大量的中国人提供劳务，组织者、管理者会在短期内通过利诱、强迫、欺骗等方式进行基层人员招募，便出现大量的跨境人员输送现象。这便是跨境人员输送产业链，包括以"高薪"利诱、组织中国公民出境旅游等合法形式出境，再在境外从事网络赌博、网络诈骗等犯罪，或者直接由劳务中介公司诱骗中国公民赴境外的博彩公司从事网络赌博和网络诈骗；也包括组织偷渡等违法形式出境，网络犯罪团伙与组织偷渡的团伙会事先进行分工，前者负责物色人员，后者负责将人员输送出境。在此过程中，实施电信诈骗活动前的人员招募可能涉及强迫劳动罪、非法拘禁罪、组织他人偷越国（边）境罪等罪名。

2. 中游

中游犯罪产业链主要以自动化的方式利用各类黑灰产资源实施各种诈骗行为，可以称之为电信网络诈骗的"树干"。作为电信网络诈骗产业链的核心，中游犯罪产业内部组织链条结构紧凑、层级分明。犯罪指令和犯罪报酬都是自上而下进行分配，每一层级都只对自己的上一级负责，与正常的企业结构极为相似，可以分为领导层、策划层和执行层：领导层作为提供资金的幕后领导人，对于整个犯罪组织拥有绝对的指挥控制权；策划层是电信网络诈骗团伙中的骨干力量，担任着策划者和实际管理者的双重身份；执行层则在策划层的领导下实施具体的网络诈骗活动。在中游黑灰产业治理上，有可能适用的罪名如下：

(1)诈骗罪（《刑法》第二百六十六条）。

诈骗罪以数额较大为基本犯的结果要件，根据 2011 年两高《诈骗案件司法解释》第一条、2016年两高一部《电信网络诈骗犯罪意见》第一条,利用电信网络技术手段实施诈骗,诈骗公私财物价值三千元以上、三万元以上、五十万元以上的,应当分别认定为《刑法》第二百六十六条规定的"数额较大""数额巨大""数额特别巨大"。此外,若二年内多次实施电信网络诈骗未经处理,诈骗数额累计计算构成犯罪的,应当依法定罪处罚。也即,两年内诈骗数额可累计计算,达到数额较大的阈值,即可构成诈骗罪。

而在达到本罪数额标准之外,2016年两高一部《电信网络诈骗犯罪意见》第二条额外增加了酌情从重标准:①造成被害人或其近亲属自杀、死亡或者精神失常等严重后果的;②冒充司法机关等国家机关工作人员实施诈骗的;③组织、指挥电信网络诈骗犯罪团伙的;④在境外实施电信网络诈骗的;⑤曾因电信网络诈骗犯罪受过刑事处罚或者二年内曾因电信网络诈骗受过行政处罚的;⑥诈骗残疾人、老年人、未成年人、在校学生、丧失劳动能力人的财物,或者诈骗重病患者及其亲属财物的;⑦诈骗救灾、抢险、防汛、优抚、扶贫、移民、救济、医疗等款物的;⑧以赈灾、募捐等社会公益、慈善名义实施诈骗的;⑨利用电话追呼系统等技术手段严重干扰公安机关等部门工作的;⑩利用"钓鱼网站"链接、"木马"程序链接、网络渗透等隐蔽技术手段实施诈骗的。其中,"造成被害人或其近亲属自杀、死亡或者精神失常等严重后果的"系将财产犯罪与人身伤亡进行因果上的强联系,以对此类案件进行重罚。此外,若未达到诈骗罪数额阈值但诈骗数额接近"数额巨大""数额特别巨大"的标准(掌握在相应数额标准的百分之八十以上),具有前述规定的情形之一的,应当分别认定为《刑法》第二百六十六条规定的"其他严重情节""其他特别严重情节"。

(2)招摇撞骗罪(《刑法》第二百七十九条),赌博罪、开设赌场罪、组织参与国(境)外赌博罪(《刑法》第三百零三条)。在中游阶段除构成诈骗罪外，在电信网络诈骗活动中冒充国家机关工作人员实施诈骗的还可能构成招摇撞骗罪。2016年两高一部《电信网络诈骗犯罪意见》第三条第三项指出，"冒充国家机关工作人员实施电信网络诈骗犯罪，同时构成诈骗罪和招摇撞骗罪的，依照处罚较重的规定定罪处罚"。此外以博彩形式实施诈骗的还可能涉及赌博罪、开设赌博罪等罪名。目前对于中游犯罪链的打击主要还是依靠诈骗罪予以规制。

3. 下游

下游黑灰产业可以看作电信网络诈骗犯罪的"果实"，下游的"洗钱"产业是整个产业链形成闭环的重要条件。对于电信网络诈骗犯罪的侦查渠道来说，通过"资金流"追查赃款流向从而破获电信网络诈骗犯罪行为是常用的侦查方式，但由于洗钱产业链的日益泛滥，"资金流"追查面临巨大挑战。在下游黑灰产业治理上，有可能适用的罪名如下：

（1）妨害信用卡管理罪（《刑法》第一百七十七条之一第一款），窃取、收买、非法提供信用卡信息罪（《刑法》第一百七十七条之一第二款），信用卡诈骗罪（《刑法》第一百九十六条）。

在早期，电信网络诈骗实施成功后，通常采取非法办理银行卡、"车手"取现等方式，将诈骗所得赃款转入地下或境外，这就是较为传统的银行卡洗钱手段，主要包括通过"地下钱庄"、收购个人银行卡"四件套"或空壳公司对公账户等手段来实现。2016年两高一部《电信网络诈骗犯罪意见》第三条第四项指出，"非法持有他人信用卡，没有证据证明从事电信网络诈骗犯罪活动，符合刑法第一百七十七条之一第一款第（二）项规定的，以妨害信用卡管理罪追究刑事责任"。此外，非法获取他人信用卡信息、利用虚假身份办卡刷卡取现，还可能构成其他信用卡犯罪。比如，2021年两高一部《电信网络诈骗犯罪意见（二）》第四条就规定，"无正当理由持有他人的单位结算卡的，属于刑法第一百七十七条之一第一款第（二）项规定的'非法持有他人信用卡'"。

（2）洗钱罪（《刑法》第一百九十一条），非法经营罪（《刑法》第二百五十五条），帮助信息网络犯罪活动罪（《刑法》第二百八十七条之二），掩饰、隐瞒犯罪所得、犯罪所得收益罪（《刑法》第三百一十二条）。

2020 年以来，通过虚拟货币交易、虚假交易、第三方支付、"跑分平台"、第四方聚合支付等网络洗钱的手法层出不穷，甚至出现通过黑客技术批量劫持话费充值订单，从而使正常充值用户在完全不知情的情况下沦为洗钱犯罪工具的新型洗钱手段。[①] 这些成规模的转账变现手法必须适用更为严厉的罪名进行处理，譬如，第四方聚合支付未经国家有关主管部门批准非法帮助他人转移电信网络诈骗赃款，长期从事资金支付结算业务，可以构成非法经营罪。2016 年两高一部《电信网络诈骗犯罪意见》第三条第五项还规定，"明知是电信网络诈骗犯罪所得及其产生的收益，以下列方式之一予以转账、套现、取现的，依照刑法第三百一十二条第一款的规定，以掩饰、隐瞒犯罪所得、犯罪所得收益罪追究刑事责任。但有证据证明确实不知道的除外：1. 通过使用销售点终端机具（POS 机）刷卡套现等非法途径，协助转换或者转移财物的；2. 帮助他人将巨额现金散存于多个银行账户，或在不同银行账户之间频繁划转的；3. 多次使用或者使用多个非本人身份证明开设的信用卡、资金支付结算账户或者多次采用遮蔽摄像头、伪装等异常手段，帮助他人转账、套现、取现的；4. 为他人提供非本人身份证明开设的信用卡、资金支付结算账户后，又帮助他人转账、套现、取现的；5. 以明显异于市场的价格，通过手机充值、交易游戏点卡等方式套现的"。2021 年两高一部《电信网络诈骗犯罪意见（二）》第十一条又相继补充三项，包括："（一）多次使用或者使用多个非本人身份证明开设的收款码、网络支付接口等，帮助他人转账、套现、取现的；（二）以明显异于市场的价格，通过电商

[①] 参见庄华、马忠红：《东南亚地区中国公民跨境网络犯罪及治理研究》，载《南洋问题研究》2021 年第 4 期。

平台预付卡、虚拟货币、手机充值卡、游戏点卡、游戏装备等转换财物、套现的；（三）协助转换或者转移财物，收取明显高于市场的'手续费'的。"同时，实施上述行为，事前通谋的，以共同犯罪论处；嫌疑人尚未到案或案件尚未依法裁判，但现有证据足以证明该犯罪行为确实存在的，不影响掩饰、隐瞒犯罪所得、犯罪所得收益罪的认定；同时构成其他犯罪的，依照处罚较重的规定定罪处罚（法律和司法解释另有规定的除外）。

在此，对于帮助取款、转移诈骗所得赃款和变现等行为的司法认定还存在争议。诚言之，在打击电信网络诈骗黑产链条中，帮助信息网络犯罪活动罪与掩饰、隐瞒犯罪所得、犯罪所得收益罪各自有其独立价值。帮助信息网络犯罪活动罪与掩饰、隐瞒犯罪所得、犯罪所得收益罪之间实施的具体犯罪行为和主观明知内容均有所不同，应比较分析其行为性质，详见本书第七章。为他人实施电信网络诈骗犯罪提供技术支持、广告推广、支付结算等帮助，或者窝藏、转移、收购、代为销售及以其他方法掩饰、隐瞒电信网络诈骗犯罪所得及其产生的收益，诈骗犯罪行为可以确认，但实施诈骗的行为人尚未到案，可以依法先行追究已到案的上述犯罪嫌疑人、被告人的刑事责任。

4. 帮助型违法犯罪活动贯穿上中下游全程

帮助型违法犯罪活动也是电信网络诈骗犯罪产业链中起到重要支撑性作用的一环，尤以技术帮助为最猖獗且最难治理的一节。该典型的支撑性技术帮助行为便是帮助信息网络犯罪活动罪，主要针对明知是电信网络诈骗犯罪而"为其提供互联网接入、服务器托管、网络存储、通讯传输等技术支持，或者提供广告推广、支付结算等帮助"，情节严重的行为。除了2019年两高《非法利用、帮助信息网络犯罪司法解释》第十一条至第十三条之外，2021年两高一部《电信网络诈骗犯罪意见（二）》第七条规定，"为他人利用信息网络实施犯罪而实施下列行为，可以认定为刑法第二百八十七条之二规定的'帮助'行为：（一）收购、出售、出租信用卡、银行账户、非银行支付账户、具有支付结算功能的互联网账号密码、网络支付接口、网上银行数字证书的；（二）收购、出售、出租他人手机卡、流量卡、物联网卡的"。《电信网络诈骗犯罪意见（二）》第九条也明确了具体入罪的数量标准，即收购、出售、出租信用卡、银行账户、非银行支付账户、具有支付结算功能的互联网账号密码、网络支付接口、网上银行数字证书 5 张（个）以上的，或者收购、出售、出租他人手机卡、流量卡、物联网卡 20 张以上的，可以认定为 2019 年两高《非法利用、帮助信息网络犯罪司法解释》第十二条第一款第七项规定的"其他情节严重的情形"。同时，《电信网络诈骗犯罪意见（二）》第十条还专门针对电商平台预付卡、虚拟货币、手机充值卡、游戏点卡、游戏装备等经销商，规定，若在公安机关调查案件过程中，被明确告知其交易对象涉嫌电信网络诈骗犯罪，仍与其继续交易，符合《刑法》第二百八十七条之二规定的，以帮助信息网络犯罪活动罪追究刑事责任。

而根据《电信网络诈骗犯罪意见（二）》第八条，本罪明知的认定也应当根据行为人收购、出售、出租前述第七条规定的信用卡、银行账户、非银行支付账户、具有支付结算功能的互联网账号密码、网络支付接口、网上银行数字证书，或者他人手机卡、流量卡、物联网卡等的次数、张数、个数，并结合行为人的认知能力、既往经历、交易对象、与实施信息网络犯罪的行为人的关系、提供技术支持或者帮助的时间和方式、获利情况以及行为人的供述等主客观因素综合判断。若行为人收购、出售、出租单位银行结算账户、非银行支付机构单位支付账户，或者电信、银行、网络支付等行业从业人员利用履行职责或提供服务便利，非法开办并出售、出租他人手机卡、信用卡、银行账户、非银行支付账户等的，可以认定为 2019 年两高《非法利用、帮助信息网络犯罪司法解释》第十一条第七项规定的"其他足以认定行为人明知的情形"（但有相反证据的除外）。司法办案中既要防止片面倚重行为人的供述认定明知；也要避免简单客观归罪，仅以行为人有出售"两卡"行为就直接认定明知。特别是对于交易双方存在亲友关系等信赖基础，一方确系偶尔向另一方出租、出售"两卡"的，要根据在案事实证据，审慎认定"明知"。在办案过程中，可着重审查行为人是否具有以下特征及表现，综合全案证据，对其构成"明知"与否作出判断：（1）跨省或多人结伙批量办理、收购、贩卖"两卡"的；（2）出租、出售"两卡"后，收到公安机关、银行业金融机构、非银行支付机构、电信服务提供者等相关单位部门的口头或书面通知，告知其所出租、出售的"两卡"涉嫌诈骗、洗钱等违法犯罪，行为人未采取补救措施，反而继续出租、出售的；（3）出租、出售的"两卡"因涉嫌诈骗、洗钱等违法犯罪被冻结，又帮助解冻，或者注销旧卡、办理新卡，继续出租、出售的；（4）出租、出售的具有支付结算功能的网络账号因涉嫌诈骗、洗钱等违法犯罪被查封，又帮助解封，继续提供给他人使用的；（5）频繁使用隐蔽上网、加密通信、销毁数据等措施或者使用虚假身份，逃避监管或者规避调查的；（6）事先串通设计应对调查的话术口径的；（7）曾因非法交易"两卡"受过处罚或者信用惩戒、训诫谈话，又收购、出售、出租"两卡"的等。

（二）其他法律规范供给现状

有关电信网络诈骗的众多法律规范中，刑法处于绝对核心，其余规范性文件均以刑法为最终落脚点。

其中，2021年中共中央办公厅、国务院办公厅印发了《关于加强打击治理电信网络诈骗违法犯罪工作的意见》[1]，再次强调了打防结合、防

---

[1] 《关于加强打击治理电信网络诈骗违法犯罪工作的意见》，载中国政府网，http://www.gov.cn/zhengce/2022-04/18/content_5685895.htm，最后访问时间：2023年4月20日。

范为先,源头治理、综合治理的治理理念,为反电信网络诈骗专门立法提纲挈领。《反电信网络诈骗法》自 2022 年 12 月 1 日起正式施行。该法是专门为打击治理电信网络诈骗活动制定的"小切口"法律,充分体现了人民意愿和实践需要,将为打击遏制电信网络诈骗活动提供有力有效的法治保障。该法是我国首部针对打击治理电信网络诈骗犯罪的专门立法,是完善反电信网络诈骗法律制度体系的标志成果,对于打击治理电信网络诈骗犯罪具有里程碑式重要意义,坚持系统观念、法治思维,注重源头治理、综合治理,将电信业务经营者、金融机构、互联网服务提供者而非电信网络诈骗的直接参与者作为主要规制对象,夯实企业责任,将推动形成全民反诈、全社会反诈新格局,注重"快、准、防"三个角度的有机统一。更加值得注意的是,该法属于行政法律部门而非刑事法律部门,意味着对电信网络诈骗及关联犯罪的打击真正实现了"常态化"转型,公安部门以及金融、通信等领域的行业主管部门在国务院打击治理电信网络诈骗工作机制之下,密切配合、快速联动,将电信网络诈骗治理纳入日常工作。

【案例解读】

检例第 67 号:张某等 52 人电信网络诈骗案

(一)案情概述

2015 年 6 月至 2016 年 4 月间,被告人张某等 52 人先后在印度尼西亚共和国和肯尼亚共和国参加对中国居民进行电信网络诈骗的犯罪集团。在实施电信网络诈骗过程中,各被告人分工合作,其中部分被告人负责利用电信网络技术手段对大陆居民的手机和座机电话进行语音群呼,群呼的主要内容为"有快递未签收,经查询还有护照签证即将过期,将被限制出境管制,身份信息可能遭泄露"等。当被害人按照语音内容操作后,电话会自动接通冒充快递公司客服人员的一线话务员。一线话务员以帮助被害人报案为由,在被害人不挂断电话时,将电话转接至冒充公安局办案人员的二线话务员。二线话务员向被害人谎称"因泄露的个人信息被用于犯罪活动,需对被害人资金流向进行调查",欺骗被害人转账、汇款至指定账户。如果被害人对二线话务员的说法仍有怀疑,二线话务员会将电话转给冒充检察官的三线话务员继续实施诈骗。至案发,张某等被告人通过上述诈骗手段骗取 75 名被害人钱款共计人民币 2300 余万元。

2017 年 12 月 21 日,北京市第二中级人民法院作出一审判决,认定被告人张某等 50 人以非法占有为目的,参加诈骗犯罪集团,利用电信网络技术手段,分工合作,冒充国家机关工作人员或其他单位工作人员,诈骗被害人钱财,各被告人的行为均已构成诈骗罪,其中 28 人系主犯,22 人系从犯。法院根据犯罪事实、情节并结合各被告人的认罪态度、悔罪表现,对张某等 50 人判处十五年至一年九个月不等有期徒刑,并处剥夺政治权利及罚金。张某等部分被告人以量刑过重为由提出上诉。2018 年 3 月,北京市高级人民法院二审裁定驳回上诉,维持原判。[1]

(二)案件分析

1. 确定行为人在犯罪集团中的层级地位与作用大小

从 2021 年两高一部《电信网络诈骗犯罪意见(二)》第十六条可以看到,办理电信网络诈骗犯罪案件,应当充分贯彻宽严相济刑事政策。

---

[1] 北京市第二中级人民法院(2017)京 02 刑初 55 号刑事判决书,载中国裁判文书网,https://wenshu.court.gov.cn/website/wenshu/181107ANFZ0BXSK4/index.html?docId=tLWwykCoBI5M-UrjcfA//npwPd + 9F0 + u2BZtdVl6qBxn0j/Rb4gDGsp/dgBYosE2gMdHY03ED4CCuT2aXUxe14SdePLzlLr-pOe2reoAoHpClyYXKl4KbyFBTTYgzFEwPf,最后访问时间:2022 年 12 月 10 日。

在侦查、审查起诉、审判过程中，应当全面收集证据、准确甄别犯罪嫌疑人、被告人在共同犯罪中的层级地位及作用大小，结合其认罪态度和悔罪表现，区别对待，宽严并用，科学量刑，确保罚当其罪。本案中，在现有证据足以证实张某等人利用电信网络实施诈骗的情况下，还需要对其在犯罪集团中的作用和参与犯罪数额各自作出分析，在此，有必要加强核验电子证据有无污损、被害人与犯罪组织之间的关联性、嫌疑人出入境情况等证据。

首先，多人共同实施电信网络诈骗，犯罪嫌疑人、被告人应对其参与期间该诈骗团伙实施的全部诈骗行为承担责任，这里的"参与期间"，从犯罪嫌疑人、被告人着手实施诈骗行为时起算。在本案中，电子数据无污损鉴定意见的鉴定起始基准时间晚于犯罪嫌疑人归案的时间近11个小时，不能确定在此期间是否被删改，需要通过大使馆确认抓获嫌疑人及起获关联物证的具体时间，以确保电子数据的客观性、真实性。

其次，如果被害人与犯罪组织间的关联性薄弱，就无法证实部分被害人是本案犯罪组织的受骗者。需要大量调取行为人使用电信网络手段与被害人通讯的记录、汇款转账的记录、收款交易明细等证据辅助，能够查明具体诈骗数额的事实和能够查明发送诈骗信息条数、拨打诈骗电话人次数、诈骗信息网页浏览次数的事实，以准确认定与该诈骗犯罪组织相关的被害人。

再次，还要尤其注意核查嫌疑人的护照，确定并出具完整的出境记录，弥补境外出入境管理警方记录的不完整。通过比照嫌疑人口供与出入境记录的一致性，能够证实各个嫌疑人参加诈骗犯罪组织的具体时间、是否中途离开等。

最后，所有涉外法律文书均需审核来源是否属于官方，确保境外获取的证据来源合法，移交过程真实、连贯、合法。对此，2021年两高一部《电信网络诈骗犯罪意见（二）》第十四条就详细指出，通过国

（区）际警务合作收集或者境外警方移交的境外证据材料，确因客观条件限制，境外警方未提供相关证据的发现、收集、保管、移交情况等材料的，公安机关应当对上述证据材料的来源、移交过程以及种类、数量、特征等作出书面说明，由两名以上侦查人员签名并加盖公安机关印章。经审核能够证明案件事实的，可以作为证据使用。

2. 首要分子未到案时诈骗犯罪集团的认定

2016年两高一部《电信网络诈骗犯罪意见》第四条第一款就明确指出，三人以上为实施电信网络诈骗犯罪而组成的较为固定的犯罪组织，应依法认定为诈骗犯罪集团。对组织、领导犯罪集团的首要分子，按照集团所犯的全部罪行处罚。对犯罪集团中组织、指挥、策划者和骨干分子依法从严惩处。但是，首要分子未到案时，是以被告人实际参与诈骗成功的数额认定其犯罪数额，还是径行认定为犯罪集团？我们认为，有明显首要分子，主要成员也较为固定，其他成员虽然具有一定流动性，但整体框架仍可构成电信网络诈骗犯罪组织，可以认定为诈骗犯罪集团。该犯罪组织以共同实施电信网络诈骗犯罪为目的而组建，首要分子虽然没有到案，但在案证据充分证明其所实施的种种诈骗行为都是在首要分子的组织领导下作出的，且有固定人员负责犯罪窝点的人员招募、集中管理，又有许多分工担任一线、二线、三线话务员，该诈骗犯罪组织符合刑法关于犯罪集团的规定，应当认定为犯罪集团。2016年两高一部《电信网络诈骗犯罪意见》第四条第五款就明确了，部分犯罪嫌疑人在逃，但不影响对已到案共同犯罪嫌疑人、被告人的犯罪事实认定的，可以依法先行追究已到案共同犯罪嫌疑人、被告人的刑事责任。

2016年两高一部《电信网络诈骗犯罪意见》第四条第三款规定，在犯罪集团中，明知他人实施电信网络诈骗犯罪，具有下列情形之一的，以共同犯罪论处（法律和司法解释另有规定的除外）：（1）提供信用卡、资金支付结算账户、手机卡、通讯工具的；（2）非法获取、出售、提供公民个人信息的；(3) 制作、销售、提供"木马"程序和"钓鱼软件"等恶意程序的；(4) 提供"伪基站"设备或相关服务的；(5) 提供互联网接入、服务器托管、网络存储、通讯传输等技术支持，或者提供支付结算等帮助的；(6) 在提供改号软件、通话线路等技术服务时，发现主叫号码被修改为国内党政机关、司法机关、公共服务部门号码，或者境外用户改为境内号码，仍提供服务的；(7) 提供资金、场所、交通、生活保障等帮助的；(8) 帮助转移诈骗犯罪所得及其产生的收益，套现、取现的。上述规定的"明知他人实施电信网络诈骗犯罪"，应当结合被告人的认知能力，既往经历，行为次数和手段，与他人关系，获利情况，是否曾因电信网络诈骗受过处罚，是否故意规避调查等主客观因素进行综合分析认定。此外，负责招募他人实施电信网络诈骗犯罪活动，或者制作、提供诈骗方案、术语清单、语音包、信息等的，以诈骗共同犯罪论处。

3. 底层话务员在诈骗犯罪组织中的作用

2021年两高一部《电信网络诈骗犯罪意见（二）》第十六条第三款提到，对于电信网络诈骗犯罪集团、犯罪团伙中的从犯，特别是其中参与时间相对较短、诈骗数额相对较低或者从事辅助性工作并领取少量报酬，以及初犯、偶犯、未成年人、在校学生等，应当综合考虑其在共同犯罪中的地位作用、社会危害程度、主观恶性、人身危险性、认罪悔罪表现等情节，可以依法从轻、减轻处罚。犯罪情节轻微的，可以依法不起诉或者免予刑事处罚；情节显著轻微危害不大的，不以犯罪论处。那么，本案所涉被告人均系犯罪组织雇佣的话务员，是否可以依据其在组织中属于下层角色就认定其系起次要和辅助作用的从犯呢？我们认为，话务员是否处于犯罪组织边缘位置取决于其除接打电话外是否还参与组织管理工作。本案中，有证据证明二线、三线话务员不仅实施了冒充公检法接听拨打电话的行为，还在犯罪集团中承担了组织管理工作，在共同犯罪中起主要作用，应认定为主犯。此外，如果话务员在多个窝点分别参与实施诈骗，则属于积极参加犯罪，也可认定为主犯。反之，若话务员只在单一窝点实施诈骗，且加入时间较短，获利不多，可认定为从犯。对于这类从犯，2016年两高一部《电信网络诈骗意见》第四条第一款指出，对犯罪集团中起次要、辅助作用的从犯，特别是在规定期限内投案自首、积极协助抓获主犯、积极协助追赃的，依法从轻或减轻处罚。

【实务难点】

电信网络诈骗在日益细化的分工下呈现出全新的犯罪样态，被精细化地切分为犯罪前工具准备、搭建网络平台、应用软件开发、对被害人实施诈骗、资金变现转移等若干环节，完整的犯罪被拆分切割，犯罪预备、着手实行、清理痕迹等环节被数个零碎的小环节填满，由不同主体实施，行为人既可能同处一个犯罪集团，也可能在网线的不同端口，作为技术、犯罪工具的提供者和使用者各自作业、各取所需、各自获利，"一对多""一对特别多"地形成电信网络诈骗黑产链条。因此，无论是实体上客观行为碎片化，还是程序上涉案资金处理困难等，这一系列司法困难都是确实存在的。

一、数额认定困境下的电信网络诈骗案件处理

因电信网络诈骗其本身具有非接触性、时空跨越性、广域涉众性等特点，一旦赃款转移便再难查明犯罪分子的具体诈骗数额，[1] 其刑事政策也开始尝试突破诈骗罪传统数额中心的桎梏，开始走向其他情节的拓

---

[1] 参见喻海松：《网络犯罪二十讲》，法律出版社2022年版，第158~159页。

展。据此，2011 年两高《诈骗案件司法解释》率先作出尝试，其中第五条第二款规定："利用发送短信、拨打电话、互联网等电信技术手段对不特定多数人实施诈骗，诈骗数额难以查证，但具有下列情形之一的，应当认定为刑法第二百六十六条规定的'其他严重情节'，以诈骗罪（未遂）定罪处罚：（一）发送诈骗信息五千条以上的；（二）拨打诈骗电话五百人次以上的；（三）诈骗手段恶劣、危害严重的。"之后，2016 年两高一部《电信网络诈骗犯罪意见》第六条第一款对数额证据收集受阻作出宽松规定："办理电信网络诈骗案件，确因被害人人数众多等客观条件的限制，无法逐一收集被害人陈述的，可以结合已收集的被害人陈述，以及经查证属实的银行账户交易记录、第三方支付结算账户交易记录、通话记录、电子数据等证据，综合认定被害人人数及诈骗资金数额等犯罪事实。"另外，2016 年两高一部《电信网络诈骗犯罪意见》第二条第四款对确实难以查证诈骗数额的情况又作了进一步补充："具有下列情形之一的，应当认定为刑法第二百六十六条规定的'其他严重情节'，以诈骗罪（未遂）定罪处罚：1. 发送诈骗信息五千条以上的，或者拨打诈骗电话五百人次以上的；2. 在互联网上发布诈骗信息，页面浏览量累计五千次以上的。具有上述情形，数量达到相应标准十倍以上的，应当认定为刑法第二百六十六条规定的'其他特别严重情节'，以诈骗罪（未遂）定罪处罚。"此举将发送诈骗信息的数量、拨打诈骗电话的人次等情节作为数额难以查证的补充，设置在"其他严重情节""其他特别严重情节"这一法定刑升格标准中，按照诈骗罪（未遂）定罪量刑。[①]

然而，信息网络技术的日益发展进一步打破时空界限，随着我国打击治理工作力度的加大，电信网络诈骗活动在国内几乎无处藏身，诈骗

[①] 2016 年两高一部《电信网络诈骗犯罪意见》指出，"拨打诈骗电话"，包括拨出诈骗电话和接听被害人回拨电话。反复拨打、接听同一电话号码，以及反复向同一被害人发送诈骗信息的，拨打、接听电话次数、发送信息条数累计计算。

窝点加速向境外转移，轻易贯通跨地区、跨国、跨境有组织犯罪。为此，2021年两高一部《电信网络诈骗犯罪意见（二）》第三条专门针对犯罪分子赴境外对境内居民实施电信网络诈骗的多发样态，采用刑事推定的方式，构建以境外诈骗窝点为查处核心、以行为人动势为审查依据的时空规制模式，从而扭转数额难以量化证明的被动处境，落实国家"打早打小"、源头治理的主控格局。该条规定，"有证据证实行为人参加境外诈骗犯罪集团或犯罪团伙，在境外针对境内居民实施电信网络诈骗犯罪行为，诈骗数额难以查证，但一年内出境赴境外诈骗犯罪窝点累计时间30日以上或多次出境赴境外诈骗犯罪窝点的，应当认定为刑法第二百六十六条规定的'其他严重情节'，以诈骗罪依法追究刑事责任。有证据证明其出境从事正当活动的除外"。作为一种新颖的"时空标准"，不难看出，本条系加诸诈骗罪构成要件符合性与违法性之间的刑事推定，是平衡行为人权利保障和国家权宜政策的结果。[①] 可以说，该条文意味着我国正式将基于行为人视角的时空标准纳入财产犯罪加重情节的评价体系。其旨在有效解决跨境电信网络诈骗犯罪中侦查取证的实际困难，以达到刑法的一般预防目的，是我国司法机关在《联合国打击跨国有组织犯罪公约》[②] 框架下的一次有益尝试。根据行为人在境外诈骗窝点逗留三十天以上或者多次赴该窝点的基础事实存在，而合乎情理地作出另一个事实即诈骗行为存在的判断。这种推定的出场是为了弥补证明的不足，缩短实体与程序之间的距离。[③] 同时，又赋予侦查机关、公诉机关审慎的证据核查义务，在"有证据证明从事正当活动"时推翻推定，从而保证推定的客观性。

事实上，在大量的跨境电信网络诈骗案件中，限制疑似涉诈人员出

[①] 参见邓子滨：《刑事法中的推定》，中国人民公安大学出版社2003年版，第48页。
[②] 《联合国打击跨国有组织犯罪公约》，载中华人民共和国条约数据库，http：//treaty.mfa.gov.cn/web/detail1.jsp？objid=1531876075324，最后访问时间：2023年6月1日。
[③] 参见邓子滨：《刑事法中的推定》，中国人民公安大学出版社2003年版，第48页。

境是公安系统、出入境系统的重点工作之一，需要对疑似涉诈离境人员实现联查联控、拦截劝阻。采取这种措施正是为了应对诈骗窝点设在境外、侦查取证受客观限制无法进行的调查现状，将涉诈人员控制在境内，实现源头管控、降低发案。《反电信网络诈骗法》第三十六条也特别规定了涉诈嫌疑人限制出境的具体措施，要求"对来自电信网络诈骗活动严重得多特定地区人员或前往电信网络诈骗活动严重的特定地区人员，不具有合法、真实出境事由，出境活动存在重大涉诈嫌疑的，移民管理机构可以决定不准其出境"。在该前端治理机制的背景下，侦查机关通过对此类人员行为动向、时空位移的严格管控、处置处罚，结合境外司法协助对行为人逗留诈骗窝点基本情况的掌握，可以及时对即将发生或已发生的电信网络诈骗犯罪活动作出前期预防、后期打击等反应，不仅能够精准筛查涉诈人员，还能及时发现并处罚帮助或变相帮助其出境的公司、人员等，并成为解决数额标准、定量标准问题的鲜明旗帜。

二、电信网络诈骗案件的追赃挽损与涉案资金处置

随着理论界、实务界对电信网络诈骗案件处理的重视程度不断提升，无论是前期侦查取证还是此后的定罪量刑，其处理模式都在持续完善。然而，作为受害老百姓最迫切关注的最后一环"追赃挽损"，则一直是棘手的难题。该困境主要是由于目前网络洗钱手法不断更新升级，资金链流向及资金载体变幻莫测、横跨国际，转移速度快、隐蔽性极强、追踪溯源极其困难。即使诈骗集团的主要组织者及骨干分子全数抓捕归案，也很难将各个渠道非法获取的赃款全部追回返还。同时，国内外资金流水查询通道不畅，各部门协同配合不足，缺乏统一且门槛低、时间短的资金查扣冻平台，导致追赃挽损成本高、效率低，大大增加了资金流转失控的风险。

针对该情形，《反电信网络诈骗法》第三十四条明确强调，对电信

网络诈骗案件应当加强追赃挽损，完善涉案资金处置制度，及时返还被害人的合法财产。2016年两高一部《电信网络诈骗犯罪意见》第七条也对涉案财物的处理作出指示：（1）公安机关侦办电信网络诈骗案件，应当随案移送涉案赃款赃物，并附清单。人民检察院提起公诉时，应一并移交受理案件的人民法院，同时就涉案赃款赃物的处理提出意见。（2）涉案银行账户或者涉案第三方支付账户内的款项，对权属明确的被害人的合法财产，应当及时返还。2021年两高一部《电信网络诈骗犯罪意见（二）》第十七条又作出补充，查扣的涉案账户内资金，应当优先返还被害人，如不足以全额返还的，应当按照比例返还。关于不足额的按比例返还，计算公式写在《银监会、公安部关于印发电信网络新型违法犯罪案件冻结资金返还若干规定的通知》[①] 附件5：

冻结公安机关逐笔核对时间戳，按所拦截的资金来源区分被害人资金份额。若冻结账户为A账户；冻结账户的上级账户为B账户，B账户内有多笔资金来源；B账户的上级账户为C账户，C账户内的资金可明确追溯单一被害人资金。

C账户应分配的资金

$$=\frac{特定时间戳C账户汇入B账户的资金额}{特定时间戳B账户内资金金额}\times 特定时间戳B账户资金汇入$$

A账户的冻结资金额

C账户可分配资金若不能明确对应至单一被害人资金的，应参照前述所列公式，将C账户可分配资金视作公式中的"冻结账户金额"向上一级账户溯源分配，依此类推。

此外，2016年两高一部《电信网络诈骗犯罪意见》还规定，若确因

---

① 《银监会、公安部关于印发电信网络新型违法犯罪案件冻结资金返还若干规定的通知》，载中国政府网，http://www.gov.cn/gongbao/content/2017/content_5191716.htm，最后访问时间：2023年4月20日。

客观原因无法查实全部被害人，但有证据证明该账户系用于电信网络诈骗犯罪，且被告人无法说明款项合法来源的，根据刑法第六十四条的规定，应认定为违法所得，予以追缴。被告人已将诈骗财物用于清偿债务或者转让给他人，具有下列情形之一的，应当依法追缴：对方明知是诈骗财物而收取的；对方无偿取得诈骗财物的；对方以明显低于市场的价格取得诈骗财物的；对方取得诈骗财物系源于非法债务或者违法犯罪活动的。他人善意取得诈骗财物的，不予追缴。若被害人未报案，一般采取打电话联系的方式退款，也有被害人不承认自己被骗，这时候一般通过银行原路返还。

第十章
网络淫秽色情信息犯罪

【法条链接】

《刑法》第三百六十三条第一款规定：以牟利为目的，制作、复制、出版、贩卖、传播淫秽物品的，处三年以下有期徒刑、拘役或者管制，并处罚金；情节严重的，处三年以上十年以下有期徒刑，并处罚金；情节特别严重的，处十年以上有期徒刑或者无期徒刑，并处罚金或者没收财产。

《刑法》第三百六十四条第一款规定：传播淫秽的书刊、影片、音像、图片或者其他淫秽物品，情节严重的，处二年以下有期徒刑、拘役或者管制。

《刑法》第三百六十五条规定：组织进行淫秽表演的，处三年以下有期徒刑、拘役或者管制，并处罚金；情节严重的，处三年以上十年以下有期徒刑，并处罚金。

《刑法》第三百六十七条规定：本法所称淫秽物品，是指具体描绘性行为或者露骨宣扬色情的诲淫性的书刊、影片、录像带、录音带、图片及其他淫秽物品。

有关人体生理、医学知识的科学著作不是淫秽物品。

包含有色情内容的有艺术价值的文学、艺术作品不视为淫秽物品。

第十章 网络淫秽色情信息犯罪

【罪名概述】

网络淫秽色情信息犯罪是网络时代下淫秽物品犯罪发展的产物，相关罪名集中在《刑法》分则第六章第九节"制作、贩卖、传播淫秽物品罪"中，主要涉及制作、复制、出版、贩卖、传播淫秽物品牟利罪和传播淫秽物品罪两个罪名（以下有需要时统称为"传播淫秽物品犯罪"）。

一、相关罪名概述

制作、复制、出版、贩卖、传播淫秽物品牟利罪源自1979年《刑法》第一百七十条的"制作、贩卖淫书、淫画罪"，该条规定"以营利为目的，制作、贩卖淫书、淫画的，处三年以下有期徒刑、拘役或者管制，可以并处罚金"。由于该罪的行为方式和行为对象较为狭窄，难以适应淫秽物品犯罪治理的发展需求，1990年12月28日第七届全国人民代表大会常务委员会第十七次会议通过了《全国人民代表大会常务委员会关于惩治走私、制作、贩卖、传播淫秽物品的犯罪分子的决定》。其中第二条第一款将淫秽物品犯罪的行为对象从"淫书、淫画"扩充至外延更广的"淫秽物品"，同时增加了复制、出版、传播三种行为方式，并区分了三档法定刑。最终该条款的刑法规范为1997年《刑法》完整吸收，组成了当前《刑法》第三百六十三条第一款的全部内容。

传播淫秽物品罪则直接源自1990年12月28日《全国人民代表大会常务委员会关于惩治走私、制作、贩卖、传播淫秽物品的犯罪分子的决定》第三条第一款，该条款规定："在社会上传播淫秽的书刊、影片、录像带、录音带、图片或者其他淫秽物品，情节严重的，处二年以下有期徒刑或者拘役。情节较轻的，由公安机关依照治安管理处罚条例的有关规定处罚。"1997年《刑法》第三百六十四条第一款只对该条款作了语词上的凝练，对其中的刑法规范同样予以完整吸收。

之后的2000年12月28日，第九届全国人民代表大会常务委员会第十九次会议通过了《全国人民代表大会常务委员会关于维护互联网安全的决定》，其第三条规定："为了维护社会主义市场经济秩序和社会管理秩序，对有下列行为之一，构成犯罪的，依照刑法有关规定追究刑事责任……（五）在互联网上建立淫秽网站、网页，提供淫秽站点链接服务，或者传播淫秽书刊、影片、音像、图片。"正式将淫秽物品犯罪治理拓展至网络空间。虽然这一文件的出台拓宽了淫秽物品犯罪行为方式和行为对象的范围，但并未对相关罪名的罪状表述产生影响。此后，《刑法》相关罪名条款的内容再无修改。

二、相关罪名的刑法条文解读

由于传播淫秽物品罪的构成要件完全包含于传播淫秽物品牟利罪中，以下主要针对制作、复制、出版、贩卖、传播淫秽物品牟利罪的构成要件作解析，对于两个罪名重叠的构成要件内容不再分别论述。

（一）行为方式：制作、复制、出版、贩卖、传播

制作，是指产生、形成内容或表现形式上具有相对独立性的淫秽物品的行为。无论是凭空创造，还是对既有淫秽思想、淫秽内容的再表达、再加工，都是将尚无载体的淫秽内容落实到载体上，使之可以为第三人感知，包括拍摄、绘画、写作等。复制则与制作相对，是指将已形成的有载体物的淫秽物品，制成多份内容上不具有相对独立性的淫秽物品的行为。复制只是将此载体上的淫秽内容体现在彼载体上，尚不涉及载体的转让，包括转录、复印、抄写、临摹、拷贝等。出版，是指由出版单

位将淫秽物品公开发行的行为,其可能同时包含制作、复制、贩卖三种行为。由于出版的主体限于合法的出版单位,且对象只限于淫秽的实物书画、音像制品等,在严格监管出版物的背景下,此种行为方式已逐渐式微。贩卖,是指有偿转让淫秽物品的行为,其本身即体现了行为人的牟利目的。贩卖既包括有偿转让已有的淫秽物品载体,也包括有偿复制后转让淫秽物品的复制品,当前网络时代贩卖淫秽物品的行为即多表现为后一种情形。传播,是指通过任何方式使淫秽物品的内容为他人所感知的行为,并不要求受众控制淫秽物品的载体,网络空间中的传播亦不限于交互式,也包括非交互式传播。从而,传播不仅包括淫秽物品载体的转移,还包括不转移淫秽物品而仅展现淫秽物品内容的行为。前者如出租、出借、发送,后者如陈列、播放等。

从以上内涵来看,各种行为方式其实都与传播有着密不可分的关系。制作、复制的淫秽物品只有可能为他人所感知才会真正侵害人们对性的羞耻情感或社会关于性的善良风俗。而出版、贩卖行为本质上亦属于广义的传播行为,因此即使《刑法》第三百六十四条第一款只规定了在以牟利为目的的情况下,"传播"淫秽物品才构成犯罪,但如果行为人不以牟利为目的,实施了出版、赠与、无偿出借淫秽物品的行为,同样可以构成传播淫秽物品罪。

需要注意的是,传播行为不需要达到使受众可以反复感知淫秽物品内容的程度。例如,有部分淫秽色情软件对于未充值的注册用户仅提供一次观看机会,该次机会用完后未充值的用户将无法再浏览其他淫秽内容。此类情形与《刑法》第三百六十四条第二款规定的组织播放淫秽音像制品罪的行为相似,受众并不能自主决定反复观看淫秽内容,但不影响传播行为的成立。

此外,有观点认为传播应当具有公开性,进而将"点对点"式的私密传播排除在传播的概念外延之外。① 本书对此持限制肯定的态度。一方面，此种观点的主要理由是，特定少数人的私密传播行为（如朋友间的无偿传播）不具有社会危害性或法益侵害性。但首先，这一理由并不能得出应当对"传播"作限缩解释的结论。因为其无视了传播淫秽物品犯罪的情节要素和立案标准，使得传播这一行为要件承担了过重的违法推定机能。即使将点对点式的私密传播认定为传播淫秽物品犯罪的行为方式之一，也不必然导致犯罪圈被肆意扩大。毕竟在私密传播的情形下，由于传播的人次少，行为人对单个人传播的数量便会提高以满足"情节严重"这一构成要件。以传播淫秽物品罪为例，根据2008年《立案追诉标准（一）》第八十四条的规定可知，当传播人次为1人时，传播的数量至少应达到40个视频文件才能构成犯罪，因而平义解释传播不会过度泛化传播淫秽物品罪的范围。其次，私密传播行为一概缺乏法益侵害性的论断并不合理。例如，对特定少数未成年人传播淫秽物品、对特定少数成年人传播包含未成年人色情内容的淫秽物品、对特定少数人传播大量可能诱发犯罪的淫秽物品等情形，难以认为其都不具有法益侵害性。从而，将私密传播行为排除出传播的外延缺乏合理性和必要性，且不能涵盖传播一词的应有之义，反而会导致不合理地缩小犯罪圈，有违反罪刑法定原则之嫌。

另一方面，将传播限定为对不特定或多数人的公开传播也与司法解释的规定、司法实务相冲突。首先，在以淫秽电子信息为对象的传播行为中，2004年两高《淫秽电子信息司法解释（一）》第一条第一款在传播淫秽视频文件、音频文件、电子刊物、图片、文章、短信息等情形

---

① 参见金鸿浩、张高媛：《网络传播淫秽物品犯罪的"四性"审查要点》，载《中国检察官》2021年第14期。

中，只对所传播淫秽电子信息的数量作了规定，并未限制人次。① 其次，司法实践中也存在较多针对特定少数人传播淫秽物品最终认定为犯罪的判例。② 甚至在"郭某某传播淫秽物品案"中，被告人郭某某仅通过微信发送 45 个淫秽视频文件给郭某甲一人，最终即以传播淫秽物品罪被判处拘役五个月，缓刑六个月。③

综上所述，对于传播的含义，只需依其自然意义、强调其"分享信息"这一核心语义加以理解即可。④ 所谓公开传播完全可能只是由多个点对点式传播结合而成，二者实为整体与部分的关系，不宜人为切割。

（二）行为对象：淫秽物品

1. 淫秽

《刑法》第三百六十七条规定了淫秽物品的范围。根据该条第一款的表述，淫秽物品的本质特征为诲淫性，即无端引起人的淫欲，具体表现为描绘性行为或者露骨宣扬色情。

---

① 《最高人民法院、最高人民检察院关于办理利用互联网、移动通讯终端、声讯台制作、复制、出版、贩卖、传播淫秽电子信息刑事案件具体应用法律若干问题的解释》，载《中华人民共和国最高人民法院公报》2004 年第 10 期。

② 例如，李文某传播淫秽物品案，参见浙江省玉环县人民法院（2019）浙 1021 刑初 43 号刑事判决书，载中国裁判文书网，https://wenshu.court.gov.cn/website/wenshu/181107ANFZ0BXSK4/index.html?docId=V3D3+2vF8WLnFrYgxAUrj3yEdxm6Mq+xx7SGC74NAGf4dT+ztN6QQZO3qNaLMqsJc/NZwyVnKMbySZ2hB0SmJTRmr0fbTkEHAGff5YJbZXApEYXoll9AIc0DN1RZB/30，最后访问时间：2022 年 11 月 17 日；刘木某传播淫秽物品案，参见广东省龙门县人民法院（2019）粤 1324 刑初 121 号刑事判决书，载中国裁判文书网，https://wenshu.court.gov.cn/website/wenshu/181107ANFZ0BXSK4/index.html?docId=JGWeB5tetTmnz4d9AbDzhZslIHI7RsM3aiiYVTK5jpTitdoAhTkqjpO3qNaLMqsJc/NZwyVnKMbySZ2hB0SmJTRmr0fbTkEHAGff5YJbZXApEYXoll9AIddSsGK3PR3z，最后访问时间：2022 年 11 月 17 日。

③ 河南省柘城县人民法院（2019）豫 1424 刑初 307 号刑事判决书，载中国裁判文书网，https://wenshu.court.gov.cn/website/wenshu/181107ANFZ0BXSK4/index.html?docId=VYffBF5m+pjX-NI8VVBP9GrefYRXqU72Xe19zgrWbQWdjgEdufYZoQJO3qNaLMqsJc/NZwyVnKMbySZ2hB0SmJTRmr0fbTk-EHAGff5YJbZXDMxMwAD1txL7Rs1YsmpM5v，最后访问时间：2022 年 11 月 17 日。

④ 参见毛玲玲：《传播淫秽物品罪中"传播"行为的性质认定——"快播案"相关问题的刑事法理评析》，载《东方法学》2016 年第 2 期。

一般认为，淫秽的判断应当坚持客观标准，即"以普通人的正常的性行为观念为基准"① 或"结合社会上一般人的感受进行判断"②。但是，如果一味地坚持这一立场，将无法合理评价以特定非常群体为受众的诲淫性物品。例如，描述奸尸之类变态猎奇性行为等内容的物品，按照一般人的立场可能只会觉得反感，但却会使相关物品本身所针对的受众无端产生淫欲。实际上，这类物品对社会有关性的善良风俗、对人正常的性情感的侵害并不亚于寻常的淫秽物品，甚至更是对社会大众的冒犯，应当承认其可罚性。③ 对此，1988年12月27日原新闻出版署《关于认定淫秽及色情出版物的暂行规定》第二条④等相关规定中对于淫秽的具体认定标准值得参考。总结起来具体包括：（1）淫亵性地具体描述性行为、性交及其心理感受；（2）淫亵性地描述或者传授性技巧；（3）具体描述乱伦、强奸或者其他性犯罪手段、过程或者细节；（4）具体描述少年儿童性交，或者具体描述成年人与少年儿童的性行为；（5）淫亵性地具体描述其他性变态行为；（6）具体描述与性变态有关的暴力、虐待、侮辱行为；（7）淫亵性地突出描述性器官；（8）淫亵性地传送有关性行为的声响；（9）公然宣扬色情淫荡形象；（10）其他令普通人不能容忍的对性行为、性器官的淫亵性描述。总的来说，诲淫性无需限定为一般人或正常人的感受，而只需足以引起普通人（内容所针对的普通受众群体）的淫欲。

在此基础上，《刑法》第三百六十七条第二款规定的"有关人体生理、医学知识的科学著作"由于对性相关内容的表达并不具有诲淫性，

---

① 参见张明楷：《刑法学（下）》，法律出版社2021年版，第1540页。
② 参见周光权：《刑法各论》，中国人民大学出版社2021年版，第525页。
③ 参见罗翔：《论淫秽物品犯罪的惩罚根据与认定标准——走出法益理论一元论的独断》，载《浙江工商大学学报》2021年第6期。
④ 《新闻出版署发布〈关于认定淫秽及色情出版物的暂行规定〉的通知》，载《中华人民共和国国务院公报》1989年第1期。

客观上并不足以引起普通受众的淫欲，因而自然"不是"淫秽物品。而《刑法》第三百六十七条第三款规定的"包含有色情内容的有艺术价值的文学、艺术作品"则原本具有诲淫性，只是刑法从利益衡量的角度，权衡其中的艺术性与诲淫性，规范地将其"不视为"淫秽物品。对于淫秽物品与文学艺术作品的区分，刑法学界和司法实践的立场基本一致，即根据性描写内容具体的诲淫性程度、在作品整体中的比重、与其他部分的关联性等方面综合判断。

2. 物品

如前所述，诲淫性是淫秽物品的本质特征，但诲淫性内容需以"物品"为载体才能成为刑法上的"淫秽物品"。1997年《刑法》制定之时，立法者只设想到淫秽物品的实物载体，尤其条文中列举的"录像带、录音带"，更是具有鲜明的工业时代特征。而随着网络时代的到来，淫秽内容的载体趋于电子化、数据化，如果固守淫秽物品的实物载体性，将会导致严重的处罚漏洞。例如，行为人以牟利为目的，将存储于其电脑中的1000部淫秽影片打包发送给100人，获利2000元。此时若坚持淫秽物品的实物载体性，则本案的淫秽物品只是行为人的一台电脑，数量为1。又由于传播的人次和牟利数额达不到立案标准，便无法追究行为人传播淫秽物品牟利罪的刑事责任。

所以，在网络时代背景下，为了实现对网络淫秽色情信息犯罪的周延打击，2004年两高《淫秽电子信息司法解释（一）》第九条对淫秽物品作了扩大解释，明确将淫秽电子信息归入淫秽物品的范畴。对此，有观点旗帜鲜明地主张淫秽电子信息不属于淫秽物品，认为将淫秽电子信息解释为淫秽物品有违罪刑法定原则。[1]

我们认为，将淫秽电子信息解释为淫秽物品并不违反罪刑法定原则。

---

[1] 参见继泽昆：《论淫秽电子信息不属于刑法上的淫秽物品》，载《云南大学学报（法学版）》2009年第6期。

首先,《全国人民代表大会常务委员会关于维护互联网安全的决定》第三条为此提供了直接法律依据。虽然该决定不属于典型的单行刑法,并未直接规定具体的犯罪和法定刑,而是规定"构成犯罪的,依照刑法有关规定追究刑事责任",但其具体规范表述的"在互联网上……传播淫秽书刊、影片、音像、图片"明显对应着《刑法》第三百六十七条"海淫性的书刊、影片、录像带、录音带、图片",直接指向了传播淫秽物品的行为。进而,可能构成的犯罪主要就是传播淫秽物品犯罪。即使不认为该条是对刑法中淫秽物品犯罪的补充规定,也足以将其理解为解释性规定,即立法机关明确提示了互联网空间中的淫秽书刊、影片、音像、图片也属于淫秽物品。其次,这种解释并未超出"淫秽物品"的文义射程,更未超出网络时代国民的预测可能性。诚然,淫秽电子信息并不在淫秽物品的核心语义范围内,但罪刑法定原则本就不要求按照概念的核心语义解释刑法。对于淫秽物品的解释,应当结合刑法明确列举的子对象来分析。在当前的网络时代,"书刊""影片""图片"的自然意义已不再局限于实物书刊、胶片和实物图片,其外延已完全可以涵盖电子书、视频文件、网络电子图片。相应的,与淫秽物品相对的"科学著作""文学、艺术作品"亦不限于以书画等实物为载体的形式。进而,根据同类解释规则,"其他淫秽物品"亦应包含其他电子信息(如音频文件、短信等)。既然作为种概念的书刊、影片、图片已经电子信息化,那么将作为属概念的淫秽物品解释为包含淫秽电子信息便不能认为是超出文义射程的类推解释,并不违反罪刑法定原则。再次,在坚守罪刑法定原则作形式解释难以得出合理结论时,应当考虑刑法保护法益的目的而作扩大解释。传统的淫秽物品载体往往只包含少量相互独立的淫秽内容,因而可以通过载体的数量体现犯罪情节的严重程度。相比之下,网络时代的科技发展极快,信息数据的存储介质容量越来越大,这使得淫秽物品犯罪法益侵害的严重程度难以通过实物存储载体的数量来体现。行为人往往可以只用一部手机、一台电脑，而无需更多的载体，就能实现大量淫秽内容的散布，这势必导致相关罪名中的情节要素最终不再依附于存储载体的数量，而需要进一步查看淫秽内容的数量。所以，司法解释基于淫秽电子信息的存储特性，区别于传统的淫秽物品而新设一套量化情节的规则，符合淫秽物品犯罪的立法目的。最后，应当注意淫秽电子信息与淫秽物品是种属关系而非并列关系，淫秽电子信息包含于淫秽物品之中，这是适应时代发展的解释结论。虽然 2008 年《立案追诉标准（一）》第八十四条区分了淫秽物品、淫秽电子信息和淫秽语音信息，但如前所述，这只是出于不同类型淫秽物品的特性和各自法益侵害的严重性差异，站在实用主义的立场上对情节要素作了不同标准的量化，并不意味着淫秽电子信息独立于刑法中的淫秽物品。这一结论从最早规定淫秽电子信息的 2004 年两高《淫秽电子信息司法解释（一）》第八条中也可见一斑。[①]

（三）主观方面

制作、复制、出版、贩卖、传播淫秽物品牟利罪和传播淫秽物品罪均是故意犯罪，行为人需要认识到其制作、复制、出版、贩卖、传播的对象是或可能是淫秽物品，且具有希望或放任淫秽物品被第三人感知的意志因素。

除此之外，制作、复制、出版、贩卖、传播淫秽物品牟利罪还需要"以牟利为目的"，如果行为人有证据证明其在传播淫秽物品时不具有牟利的目的，只是受众事后予以小额施惠的，不能成立本罪，只可能成立传播淫秽物品罪。这一目的属于主观超过要素，即使客观上未牟取到利

[①] 2004 年两高《淫秽电子信息司法解释（一）》第八条规定，利用互联网、移动通讯终端、声讯台贩卖、传播淫秽书刊、影片、录像带、录音带等以实物为载体的淫秽物品的，依照《最高人民法院关于审理非法出版物刑事案件具体应用法律若干问题的解释》的有关规定定罪处罚。

益也能够成立犯罪既遂。而且,此处的牟利不限于淫秽物品的对价,还包括利用淫秽网站流量赚取广告费、推广费等间接牟利的形式。

【案例解读】

检例第 139 号:钱某制作、贩卖、传播淫秽物品牟利案[①]

(一)案情简介

被告人钱某曾因偷拍他人性行为被行政拘留,但仍不思悔改,产生通过互联网贩卖偷拍视频文件从中牟利的想法。2017 年 11 月,钱某从网络上购买了多个偷拍设备,分别安装在多家酒店客房内,先后偷拍 51 对入住旅客的性行为,并将编辑、加工的偷拍视频文件保存至互联网云盘,通过非法网站、即时通讯软件发布贩卖信息。2018 年 5 月 9 日,公安机关将钱某抓获,并在上述互联网云盘中检出偷拍视频 114 个。

此外,钱某还以"付费包月观看"的方式,先后 182 次为他人通过偷拍设备实时观看入住旅客性行为或者下载偷拍视频提供互联网链接。

(二)裁判要旨

自然人在私密空间的日常生活属于民法典保护的隐私。行为人以牟利为目的,偷拍他人性行为并制作成视频文件,以贩卖、传播方式予以公开,不仅侵犯他人隐私,而且该偷拍视频公开后具有描绘性行为、宣扬色情的客观属性,符合刑法关于"淫秽物品"的规定,构成犯罪的,

---

[①] 《最高人民检察院第三十四批指导性案例》,载最高人民检察院网站,https://www.spp.gov.cn/spp/xwfbh/wsfbh/202202/t20220221_545102.shtml,最后访问时间:2023 年 6 月 15 日。

应当以制作、贩卖、传播淫秽物品牟利罪追究刑事责任。以牟利为目的提供互联网链接，使他人可以通过偷拍设备实时观看或者下载视频文件的，属于该罪的"贩卖、传播"行为。检察机关办理涉及偷拍他人隐私的刑事案件时，应当根据犯罪的主客观方面依法适用不同罪名追究刑事责任。

（三）案件分析

本案的行为人钱某成立制作、贩卖、传播淫秽物品牟利罪。首先，钱某通过偷拍设备录制、实时直播的内容是具有诲淫性的视频文件，属于司法解释规定的淫秽电子信息。虽然自然人之间的性行为属于个体隐私空间中的自由，但将性行为录制下来所形成的视频文件则会因符合"具体描绘性行为"这一要件而具有诲淫性。钱某偷拍的内容显然达到了淫秽的标准。至于淫秽内容的载体，录制的内容形成了视频文件，实时直播的内容则以"视频流"的形式传输给受众。视频流本质上仍属于视频文件，只是采用了特殊的分段压缩方式以实现流式传输，使得接收用户无需完整下载（缓存）即可观看，因而也是淫秽电子信息，属于本罪的行为对象。其次，本案中钱某具有制作、贩卖和传播的行为。制作，即通过偷拍设备录制视频以及后期剪辑、加工，制成一个个视频文件。贩卖，即将制作完成的视频文件发送给他人并收取对价。传播，即针对实时直播的内容，为他人提供观看的互联网链接的行为。虽然提供直播链接的行为不同于直接复制视频文件，但足以使受众感知其具体内容，因而可以认定为本罪中的传播。再次，从钱某曾因偷拍被行政拘留、通过多种途径发布相关贩卖信息这一系列行为可以看出，其明显具有犯罪故意和牟利的目的，符合本罪的主观方面。最后，钱某制作、贩卖的视频文件有114个，达到2004年两高《淫秽电子信息司法解释（一）》第二条规定的"情节严重"的标准，法定刑应为三年以上十年以下有期徒刑。

值得注意的是，本案作为指导性案例，其裁判要旨明确将"提供互联网链接，使他人可以通过偷拍设备实时观看或者下载视频文件"的行为认定为"贩卖、传播"行为，实际上确认了直播（包括偷拍直播和通常的网络淫秽色情直播）的视频流也属于淫秽电子信息，确立了"淫秽视频流属于淫秽物品"这一规则。

对于视频流能否认定为淫秽物品，刑法学界和司法实务均存在争议。有观点主张淫秽物品应当具有"可再现性"[①] 或"反复被多人传看的可能性"[②]，而视频流不具有可再现性，因而不能认定为淫秽物品。我们认为，这种观点混淆了事中认定与事后认定两种视角，同时难以适应日新月异的网络传播技术革新，会造成明显不合理的处罚漏洞。首先，主张淫秽物品应具有可再现性的观点均未解释此处的可再现性是事中视角的客观判断还是事后视角的事实判断。如果是后者，则会造成不合理的处罚漏洞。例如，行为人公然播放淫秽视频（非音像制品），情节严重的，应成立传播淫秽物品罪，对此没有分歧。但如果行为人播放完毕后立即销毁存储介质，则其播放的淫秽视频便不再具有可再现性，如果依此否定传播淫秽物品罪的成立，则有犯罪既遂之后否定违法性之嫌，明显缺乏合理性。又如，当前有较多实时通讯软件开发了"闪照""悄悄话"等发送后一定时间或一定条件下自动销毁的功能。"闪照"在接收者第一次打开图片几秒后会自动销毁且无法保存，"悄悄话"会在发送几秒后自动删除消息记录，这些情形下接收者若想反复观看只能通过录屏、截图等其他复制方式。这一行为整体实际上与公开陈列或播放后销毁并无二致，如果一概认为选择这类发送方式的淫秽信息不具有可再现性，进而否认其淫秽物品的性质，则行为人完全可以通过采用发送后观看一

---

① 参见喻海松编著：《实务刑法评注》，北京大学出版社 2022 年版，第 1804 页。
② 参见劳东燕：《功能主义刑法解释的体系性控制》，载《清华法学》2020 年第 2 期。

次即自动销毁之类的传播技术来规避传播淫秽物品的刑事责任。

相反,如果采取的是事中视角的客观判断,则视频流实质上也具有可再现性。所谓视频流,是指对媒体数据采取流式传输方式而形成特殊格式的大量片段媒体文件。流式传输虽然避免了完整下载才能播放这一传输效率问题,但仍然需要缓存系统来弥补时延和抖动的影响,从而使媒体数据能连续、依序输出,因而与打开本地的视频文件并无实质性差异。至于网络直播在客户端无法后退、反复观看已看过的内容,一方面,流式传输技术本身就是为了追求传输效率,其会通过主动丢弃已经播放的内容,进而重新利用空出的高速缓存空间来缓存后续尚未播放的内容,而非视频流在性质上不可保存。另一方面,由于直播这一模式本身就是"边录边播",在录制完成之前相当于并未形成完整的视频文件至主播端或上传至服务器。而一旦直播结束,直播内容的完整记录才会形成,直播端或直播服务提供者便可以根据需求选择存储与否(如生成直播回放等),即将直播过程中传输的视频流固定为完整的直播录制视频文件。具体到本案中,钱某的偷拍摄像头在直播外亦有"回放"功能,实际上就是同步存储直播录制的视频,进而其他受众可以反复观看固定下来的直播回放。所以,站在事中视角作客观判断,视频流亦具有可再现性,可以满足淫秽物品的"物品"特征。

其次,否定视频流的淫秽物品性质将会使"仅偷拍直播他人性行为而未存储记录"的行为难以受到刑法规制。在偷拍直播这一类型的案件中,如果排除行为人构成传播淫秽物品犯罪,则难以成立其他犯罪。第一,行为人不构成组织淫秽表演罪。因为行为人对所谓的"表演者"和"表演"缺乏组织行为,"表演者"及"表演"本身的出现均是随机的,并非事先招募或引诱,行为人也不存在提供场地或资金等其他组织行为。第二,行为人成立侮辱罪有诸多障碍。虽然散布他人裸体视频属于侮辱行为,但在偷拍直播类案件中,行为人并不认识各个被偷拍者,直播一方面不具有针对性，另一方面其过程中通常没有暴力或发表侮辱性语言文字等典型的侮辱行为方式，难以认定行为人有侮辱被偷拍者的故意。而且，侮辱罪一般情形下是亲告罪，被偷拍者却通常并不知道自己被偷拍，因而不会发生告诉行为。即使发现被偷拍，被偷拍者通常亦不会主动选择以侮辱罪进行刑事自诉。以上种种因素，均会导致难以追究行为人侮辱罪的刑事责任。第三，行为人不构成侵犯公民个人信息罪。虽然偷拍直播的视频画面中可能出现被偷拍者的个人生理特征和行为特征，甚至这些画面确实可能被部分观众用于识别某个人，但由于未经生物识别技术的处理，这些画面尚不构成"生物识别信息"，只属于生物识别信息的载体。① 因而，直播画面不属于典型的个人信息，即使将其认定为其他个人信息，在不符合特定情形的情况下，根据2017年两高《侵犯公民个人信息罪司法解释》第五条第一款第五项的规定，行为人非法获取、出售或者提供其他公民个人信息五千条以上的，才能满足侵犯公民个人信息罪的"情节严重"要件。第四，除非偷拍设备经鉴定属于窃听、窃照专用器材，否则行为人也不构成非法使用窃听、窃照专用器材罪。

因此，在司法实践中，偷拍直播这一行为类型基本会被认定为传播淫秽物品犯罪。虽然相关判例并未论述直播视频流的物品性质，但这种认定结论实际上均认可了视频流可以评价为淫秽物品。

【实务难点】

据统计，以部分公开的淫秽物品犯罪裁判文书为范本，淫秽电子信

---

① 参见李怀胜：《滥用个人生物识别信息的刑事制裁思路——以人工智能"深度伪造"为例》，载《政法论坛》2020年第4期。

息占据淫秽物品的 97% 以上。① 这种信息化倾向使淫秽物品摆脱了实物载体，进而导致传播淫秽物品犯罪与其他相关罪名的界限逐渐虚化。而且，网络淫秽色情信息的复杂存储格式、多元传播方式也对量化"情节严重"的标准提出了更高的合理性要求。

一、通过网络进行淫秽表演的行为定性

通过网络进行的淫秽表演包括两种基本形式——淫秽色情直播和视频裸聊，二者具有同质性，均无需借助静态的视频文件，而是表现为通过网络实时动态传输音视频数据。二者仅在所使用的软件上有所不同，前者使用的是直播软件，后者使用的是视频实时通讯软件，因此两种行为的定性应保持一致。

司法实践对于通过网络进行淫秽表演的定性存在分歧。例如，《刑事审判参考》第 641 号指导案例"方某传播淫秽物品牟利案"的裁判理由主张，以牟利为目的与多人进行网络视频裸聊的行为应认定为传播淫秽物品牟利罪。② 而《刑事审判参考》第 673 号指导案例"重庆某科技有限公司等单位及郑某等人组织淫秽表演案"的裁判理由则指出，单位利用网络视频组织淫秽表演的行为应认定为组织淫秽表演罪，不应认定为传播淫秽物品牟利罪。③ 这一认定分歧，本质上应归结于网络时代淫秽表演的信息化使得淫秽表演与淫秽物品（淫秽电子信息）逐渐难以区分。对此，我们认为，通过网络进行淫秽表演的行为，亦属于传播淫秽物品的行为，同时可能满足组织淫秽表演罪的构成要件，两罪成立想象

---

① 参见金鸿浩：《互联网时代传播淫秽物品罪的实务反思与规则重塑——基于对 368 份传播淫秽物品罪判决书的分析》，载《华东政法大学学报》2021 年第 6 期。
② 最高人民法院刑事审判第一、二、三、四、五庭主办：《刑事审判参考（总第 75 集）》，法律出版社 2011 年版，第 80~86 页。
③ 最高人民法院刑事审判第一、二、三、四、五庭主办：《刑事审判参考（总第 78 集）》，法律出版社 2011 年版，第 80~88 页。

竞合，应从一重罪论处。

首先，网络空间的实时淫秽表演因以视频流为载体，实际上已无法区别于淫秽电子信息。传统观点认为，淫秽表演严格区分于淫秽物品，因为淫秽表演直接表现为人的身体部位、动作、表情、语音等，缺乏特定的载体，表演完毕后不具有可再现性，因而不属于"物品"。[①] 甚至有观点主张，将淫秽表演理解为淫秽物品是将"人"物化，势必会混淆犯罪主体和犯罪对象。[②] 至于网络空间中的实时淫秽表演，虽然其借助网络传输了数据，但没有固定数据，淫秽内容并未存储于可以反复使用的载体，因而不能认定为传播淫秽物品犯罪。[③] 此外，淫秽表演具有实时性（包括实时同步和实时互动），而制作、传播淫秽物品的行为具有"后期性"，只能在直播之后进行，二者具有矛盾关系。[④]

诚然，传统现实空间进行的淫秽表演与受众在时空上保持一致性，表演行为系直接为受众所感知，而不依赖其他中介。因而此种情形下的淫秽表演其载体只能为"人"而非"物品"，确实无法解释为淫秽物品。但通过网络进行的淫秽表演则不一样，其并非直接为受众所感知，而是需要借助音视频媒体的流式传输技术进行数据传输，这一过程已经将不可再现的淫秽表演记录固定为不断传输的流媒体文件，相当于持续不断地将淫秽表演录制下来并发送给受众，受众实际上看的是"经过处理的音像制品"而非表演者本人。[⑤] 至于所谓的"实时性"，本质上仅是数据的（实时）产生和（后期）传达的时间差很小而已，与现实物理空间中的实时性并非同一性质，因而与制作、传播淫秽物品行为的"后期性"

[①] 参见王明辉、唐煜枫：《裸聊行为入罪之法理分析》，载《法学》2007年第7期。
[②] 参见贾阳：《网络直播无下限，怎么治？》，载《检察日报》2016年9月14日。
[③] 参见张纵华、杨灵方：《组织在线实时观看淫秽行为的性质认定》，载《人民法院报》2017年12月28日。
[④] 参见刘伟：《网络直播犯罪研究》，载《江西社会科学》2020年第5期。
[⑤] 参见沈开举、方涧：《网络直播管理不能留有"模糊地带"》，载《人民论坛》2016年8月（上）。

并不矛盾。其中，实时互动更非网络淫秽表演的必要条件，因为实践中亦有禁言的淫秽直播间，虽然主播关闭了聊天、评论功能，但不影响其淫秽表演行为的成立。至于视频流不能被反复观看的主张，并不是因为视频流在性质上无法固定存储，而是因为网络服务提供者出于效率、节约成本等考虑，不主动存储其服务器上中转的视频流，相当于缓存后作了删除而已。一旦用户对此的需求能够产生经济效益，网络服务提供者完全可以提供存储视频流的服务，如摄像头的直播同步下载功能、直播软件的直播回放功能等。由此可见，传统物理空间淫秽表演与淫秽物品在载体上的差异已被网络空间的传输技术消解，在淫秽物品和淫秽表演均信息化的现在，区分二者已不现实。

其次，在网络空间中无法区分淫秽表演与淫秽物品的基础上，传播淫秽物品犯罪与组织淫秽表演罪的差异在于是否有客观上的"组织"行为，进而不会造成刑法适用的混乱。这一点与传播淫秽物品罪和组织播放淫秽音像制品罪的关系类似，淫秽音像制品属于淫秽物品，播放亦属于典型的传播行为，二者均不以牟利为目的。而且，通常认为，行为人以牟利为目的组织播放淫秽音像制品的，应构成传播淫秽物品牟利罪。由此可见，组织播放淫秽音像制品罪的行为完全满足传播淫秽物品罪的构成要件，二者是法条竞合关系，前者为后者的特别法条。

虽然组织淫秽表演的行为并不必然属于传播淫秽物品的行为，因而这两个罪名并非法条竞合关系，但如前所述，网络空间中的淫秽表演以视频流为载体，足以认定为淫秽电子信息。在此基础上，通过网络组织淫秽表演的行为完全可以认定为传播淫秽物品（牟利）的行为，前者只是比后者多了"组织"这一构成要件。所谓组织，即策划、指挥、统筹淫秽表演的行为，包括招募表演者，提供表演场所、设备、资金等表演所需物资，召集观众等行为。组织者本人完全可能同时是表演者，而未参与组织行为的表演者则不能成立组织淫秽表演罪。所以，通过网络进行淫秽表演的行为成立传播淫秽物品犯罪,当同时具有组织行为时亦成立组织淫秽表演罪,两罪构成想象竞合,应从一重罪论处。

最后,在物理空间中,淫秽表演的受众受制于视野,每次淫秽表演的传播范围均不会很大,因而组织淫秽表演罪的法定刑最高仅为 10 年有期徒刑。但是,网络空间通过传输技术无限放大了受众群体,因而可能具有更严重的社会危害性或法益侵害性,这是传统的组织淫秽表演行为所无法比拟的。将通过网络进行淫秽表演的行为认定为传播淫秽物品(牟利)罪和组织淫秽表演罪的想象竞合,既完整地评价了此类案件事实,法定刑最高又可达无期徒刑,适应了情节特别严重情形下淫秽物品犯罪的法益保护目的,充分体现了罪刑法定原则和罪责刑相适应原则。

二、淫秽电子信息的数量认定

情节严重,是传播淫秽物品罪的入罪条件,是制作、复制、出版、贩卖、传播淫秽物品牟利罪的法定刑升格条件,对此,相关司法解释基本将传播淫秽物品犯罪的情节要素量化为了淫秽物品本身的数量,以及部分情形下的点击数、人数、违法所得数额等。司法实践中相关的办案难点主要体现为不同情形中淫秽电子信息的数量认定。

(一) 短小型淫秽电子信息数量认定

一般认为,对于淫秽视频文件、音频文件、文章等淫秽电子信息应以其自然的、独立的个数计算数量,而无论各个淫秽电子信息的长短以及之间是否有内容上的关联性。由此可以延伸出两个规则,一是对多个内容上关联的淫秽电子信息按照自然个数计算为多个而不统一计算为一个,二是对多个内容上无关联的淫秽电子信息拼接而成的新的淫秽电子信息亦按照自然个数计算为一个而不拆分计算为多个。这种观点本身具有一定的合理性,且规则简洁,可以节约司法资源。在前述"钱某制作、贩卖、传播淫秽物品牟利案"中,钱某的辩护人就曾提出,有些淫秽视频是设备自动分段或钱某人为剪辑拆分形成的,对此应当以被偷拍者的对数计算淫秽视频的数量。实际上,即使相关视频是分段而成,每段视频本身也均包含充分的诲淫性内容,可以认定为淫秽物品,进而应当分别计算数量。

然而,司法实践中往往会出现一些传播短小型音视频牟利的案件,这类案件中短小型音视频文件较多,有的时长甚至仅为数秒钟。如果按照自然个数计算数量,很容易就达到情节特别严重的标准,行为人将面临 10 年以上有期徒刑甚至无期徒刑,量刑明显畸重。对此,我们认为,应当坚持罪责刑相适应原则,综合全案灵活认定。

首先,传播淫秽物品犯罪本身是情节犯而非数量犯,即使司法解释将情节予以量化,也应当考虑不同数量下情节的实质严重程度是否真的有差异。例如,向一个人传播一部完整的淫秽电影和把该淫秽电影分 10 段传播给一个人,二者虽然数量上有差异,但情节严重的程度几乎无异,对此不宜唯数量论。其次,在实质解释论下,一秒或几秒的淫秽视频,其法益侵害性与淫秽图片类似,[①] 在形式解释可能导致罪刑明显不均衡的情况下,可以出于有利于被告人的立场,将这些极短的视频不再以淫秽视频文件计算数量。例如,有些淫秽软件的下载功能会将完整的淫秽电影拆分为几百个短小的视频文件,甚至有些可能会拆分为几百个无法独立播放的特殊格式文件,只有在该淫秽软件中才能播放。对于此类情形,实践中就可以考虑合并认定,以实现罪责刑相适应。

(二)间接指向型淫秽电子信息的数量认定

间接指向型淫秽电子信息是指区别于一般淫秽电子信息(如淫秽视

---

① 参见胡胜:《网络贩卖淫秽物品的数量认定》,载《人民司法(案例)》2018 年第 5 期。

频文件）和直接播放链接，打开后无法直接获取淫秽内容的电子信息，包括种子文件、淫秽网站链接、下载链接等。司法实践中，有些种子文件或下载链接指向成百上千部淫秽影片，对此如果按照2004年两高《淫秽电子信息司法解释（一）》第四条的精神，[1] 根据所链接的淫秽电子信息的种类计算，则行为人动辄会面临10年以上有期徒刑甚至无期徒刑，量刑明显畸重。对此，《刑事审判参考》第666号指导案例"李某贩卖淫秽物品牟利案"的裁判理由值得参考。该案中，被告人李某贩卖了326个内含上千条淫秽视频链接的压缩文件，如果以淫秽视频链接为单位计算，数量将高达36万余个，而若以所链接的淫秽电子信息计算，数量将会更多。按照这两种计算方式，恐怕行为人均应被判处无期徒刑。但是法院认为，李某"每次贩卖均以该压缩文件为最小单位，购买者只能以该压缩文件为一件商品进行购买，故以内含淫秽视频链接的压缩文件为单位计算淫秽视频文件数量更符合被告人的客观行为"[2]。本书亦赞成这种观点。

首先，贩卖、传播此类间接指向型淫秽电子信息并不能直接适用2004年两高《淫秽电子信息司法解释（一）》第四条的规定。单纯的贩卖、传播淫秽链接并非"在自己所有、管理或者使用的网站或者网页上提供直接链接"，且所传播的链接也非直接链接，因而与该司法解释的规定并不相符。

其次，2017年两高《网络云盘淫秽电子信息批复》第二条体现了对间接指向型淫秽电子信息综合认定情节的精神，该条指出："对于以牟利为目的，利用网络云盘制作、复制、贩卖、传播淫秽电子信息的行为，

---

[1] 2004年两高《淫秽电子信息司法解释（一）》第四条规定，明知是淫秽电子信息而在自己所有、管理或者使用的网站或者网页上提供直接链接的，其数量标准根据所链接的淫秽电子信息的种类计算。

[2] 最高人民法院刑事审判第一、二、三、四、五庭主办：《刑事审判参考（总第78集）》，法律出版社2011年版，第28页。

在追究刑事责任时，鉴于网络云盘的特点，不应单纯考虑制作、复制、贩卖、传播淫秽电子信息的数量，还应充分考虑传播范围、违法所得、行为人一贯表现以及淫秽电子信息、传播对象是否涉及未成年人等情节，综合评估社会危害性，恰当裁量刑罚，确保罪责刑相适应。"其中所谓网络云盘的特点，既包括其可能指向海量的淫秽电子信息，也包括对淫秽电子信息的间接指向性。由于"净网行动"的开展，绝大部分网络云盘已无法直接存储和在线观看淫秽电子信息，相关文件会被锁定"和谐"而无法观看。实践中，行为人会采用压缩文件、种子文件等形式来避免淫秽电子信息被锁定"和谐"，此类网络云盘链接或账户就仅相当于淫秽下载链接而已。进而按照该批复的精神，不应单纯考虑其所指向的具体淫秽信息，而应综合全案评估情节，适时以间接指向型淫秽电子信息本身的数量为基准进行量刑，以确保罪责刑相适应。

最后，此种认定方式亦有利于维持传播淫秽物品犯罪线上、线下行为的量刑均衡。[①] 1998年最高人民法院《非法出版物案件解释》对于实物载体的淫秽物品是以载体为单元计算数量的。实际上，当前的淫秽影碟容量已经可以达到几百G，一张光盘完全可以包含几百部淫秽影片，但按照司法解释的规定其仍是以载体为单元计算数量。相比之下，如果对淫秽电子信息要追溯到最底层的淫秽文件来计算，则与实物载体的淫秽物品数量计算逻辑相矛盾，量刑差异也会极大，缺乏合理性。

综上，对于间接指向型淫秽电子信息，不宜直接以其最终指向的具体淫秽信息计算数量，而应根据间接指向的特征，结合行为人的客观行为模式，以外层的载体（如种子文件、压缩包、下载链接等）计算数量，以避免量刑畸重，同时保障传播不同类型淫秽物品行为的量刑均衡。

[①] 参见张远金：《贩卖淫秽视频种子文件的定性和数量认定》，载《人民司法（案例）》2017年第20期。

第十一章 网络赌博犯罪

【法条链接】

《刑法》第三百零三条规定：以营利为目的，聚众赌博或者以赌博为业的，处三年以下有期徒刑、拘役或者管制，并处罚金。

开设赌场的，处五年以下有期徒刑、拘役或者管制，并处罚金；情节严重的，处五年以上十年以下有期徒刑，并处罚金。

组织中华人民共和国公民参与国（境）外赌博，数额巨大或者有其他严重情节的，依照前款的规定处罚。

【罪名概述】

一、相关罪名概述

《刑法》第三百零三条分三款，分别规定了赌博罪、开设赌场罪和组织参与国（境）外赌博罪（以下需要时统称为赌博犯罪）。赌博犯罪源自1979年《刑法》第一百六十八条，该条规定："以营利为目的，聚众赌博或者以赌博为业的，处三年以下有期徒刑、拘役或者管制，可以并处罚金。"虽然 1979 年《刑法》规制的赌博犯罪行为仅限于聚众赌博和常业赌博两类，看似较为单薄，但开设赌场行为在一定程度上包含于"以赌博为业"之中，聚众赌博亦足以囊括组织中国公民跨境赌博的行为，因而并不至于产生较大的处罚漏洞。1997 年《刑法》修订时，明确将实践中较为典型的"开设赌场"行为列举为赌博罪下的另一种行为方式，共用一档法定刑，并未体现其与传统赌博行为方式之间社会危害性的差异。同时，将赌博罪的罚金刑由选择附加刑改为必须附加刑。至 2006 年《刑法修正案（六）》第十八条，为了加大对开设赌场行为的规制力度，开设赌场行为被独立成罪，并较之赌博罪增加了一档"情节严重"的加重法定刑，法定最高刑达 10 年有期徒刑。此后，随着跨境赌博和网络赌博犯罪日益猖獗，相关案件资金规模之大、隐蔽性之强体现出了更严重的社会危害性，2020 年《刑法修正案（十一）》第三十六条对此一方面将开设赌场罪基本刑的上限和加重刑的下限由 3 年有期徒刑改为 5 年有期徒刑，另一方面增设了组织参与国（境）外赌博罪，将组织中国公民跨境赌博的行为从传统的聚众赌博行为中独立出来，并附以与开设赌场罪一致的、较之赌博罪更高的法定刑，进一步完善了赌博犯罪的规制结构。

二、相关罪名的刑法条文解读

（一）赌博罪

所谓赌博，是指以偶然的结果定输赢进而确定财物归属的行为。其中，偶然的结果不需要在客观上绝对不确定，即使其与参与者的主观能动性具有关联性，甚至客观上已经确定，只要对于参与者来说具有不确定性，就可以用来赌博。

根据《刑法》第三百零三条第一款的规定，赌博行为包括聚众赌博和以赌博为业两类。所谓聚众赌博，即聚集、组织3人以上一起赌博的行为，一般认为聚众赌博类赌博罪属于不纯正的聚众犯罪，只追究其首要分子即"赌头"的刑事责任，① 至于组织者是否参与赌博并不影响聚众赌博的成立。根据相关司法解释的规定，刑法上的聚众赌博还需要达到抽头渔利数额累计5000元以上，或赌资数额累计5万元以上，或参赌人数累计20人以上的标准。至于以赌博为业，则是指将赌博作为职业、常业（包括主业和兼业），进而以赌博相关收入作为主要收入来源的行为。其中不仅包含参与赌博营利的行为，也应包括（开设赌场外的）经营赌博行为，例如制售赌博用具、专门招揽赌客等。② 当然，根据2014年两高一部《利用赌博机开设赌场案件意见》第四条第一款的规定，以提供给他人开设赌场为目的，违反国家规定，非法生产、销售具有退币、退分、退钢珠等赌博功能的电子游戏设施设备或者其专用软件，情节严重的，以非法经营罪定罪处罚。③ 因而对于这类行为，可以成立赌博罪与非法经营罪的想象竞合犯。

主观上，赌博罪是故意犯罪，同时要求以营利为目的。其中，以赌博为业的行为在性质上显然已包含营利目的，因而无需另行认定。此处的营利目的为主观超过要素，不要求客观上实际获得利益。而且，营利不限于通过赌博活动直接赢得财物，还包括抽头渔利，收取各类手续费、场地费等形式所得。如果行为人不以营利为目的，而只是为了娱乐消遣，即使进行了涉及少量财物的赌博活动（如果涉及大量财物，则难以认定为不具有营利目的），也不构成赌博罪。

---

① 参见刘德法、孔德琴：《我国关于聚众犯罪的立法缺陷及其完善》，载《中州学刊》2010年第1期。
② 参见于浩：《论我国刑法中的"以赌博为业"》，载《法律适用》2021年第11期。
③ 《关于办理利用赌博机开设赌场案件适用法律若干问题的意见》，载最高人民检察院网站，https：//www.spp.gov.cn/spp/zdgz/201404/t20140423_71227.shtml，最后访问时间：2022年12月20日。

（二）开设赌场罪

所谓赌场，即用于赌博的场所。显然，赌场的认定与其中赌博行为的认定密不可分，若一个场所并非为赌博活动提供条件，则不能称之为赌场。例如，《娱乐场所管理条例》第十四条规定，"娱乐场所及其从业人员不得实施下列行为，不得为进入娱乐场所的人员实施下列行为提供条件……（五）赌博"。由此可知，合法经营的棋牌室等娱乐场所内进行的娱乐活动不是违法的赌博行为，因而娱乐场所不是赌场。也正因如此，相关司法解释规定，提供棋牌室等娱乐场所且只收取正常的场所和服务费用的经营行为等，不以赌博（开设赌场）论处。当然，赌场的认定依赖于其中赌博行为的认定并不等于开设赌场罪以赌博罪为前提。虽然开设赌场曾经是赌博罪的一类构成要件行为，但前文已述，《刑法修正案（六）》专门将开设赌场罪从赌博罪中独立出来，并设定了不同的构成要件和法定刑，如此便不能认为开设赌场罪仅是赌博罪的情节加重犯，二者应是并列关系而非包含关系。[1] 在网络赌博"兴盛"的当下，赌场的自然意义已不限于物理空间中的实体场所，还包括网络空间中的虚拟场所，如赌博网站、赌博软件等，甚至还包括被行为人利用而设置赌博规则的合法网络平台。[2] 而由于网络空间建立场所的便捷性，赌场的认定不得不诉诸其中所组织的赌博活动的特征。由此可见，赌场的"场所"属性正逐渐为行为人对赌博行为的组织行为所覆盖，赌场的概念外延因此逐渐泛化，需要根据赌场的本质特征作实质认定。对于赌场的开设行为，根据相关司法解释的规定，也应采取广义理解，不限于提供场地，还包括设置赌博机，建立、购买、租用赌博网站或赌博应用程

---

[1] 参见许晓娟、张龙：《对在住宅中开设赌场的认定分析》，载《法学杂志》2015 年第 11 期。
[2] 参见沈平：《利用合法网络平台赌博构成开设赌场罪》，载《人民司法（案例）》2021 年第 23 期。

序,为其担任代理并接受投注,参与利润分成等。

本罪在主观上表现为故意,行为人应当认识到自己开设的是赌场而非正常的娱乐场所,如果仅是有赌徒在棋牌室等娱乐场所的工作人员不知情的情况下进行了赌博活动,棋牌室的经营者明显缺乏开设赌场罪的犯罪故意,不具备本罪的主观方面。此外,本罪不要求以营利为目的,即使行为人不追求营利,而是出于娱乐、追求刺激或报复社会等目的开设赌场,也可以构成开设赌场罪。对此,有观点主张,结合赌博犯罪相关司法解释,本罪属于"不成文的目的犯",即使法条没有规定以营利为目的,也应当认为开设赌场罪需要具备营利目的。[1] 但需要注意的是,《刑法修正案(六)》对开设赌场罪构成要件方面的修订仅有对营利目的的删除,可见这种观点忽视了本罪立法沿革中体现出来的立法本意。此外,以2006年《刑法修正案(六)》出台为分界点,2008年《立案追诉标准(一)》第四十四条、2010年两高一部《网络赌博犯罪意见》第一条第一款、2014年两高一部《利用赌博机开设赌场案件意见》第一条均未规定开设赌场罪需具有营利目的。虽然2020年两高一部《办理跨境赌博犯罪意见》第二条规定了以营利为目的的若干行为属于开设赌场,但也不宜依此得出不以营利为目的的相关组织网络赌博行为就一律不能认定为开设赌场罪。综上,开设赌场罪不应解释为目的犯,其主观方面仅有犯罪故意的要求。

(三)组织参与国(境)外赌博罪

本罪规制的是组织中华人民共和国公民参与国(境)外赌博的行为。关于本罪中组织的理解,应当注重"主动性"和"管理性"两个要素,前者即主动联系、邀约、召集赌客,后者即组织者为赌客参与国

---

[1] 参见周娅、方向楠:《开设赌场罪:关于不成文目的犯的思考》,载《重庆大学法律评论》2019年第2期。

（境）外赌博提供各种便利条件，如安排食宿、提供账户等。[①] 有观点认为，组织的认定宜以"三人以上"为必要条件。[②] 但需要注意的是，本罪的设立意味着组织中华人民共和国公民参与国（境）外赌博的行为已独立于赌博罪和开设赌场罪，而非赌博罪或开设赌场罪的帮助犯。此前，根据相关司法解释的规定，仅组织中华人民共和国公民"赴境外赌博"的行为属于聚众赌博或开设赌场。显然，本罪所称"参与国（境）外赌博的行为"扩大了处罚范围，不仅包含境内中国公民赴境外赌博，亦包括境内中国公民在境内通过网络参与境外赌博和境外中国公民线下或线上参与境外赌博。且法条明确规定以"数额巨大或者有其他严重情节"作为入罪标准，而组织一个人参与境外豪赌也可以达到数额巨大的标准，所以，不宜继续以聚众赌博的行为方式约束本罪的组织行为。此外，本罪主体不限于境外赌场的经营、管理人员或受其指派、雇用的人员，还包括其他任何实施了组织行为的一般主体，这亦凸显了本罪并不依附于赌博罪和开设赌场罪。也正因如此，本罪不应理解为开设赌场罪的帮助犯或者特殊类型的聚众赌博行为，即使境外的开设赌场行为和赌博行为可能不违反当地法律，即使行为人并非为了境外赌场提供帮助或者不满足聚众赌博的构成要件，也不影响本罪的成立。

主观上，本罪表现为故意，行为人应当认识到其组织的对象是中华人民共和国公民以及所组织的行为是参与国（境）外赌博。此外，与开设赌场罪一样，本罪不要求以营利为目的，此处不再赘述。

[①] 参见黄楠：《组织内地公民赴境外赌博行为定性分析》，载《法律方法》2020 年第 3 期。
[②] 参见喻海松编著：《实务刑法评注》，北京大学出版社 2022 年版，第 1423 页。

【案例解读】

指导案例 106 号：谢某某、高某 1、高某 2、杨某某开设赌场案[①]

（一）案情简介

2015 年 9 月至 11 月，向某（已判决）建立微信群，纠集被告人谢某某、高某 1、高某 2、杨某某等人为代包手，以营利为目的，邀请他人加入，组织群内人员在微信群内采用抢红包的方式进行赌博。

赌博规则前期为固定抽头，即上一轮抢到红包末位数最小（或末位数为特殊数字等）的人通过微信将赌资 88 元转账给代包手，代包手将其中的 60 元作为赌博红包再发到群里用于下一轮赌博，并依次循环，剩余款项 3 元归代包手、5 元归群主、20 元放入奖金池，用于奖励抢到特殊数字的人（如 4 个 8、顺子、对子等）以及垫付逃包的费用，若奖金池中有剩余则群主会作为福利红包再发到群里。后期规则为浮动抽头，赌资变为 138 元，代包手仅发出 100 元作为下一轮赌博红包，剩余 38 元中 3 元归代包手，其余 35 元放入奖金池，用于奖励抢到特殊数字或者垫付逃包费用，奖金池中每天剩余奖金作为群主的抽头款。

其中，被告人谢某某伙同向某收取赌资数额累计 613224 元，抽头获利 183844 元；被告人高某 1 伙同向某收取赌资数额累计 212149 元，抽头获利 60849 元；被告人高某 2 伙同向某收取赌资数额累计 197092 元，抽头获利 56710 元；被告人杨某某伙同向某收取赌资数额累计 131907

[①] 载最高人民法院网站，https://www.court.gov.cn/shenpan/xiangqing/137111.html，最后访问时间：2023 年 6 月 15 日。

元，抽头获利37127元。[1]

（二）裁判要旨

以营利为目的，通过邀请人员加入微信群，利用微信群进行控制管理，以抢红包方式进行赌博，在一段时间内持续组织赌博活动的行为，属于《刑法》第三百零三条第二款规定的"开设赌场"。[2]

（三）案件分析

本案中，众行为人组织的抢红包活动显然属于赌博，且达到了刑事立案标准，因而定性的争议点在于本案到底构成赌博罪（聚众赌博）还是开设赌场罪。

前文已述，随着网络赌博日益猖獗，网络赌场渐趋多样化，传统实体赌场的诸多表征在网络空间逐渐虚化。甚至，借用合法网络平台（如微信群、网络游戏空间等）开设赌场的行为，相较于典型的制作赌博网站、赌博软件的行为，已经缺乏显而易见的"场所"特征，也无需自行设置筹码、提供常见的网络赌具，甚至无需设定专门的赌博方式和接受投注方式，而可以借助合法平台的游戏规则，仅提供变现服务、变相抽头渔利等。因此，当下网络赌场的认定不得不诉诸赌场的本质特征。对此，由于赌博罪也会涉及进行赌博活动的场所，因而刑法学界和司法实

---

[1] 本案相关裁判文书及最高人民法院《关于发布第20批指导性案例的通知》中所介绍的案情过于简单，为了使读者充分了解涉案赌博活动详情，本书从主审法官的文章中选取了更为详细的案情介绍，参见韩骏、钱安定、李跃华：《以微信抢红包形式进行网络赌博的定性——浙江杭州中院判决谢某某、高某1、高某2、杨某某开设赌场案》，载《人民法院报》2017年11月2日。

[2] 本案与"指导案例105号：洪某1、洪某2、洪某3、李某某开设赌场案"系最高人民法院同一批发布的指导性案例，二者都是借助微信群开设赌场，对于网络赌博特征的归纳具有一致性。指导案例105号的裁判要旨是："以营利为目的，通过邀请人员加入微信群的方式招揽赌客，根据竞猜游戏网站的开奖结果等方式进行赌博，设定赌博规则，利用微信群进行控制管理，在一段时间内持续组织网络赌博活动的，属于刑法第三百零三条第二款规定的开设赌场。"该案载最高人民法院网站，https://www.court.gov.cn/shenpan/xiangqing/137101.html，最后访问时间：2023年6月15日。

务界均是从区分开设赌场罪与赌博罪的角度加以分析的。其中，以赌博为业的行为与开设赌场行为容易区分，因而问题集中于聚众赌博行为与开设赌场行为的界分，本案亦遵循这一分析思路。

从本指导性案例的裁判要旨可以归纳出，此类非典型网络赌场应当具有支配性（利用微信群进行控制管理）、开放性（邀请人员加入微信群）、稳定性（在一段时间内持续组织赌博活动）三个特征，才能与实体赌场保持同质性。

支配性，即赌场开设者及相关经营管理人员对赌场、赌场内的赌博活动、参赌人员具有管理、控制的权力，这是赌场最显著的特征。实体赌场的支配性体现最为充分，例如物理场所的提供、营利方式与营业时间的自主设定、对参赌人员的管理权、参赌人员只能使用赌场内已有的赌博工具并按照赌场设定的规则进行赌博等。同时，为了有效实现对赌博活动和参赌人员的支配，赌场常常会设置详细的工作人员架构，包含庄家、荷官、陪玩、财务、保安、后勤等。而赌博网站、赌博软件等典型的网络赌场虽然摆脱了空间限制，不需要多少工作人员辅助管理，但由于其已经事先设定了赌博活动类型、规则、资金结算方式等，参赌人员依然只能从设计好的选项中进行赌博活动，此类网络赌场同样体现了对赌博活动、参赌人员的支配性。至于普通的通讯群组、合法的网络平台等非典型网络赌场，由于其中并不天然包含赌博内容，因而无法直接体现针对赌博的支配性，需要诉诸具体赌博活动的组织、引导情况进行个案分析。本案中，涉案微信群系专为赌博而设，案情虽未提及各行为人是微信群的管理员，但其作为"代包手"，是组织抢红包赌博活动不可或缺的环节，参赌人员在该群内无法绕开群主向某和代包手进行赌博活动。且本案事实上也是由群主向某和各个代包手组织赌博活动、设定抽头方式、进行记账等，分工明确，与实体赌场具有相似的组织架构，因而足以认定该微信群的支配性。

开放性是赌场的另一大特征，即在一定大范围内参赌人员的不特定性和扩张性。一般情况下，聚众赌博行为发生于一众具有较为紧密社会关系的人群（即所谓"赌友"）之间，并会形成利益共同体，因而即使参赌人员会发生一定的流动，整体上也仍以较为紧密的社会关系为界，对外保持封闭性，而不会持续招揽赌客，进而参赌人员基本具有特定性。对于少数参赌人员社会关系较为疏远的聚众赌博案件，行为人为了保证赌博行为的隐蔽性，亦不会盲目扩张参赌人员人数，且多具有临时性因而不具有发展性。与之相对，赌场的设立绝大多数是为了可持续地营利，因而不以社会关系为限，具体表现为随意招揽赌客，参赌人员大多与绝大多数其他参赌人员互不相识。此外，为了保持参赌人员的扩张性，赌场会保持一定的固定性。在本案中，涉案微信群成员均可邀请他人入群，甚至可以依此"领取工资"，群内 100 余人大多互不认识，具有明显的扩张性，符合赌场的开放性特征。[1]

当具有以上两个特征时，网络赌场其实已足以成立，但指导案例 105 号和 106 号的裁判要旨仍明确提示网络赌场还需要"在一段时间内持续组织赌博活动"，即所谓稳定性，包括赌博场所的相对固定性和组织赌博活动时间的持续性。实际上，从罪状表述来看，开设赌场罪属于行为犯，行为人只要开设了赌场，即使尚未组织赌博活动，也可以成立犯罪既遂。既然如此，网络赌场为何还需要具有稳定性呢？我们认为，一方面，聚众赌博一般具有间歇偶发、短暂临时的特点，而开设赌场通常表现为持续运营，[2] 因而经营时间过短的非典型网络赌场难以区别于聚众赌博行为，进而根据事实存疑时有利于被告人的原则，难以直接认定为开设赌场行为。另一方面，当此类非典型网络赌场不具有稳定性时，

---

[1] 参见钱安定、杨治、马蓓蓓：《〈谢某某、高某1、高某2、杨某某开设赌场案〉的理解与参照——以微信抢红包形式进行网络赌博的定性》，载《人民司法》2021 年第 17 期。
[2] 参见杨菲、汤媛媛、马蓓蓓：《〈洪某1、洪某2、洪某3、李某某开设赌场案〉的理解与参照——利用微信群控制管理，持续组织他人赌博构成开设赌场罪》，载《人民司法》2021 年第 17 期。

其支配性和开放性亦难以充分体现。对于借助通讯群组等合法平台开设的网络赌场，如果不看其中赌博活动的具体组织情况，将难以认定其赌场特征。例如，行为人甲以开设赌场的故意建立某微信群，在人数仅有十几人的第一天晚上组织了若干次赌博活动，第二天即案发。即使认为当晚的赌博活动完全由行为人甲支配，该微信群也在继续招揽赌客，但由于经营时间尚短，该"赌场"的开放性无法真正实现，进而难以区别于偶发的聚众赌博行为。如果贯彻开设赌场罪的行为犯特征，认为行为人甲在用于赌博的微信群建立时就成立开设赌场罪既遂，则基本排除了利用合法网络平台聚众赌博行为的适用空间，且忽视了网络空间搭建平台区别于提供实体场所的便捷性，不具有合理性。至于赌场的支配性、开放性特征，由于该微信群仅存续一天，无法真正区别于聚众赌博行为中的组织行为，同样难以认定。回到本案中，各行为人均与主犯向某在微信群中持续、规律地组织赌博活动，稳定存续了两个月之久，具备了赌场的稳定性特征。

综上所述，本案的微信群满足了赌场的支配性、开放性、稳定性特征，可以认定为网络赌场，全案应定性为开设赌场罪。同时推而广之，对于网络空间组织的赌博活动，若不能同时满足这三个条件，宜定性为网络空间的聚众赌博行为，不能一律以开设赌场罪论处。

【实务难点】

随着网络社会的代际更迭，网络赌博行为亦呈现出全新的犯罪态势。一方面，消费便捷带动网络赌博资金规模的指数增长；另一方面，网络赌博行为的横向辐射危害亦逐渐凸显，例如赌博形式和赌场类型不断多元化、赌博的欺诈性不断提高等。如此种种，对网络赌博案件的合理定罪量刑造成诸多难题。

一、微信抢红包类赌博案件如何合理量刑

司法实践中出现大量微信抢红包类赌博案件，罪名集中于开设赌场罪。然而，自 2006 年《刑法修正案（六）》将开设赌场行为独立成罪并设立两档法定刑后，相关司法解释均未一般性地对开设赌场行为的量刑标准作出规定，仅 2010 年两高一部《网络赌博犯罪意见》第一条针对建立赌博网站的行为，以及 2014 年两高一部《利用赌博机开设赌场案件意见》第二条针对利用赌博机开设赌场行为的量刑标准作了单独规定。虽然其中有关违法所得（3 万元）、赌资数额（30 万元）、参赌人数（120 人）的情节严重标准是一致的，且解释论上微信群可以构成网络赌场，但微信作为 2011 年才正式推出的即时通讯程序，终究无法直接归类于 2010 年两高一部《网络赌博犯罪意见》所指向的赌博网站，其也不存在代理、直接投注等功能。此外，虽然《刑法修正案（十一）》将开设赌场罪基础法定刑的上限和加重刑的下限由 3 年有期徒刑改为 5 年有期徒刑，体现了对开设赌场罪进一步严惩的刑事政策，[1] 但毕竟没有直接提高开设赌场罪法定刑的上限，如果仍按照之前情节严重的标准量刑，不考虑新型网络赌博的发展特征，行为人会很轻易地面临 5 年至 10 年的有期徒刑，直接排除了缓刑的适用空间，容易造成罪责刑不相适应。因此，对于微信抢红包类赌博案件，只能是"参照适用"当前的相关司法解释，并根据罪责刑相适应原则，结合经济社会发展情况，在个案中灵活把握开设赌场罪情节严重的标准，以妥当量刑。

需要注意的是，微信抢红包类赌博案件有其自身的特征，应当在量刑时予以考虑。首先，微信群内参赌人员的扩张虽然可以满足赌场的开

---

[1] 参见杨万明主编：《〈刑法修正案（十一）〉条文及配套〈罪名补充规定（七）〉理解与适用》，人民法院出版社 2021 年版，第 329 页。

放性特征，但其人数发展多是基于群内参赌人员的微信好友关系，相互之间的社会关系较之于赌博网站完全陌生的会员之间更亲密。而且，受制于微信红包 200 元的金额上限，此种类型的赌博不会发生动辄以万元计的输赢，只能通过次数的不断积累以达到较大的数额，因而，微信抢红包类赌博案件整体上较之于开设典型网络赌场的社会危害性要小。其次，抢红包赌博区别于其他赌博活动，赌资本身属于赌博游戏的核心组成部分，款项的流动性很强且分散，笔数也较多，还存在重复流动的情况，难以像传统赌博案件那样查证实际用于赌博的资金总数，不可避免会出现重复计算的问题。而且，此类案件的赌资数额显然已经与组织者的营利脱钩，因为无论发出的红包有多大，犯罪行为的动力始终在于抽头渔利的数额。因此，对于部分难以统计赌资的此类案件，我们认为无需精确计算。有些行为人选择租用群机器人或者通过其他程序自动统计赌资数额和抽头渔利的，可以直接予以认定。总的来说，微信抢红包类赌博案件的赌资数额由于难以对应其社会危害性的程度，在赌资与违法所得差距悬殊时，宜以行为人违法所得的数额作为定罪量刑的基础。例如，在《刑事审判参考》第 1347 号案例"夏某某等人开设赌场案"中，被告人夏某某、陈某某虽然涉案赌资均达 2000 余万元，但个人非法获利却仅 20 万元，被告人赵某某涉案赌资达 700 余万元，但个人非法获利仅 10 万元，被告人卞某某涉案赌资 900 余万元，但个人非法获利仅 3 万元。其他被告人也都存在涉案赌资与非法获利差距巨大的情况。该案的裁判理由认为："在这种情况下，如果仅以涉案赌资衡量犯罪行为的危害性，极可能造成不适当的重判。相对而言，非法获利情况更能客观地反映被告人的主观恶性和犯罪的社会危害性。"[①] 本书对此表示赞同。

[①] 中华人民共和国最高人民法院刑事审判第一、二、三、四、五庭主办：《刑事审判参考（总第 122 集）》，法律出版社 2020 年版，第 89 页。

二、网络游戏平台银商行为的定性

所谓银商，在此是指倒卖网络游戏虚拟货币的人。近年来，司法实践中出现较多给棋牌类、"捕鱼"类等网络游戏平台提供"上下分"服务的银商，他们以较低的价格收购游戏币并以低于游戏运营商标价的价格转让游戏币，进而赚取差价。原本，根据 2009 年原文化部、商务部《关于加强网络游戏虚拟货币管理工作的通知》[①] 等规定，网络游戏运营商不得提供或变相提供以游戏积分、虚拟货币等兑换现金、财物的服务。因而，即使这类网络游戏可能涉及含有不确定性的博戏内容，但由于不存在兑换为财物的途径，因而不属于赌博，不涉嫌赌博犯罪。然而，当网络游戏运营商违规提供用户间转让游戏积分、虚拟货币的服务时，银商的出现便会突破这一红线，使得单纯的娱乐活动变为以偶然因素影响现实财物输赢的赌博活动。对于这类银商行为的刑法定性，刑法学界和司法实务中存在非法经营罪、赌博罪、开设赌场罪的认定分歧。我们认为，银商的行为不应认定为非法经营罪，至于认定为赌博罪还是开设赌场罪亦不能一概而论，需要结合前述赌场的三大特征在个案中予以综合认定。

首先，银商的行为不属于典型的非法经营行为，并未扰乱市场秩序，不构成非法经营罪。主张银商构成非法经营罪的观点认为，倒卖网络游戏虚拟货币的行为属于未经许可经营人民币兑换事项，[②] 或者将其定性为非法从事资金支付结算业务。然而，银商的行为显然并非针对人民币的兑换，而是对网络游戏虚拟货币的兑换，并未侵犯人民币的专营制度。

[①]《关于加强网络游戏虚拟货币管理工作的通知》，载文化和旅游部网站，https://zwgk.mct.gov.cn/zfxxgkml/zcfg/gfxwj/202012/t20201204_906151.html，最后访问时间：2022 年 12 月 20 日。

[②] 参见云和县人民法院课题组：《寄附型网络赌博关联犯罪问题实证研究——以对局型网络游戏为视角》，载《法治研究》2013 年第 7 期。

此外，该行为也不属于资金支付结算业务，不同于商业银行或者支付机构在收付款人之间提供的货币资金转移服务。《刑法》第二百二十五条第三项规制的资金支付结算业务主要是地下钱庄非法从事支付业务以及POS机套现等行为，① 并不能囊括银商倒卖游戏币的行为。至于试图适用非法经营罪的兜底条款来规制银商的行为，由于当前并不存在针对非网络游戏提供者经营网络游戏虚拟货币的"国家规定"，因而其并不具有对应的社会主义市场经济秩序。所以，银商的行为不能认定为非法经营罪。

其次，银商的行为属于赌博犯罪的正犯行为而非共犯行为。有观点认为，银商的行为缺乏对赌博活动的支配性，赚取差价的行为也不同于抽头渔利，且倒卖游戏币本身因不具有射幸性而不属于赌博，不能构成赌博犯罪的正犯，只能通过共犯加以规制。② 我们认为，这种观点忽视了网络游戏虚拟货币变现之于赌博成立的重要意义，片面理解了赌场的支配性特征，且难以实现处罚目标。诚然，银商倒卖游戏币的行为本身并非组织赌博活动，似乎也没有建立一个用于赌博的"场所"，但是，银商提供的游戏币兑换人民币服务让原本与现实财物脱钩的娱乐活动在性质上发生了根本性的转变，使得"游戏+兑换"在整体上符合了赌博行为的特征。进而，银商的行为便是将合法游戏平台改造为具有相对性的赌博游戏平台，虽然银商本人并未直接接受投注，但与赌博机赌博类似，其提供了筹码的回购途径。而且，赌场的支配性不限于物理支配，还包括功能支配。③ 一旦银商不再接收游戏币，相关游戏行为便会因不涉及财物输赢而不属于赌博活动，因而银商从功能上直接支配了赌博活

---

① 参见陈兴良：《刑法各论精释（下）》，人民法院出版社2015年版，第866~868页。
② 参见张艳：《倒卖虚拟游戏币供他人赌博行为的司法认定》，载《中国检察官》2021年第8期。
③ 参见吴强林：《利用网络游戏平台为他人赌博提供"上下分"服务以牟利的行为定性》，载《法治论坛》2019年第2期。

动。在这个意义上，整个游戏空间都是（具有相对性的）赌场，而银商支配了其中的赌博活动，至于赚取差价是否属于抽头渔利，实际上并不妨碍赌博犯罪的认定。

此外，共犯规制路径存在诸多障碍，即使在赌博犯罪中承认片面的帮助犯，由于涉案游戏平台本身难以独立地被认定为赌博网站或赌博软件等网络赌场，作为正犯的网络游戏运营商也可能由于缺乏主观故意而不构成赌博犯罪行为。此时，如果认定银商为赌博犯罪的帮助犯，则根据共犯理论无法追究其刑事责任。例如，在"谢某某开设赌场案"中，法院就是以共犯思路否定了银商的开设赌场罪，认为"查获的某棋牌游戏中心客服问答资料明确游戏币不能提现，官网没有商行和银商，本案无充足证据证实谢某某与谢某2就银商一事存在意思联络，现有证据不能证实某棋牌游戏中心网站老板谢某2是银商老板，也不能证实谢某2通过谢某某为该网站提供银商业务，不宜将该网站定性为赌博网站，公诉机关实际上也未将游戏玩家通过官网充值的金额认定为赌资数额。因此，公诉机关指控被告人谢某某利用谢某2注册的某棋牌游戏中心网站做代理商的证据不足，被告人谢某某开展游戏币与现金的兑换业务的行为是其个人行为，不属于'为赌博网站担任代理并接受投注'，其行为不构成开设赌场罪"[1]。综上，银商的行为应构成赌博犯罪的正犯行为，无需借助共犯来追究。当然，对于那些与游戏运营商明确签订合作协议的代理银商，因其与游戏运营商存在事先的犯意联络，显然可以成立开设赌场罪的共同犯罪（共同正犯），自不待言。

最后，银商的行为是认定为赌博罪还是开设赌场罪应在个案中根据其开放性程度区别认定。虽然银商的行为看似直接符合"以赌博为业"

---

[1] 安徽省安庆市宜秀区人民法院（2018）皖 0811 刑初 63 号刑事判决书，载中国裁判文书网，https：//wenshu.court.gov.cn/website/wenshu/181107ANFZ0BXSK4/index.html?docId=WF+HPKPejY-Fr8F2rIoUynYy2PQVflpRtXhTtOULTti3HQT1/Cjdjj5O3qNaLMqsJc/NZwyVnKMbySZ2hB0SmJXZ4/eUYiX/edcXHF2gPdnCzoUdXXVtiK8/cSHXwCKML，最后访问时间：2022 年 12 月 20 日。

的经营赌博行为，但开设赌场罪的设立意味着开设赌场行为不应再归类于常业赌博行为。进而，当银商以营利为目的，为不特定多数人提供上下分服务时，其行为明显具有不特定性、扩张性、发展性，具备了赌场的开放性特征，应当构成开设赌场罪。相反，如果银商只是从特定少数人处收购游戏币，或者仅向特定少数人出售游戏币，则其行为具有封闭性，宜以赌博罪（聚众赌博）论处。

三、诈赌结合类案件中的行为定性

所谓诈赌结合类案件，是指赌博行为与欺诈行为相互交织、设置赌博圈套的一类案件。针对这类案件，早期司法实践的观点是，行为人设置圈套诱骗他人参赌获取钱财的，属赌博行为，构成犯罪的应当以赌博犯罪论处。[①] 当然，这并不意味着赌博圈套不可能成立诈骗罪。然而，类似案件在实务中的定性仍然存在大相径庭的情况。例如，在"杨某某、王某某等赌博案"中，法院认为："从犯罪的客观要件来看，被告人杨某某等三人目的是合伙利用作弊器以赌博方式共同赢取财物，输钱者也是参赌者，同样以非法营利为目的参与赌局。由此可见，被告人杨某某等三人对赌博所涉的 24000 元财产的犯罪行为，符合赌博罪的构成要件，应以赌博罪追究其刑事责任。"[②] 而在"陈某某、王某某赌博案"中，二审法院认为原判认定为赌博罪定性错误，指出："真正意义上的赌博，输赢结果无法预料，赌博具有不确定性，本案陈某某等人以非法占有为目的，以王某为作案对象并进行偷牌的欺诈手段控制整个赌博的输赢结果，造成王某必然输钱的结果，从而使赌博的结局不再具有不确

[①] 参见陈兴良：《民事欺诈和刑事欺诈的界分》，载《法治现代化研究》2019 年第 5 期。
[②] 新疆维吾尔自治区和田地区中级人民法院（2017）新 32 刑终 1451 号刑事裁定书，载中国裁判文书网，https://wenshu.court.gov.cn/website/wenshu/181107ANFZ0BXSK4/index.html? docId=dv6wNnAVYW/mj4l9BIo8QVx7eooHtDjkyfcsqbpRrYH0An70PGihSpO3qNaLMqsJc/NZwyVnKMbySZ2hB0Sm-JXZ4/eUYiX/edcXHF2gPdnAQcDxVj4WdcTdlYceiXE2z，最后访问时间：2022 年 12 月 20 日。

定性,因此陈某某等人诱使王某参赌不是真正意义上的赌博,而是各被告人实施诈骗犯罪的具体方式,事后陈某某等人又共同分赃。故应当认定为诈骗罪。"①

对于这一认定分歧,一般认为,若欺诈行为发生于具体赌博过程之前,则行为人只是诱人参赌,最终仍然是通过具有不确定性的赌博活动来营利;若欺诈行为发生于具体赌博过程中,则行为人实际上支配了赌局输赢,属于以赌博之名行诈骗之实。② 我们认为,这种区分对于诈骗罪的认定具有合理性。原因在于,赌博之前的欺诈行为与被害人处分财物之间不具有刑法上的相当因果关系,被害人并非基于赌博之前产生的错误认识而直接处分财物。类似的,2020年两高一部《办理跨境赌博犯罪意见》第四条第一项规定:"使用专门工具、设备或者其他手段诱使他人参赌,人为控制赌局输赢,构成犯罪的,依照刑法关于诈骗犯罪的规定定罪处罚。网上开设赌场,人为控制赌局输赢,或者无法实现提现,构成犯罪的,依照刑法关于诈骗犯罪的规定定罪处罚。部分参赌者赢利、提现不影响诈骗犯罪的认定。"该意见明确了赌博型诈骗的核心在于"人为控制赌局输赢"。其虽然是针对跨境赌博犯罪,但对于普通赌博案件亦具有参考意义。

在此基础上,不应进一步认为赌博犯罪与诈骗罪是矛盾关系,主张只能择一定性。理由在于,一方面,赌博的不确定性是主观的,即使客观上结果已经确定,但只要对于部分参赌人员来说具有不确定性,就可以评价为赌博。有观点认为,如果输赢仍取决于一定的概率或技巧,就

---

① 贵州省黔南布依族苗族自治州中级人民法院(2020)黔27刑终23号刑事判决书,载中国裁判文书网,https://wenshu.court.gov.cn/website/wenshu/181107ANFZ0BXSK4/index.html?docId=cZlG7xJ9KTy2NqucWIKlMTb50QNQ7/JkMZTy1I5m2Es1rXG8Bc/RGpO3qNaLMqsJc/NZwyVnKMbySZ2hB0SmJXZ4/eUYiX/edcXHF2gPdnAQcDxVj4Wdcfy6LYIx2eXw,最后访问时间:2022年12月20日。
② 参见远桂宝:《区分"圈套型"赌博罪与"赌博型"诈骗罪的关键因素在于——欺诈手段对于赌博输赢达到何种控制程度》,载《检察日报》2019年5月30日。

不能定性为诈骗，[①] 或者输赢由欺诈而确定的为诈骗，不能确定的则为赌博。[②] 然而，虽然有些赌博圈套可以完全控制赌局输赢，但有些赌博圈套则未必能够100%决定赌局输赢。例如，在四方打牌游戏中，有两方合谋换牌，虽然这种欺诈行为能够提高获胜概率，但若其他人抽牌的运气足够好，仍然有可能获胜。此时如果以行为人并未完全控制赌局输赢来否定诈骗行为的成立，明显不具有合理性。正确的定性应当是诈骗行为未遂，而非不构成诈骗行为。此外，有的赌博机可以在后台设置输赢的比例和数量（如赢一次输两次，每次输赢多少），进而参赌人员每次赌博的输赢已定，如果因此否认这是赌博活动，则同时否认了该赌博机的赌具性质，进而会否认相关开设赌场行为，明显不合理。而且，参赌人员的赌资本应被依法没收，如果因为赌博圈套的存在直接否认赌博性质，参赌人员仅具有诈骗犯罪被害人的身份，则相关"赌资"便属于被害人的合法财产，应当予以退还。如此，便变相使得参赌人员因他人的违法行为获利，亦有违法理。另一方面，组织赌博者与设计赌博圈套者未必是相同的人或者事先有犯意联络的人，如果仅因赌博过程中有人"出老千"就全盘否定赌博活动的性质，则未能充分评价赌博组织者的行为性质，无法实现对赌博犯罪行为的周延打击。对此，合理的做法应是对赌博过程中实施诈骗的人以诈骗罪论处，同时追究组织者赌博犯罪的刑事责任。对于组织者与设计赌博圈套者为相同的人或有犯意联络的情形，则以赌博犯罪与诈骗罪的想象竞合犯处理。对于赌博罪与诈骗罪想象竞合的情形，需要注意的是，在诈骗数额仅为较大时，赌博罪与诈骗罪的最高法定刑都是三年有期徒刑，但由于诈骗罪可以仅单处罚金而赌博罪只能并处罚金，因而宜认为赌博罪是重罪，此时以赌博罪论处。

[①] 参见陈兴良：《套路贷犯罪研究》，载《法制与社会发展》2021年第5期。
[②] 参见冯钟鸣：《赌诈结合情形下的罪名认定规则——以"飞单"购买地下六合彩犯罪为例》，载《政治与法律》2020年第9期。

综上所述，对于欺诈行为发生于具体赌博活动之前的，行为人只构成赌博犯罪；对于欺诈行为发生于具体赌博活动过程中的，欺诈行为人构成诈骗罪，赌博活动组织者仍构成赌博犯罪；若赌博活动组织者亲自实施欺诈行为或二者事先存在犯意联络的，行为人构成赌博犯罪与诈骗罪的想象竞合，从一重罪论处。

第十二章
网络犯罪案件管辖

【法条链接】

2021年最高人民法院《刑诉法解释》第二条规定：犯罪地包括犯罪行为地和犯罪结果地。针对或者主要利用计算机网络实施的犯罪，犯罪地包括用于实施犯罪行为的网络服务使用的服务器所在地，网络服务提供者所在地，被侵害的信息网络系统及其管理者所在地，犯罪过程中被告人、被害人使用的信息网络系统所在地，以及被害人被侵害时所在地和被害人财产遭受损失地等。

【法条概述】

一、背景概述

《刑事诉讼法》中没有条文涉及网络犯罪案件的管辖问题。然而，相较于传统的刑事案件，基于互联网的全球性与跨时空性，网络犯罪具有更强的隐蔽性、跨区域性，传统犯罪案件管辖规则显然无法适应信息网络犯罪的特点。根据《刑事诉讼法》的规定，传统刑事案件确定管辖以犯罪地为主要判断标准，这是基于传统案件发生于现实的物理空间，犯罪的行为地或者结果地都是视觉可见的，但是互联网犯罪案件的犯罪地的确定却具有极大的不可控性与模糊性。以网络赌博为例，犯罪嫌疑人 A 在甲地建立赌博平台，犯罪嫌疑人 B、C、D、E、F 分别在乙、丙、丁、戊、己地登录该赌博平台参与网络赌博，事后，犯罪嫌疑人 G 在庚地进行分赃。由此，就会产生上述的甲、乙、丙、丁、戊、己、庚地何地为犯罪地的困难。更值得注意的是，该例中仅是五人登录网站参与赌博，而现实中，基于互联网是一个全球性的体系，可能是上百人、上千人参与赌博。此时如果不出台相应的专门性规则进行指引，网络犯罪案件的管辖确定将会陷入迷雾。

因此，2021 年最高人民法院《刑诉法解释》结合司法实践，对网络犯罪案件的管辖作出了规定。此后，为更好地、更周密地应对网络犯罪案件侦查、起诉、审判实践中的司法问题，2022 年两高一部《办理网络犯罪案件程序意见》对信息网络犯罪案件的管辖进行了进一步细致的规定，规定了指定管辖、并案处理、协商处理等一系列内容。此外，针对许多案发率高的常见网络犯罪类型，我国提前出台了专门的司法解释，并在其中对该类网络犯罪的管辖问题进行了专门规定。

二、网络犯罪案件管辖规则特点

（一）扩宽了犯罪地的外延

在我国将刑事案件管辖的主要连接点确定为犯罪地的前提下，面对网络犯罪案件的跨地域性，即一个网络犯罪案件往往涉及多个犯罪地点，为了加大对网络犯罪的打击力度，避免因为管辖权空白形成规制漏洞，最快捷有效的方法便是扩宽犯罪地的外延。因此，2021 年最高人民法院《刑诉法解释》明确放宽网络犯罪案件管辖的犯罪地连接点标准，延展了犯罪行为地和犯罪结果地,将"实施犯罪行为的网络服务使用的服务器所在地,网络服务提供者所在地,被侵害的信息网络系统及其管理者所在地,犯罪过程中被告人、被害人使用的信息网络系统所在地,以及被害人被侵害时所在地和被害人财产遭受损失地等地"都纳入犯罪地的外延,极大地增加了网络犯罪案件的可管辖地。此外,鉴于计算机网络的发展更新速度很快,为了更好地应对司法实践的复杂情况,2021年最高人民法院《刑诉法解释》第二条第二款最后特意增加了"等"字,以保证网络犯罪案件的管辖地的灵活选择。

出于严密打击网络犯罪活动的目的,2022年两高一部《办理网络犯罪案件程序意见》第二条第二款进一步将"其他涉案人员使用的信息网络系统所在地,被害人被侵害时所在地以及被害人财产遭受损失地等"确定为网络犯罪案件管辖地,以避免网络犯罪案件管辖存在空白之地。[①]还值得注意的是,网络犯罪案件往往具有多个环节、多个链条,帮助行为通常发挥着与实行行为不相上下的作用,且随着网络犯罪产业化、专业化、链条化的发展,帮助犯和实行犯往往互不认识。鉴于此,2022年两高一部《办理网络犯罪案件程序意见》第二条第三款规定:"涉及多个环节的信息网络犯罪案件,犯罪嫌疑人为信息网络犯罪提供帮助的,其犯罪地、居住地或者被帮助对象的犯罪地公安机关可以立案侦查。"由此,网络犯罪案件的可管辖地范围借由帮助行为这一结合点,获得了更进一步的扩充,网络犯罪案件的管辖连接点进一步增多,对惩治网络犯罪、维护网络环境起到了重要作用。自此,网络犯罪案件的刑事管辖权空白基本上都得到了填补,网络犯罪管辖逐步走向了"沾边即可管"。

[①] 参见周加海、喻海松、李振华:《〈关于办理信息网络犯罪案件适用刑事诉讼程序若干问题的意见〉的理解与适用》,载《中国应用法学》2022年第5期。

（二）增加了侦查管辖的协商程序

2021 年最高人民法院《刑诉法解释》明确延展了网络犯罪案件的犯罪地范围后，并未对网络犯罪案件管辖进行其他规定。网络犯罪案件管辖的统一性规定主要集中在 2022 年两高一部《办理网络犯罪案件程序意见》。相较于 2014 年两高一部《办理网络犯罪案件程序意见》，2022 年的该规定第三条新增了网络犯罪案件侦查管辖的协商程序，明确："有多个犯罪地的信息网络犯罪案件，由最初受理的公安机关或者主要犯罪地公安机关立案侦查。有争议的，按照有利于查清犯罪事实、有利于诉讼的原则，协商解决；经协商无法达成一致的，由共同上级公安机关指定有关公安机关立案侦查……"网络犯罪案件往往牵涉甚广，涉及数地都是常态，部分案情重大复杂疑难的案件有时甚至牵连数百人，涉及数十地，因此在网络犯罪案件的侦查过程中，各地公安机关的合作配合就显得尤其重要。2022 年两高一部《办理网络犯罪案件程序意见》新增的协商程序恰好为侦查管辖阶段公安机关的协同合作提供了垫脚石，有利于提高管辖争议的解决效率，加强各地公安机关的沟通协调，推动各地公安机关协调合作、信息共享。

【案例解读】

一、程某1、程某2、程某3开设赌场罪[①]

（一）案件概述

2019年5月，被告人程某1、程某2、程某3为赚钱便商议建立赌博网站，该赌博网站以充值返利、下注返利等形式吸引程某4、林某、程某5等人参赌。后该案件进入二审程序，此时上诉人程某3及其辩护人以第二单犯罪中案发地、受害者、被告人均不属于平桂区管辖且无指定管辖相关法律手续为由，辩称贺州市平桂区公、检、法机关对指控程某3的第二单犯罪事实无管辖权。

（二）案件评析

本案是一起典型的利用网络开设赌场的犯罪案件。涉及网络犯罪，其中的管辖权问题就难以忽视。网络犯罪案件涉及地广、涉及人员众多，从而导致管辖权争议较大，辩护人常常以管辖权问题作为辩护点，此案也不例外。在上诉阶段，上诉人及其辩护人便主张因为第二单犯罪中案发地、受害者、被告人均不属于平桂区管辖且无指定管辖相关法律手续，贺州市平桂区公、检、法机关对指控程某3的第二单犯罪事实无管辖权。然而实际上，网络犯罪案件的管辖权问题除了依靠《刑事诉讼法》及其

[①] 参见广西壮族自治区贺州市中级人民法院（2021）桂11刑终6号刑事判决书，载中国裁判文书网，https://wenshu.court.gov.cn/website/wenshu/181107ANFZ0BXSK4/index.html?docId=aLS1qTqiUO3+uLe08kMP+38Te85/M3Opia82qISgf+4vw+Gw4qk8j5O3qNaLMqsJCuq+fjpGf83y+hixgun6geZFdok4x/rNQcc0pxiDeaMIdSMhygH6OVARH+DY4sPw，最后访问时间：2023年2月17日。

相关司法解释，更多的是依照专门性法律法规。该案审理时，2014年两高一部《办理网络犯罪案件程序意见》尚未失效，仍是网络犯罪案件审理的重要依据。根据2014年两高一部《办理网络犯罪案件程序意见》以及2010年两高一部《网络赌博犯罪意见》，网络赌博犯罪的管辖地除指定管辖外，主要包括赌博网站服务器所在地，网络接入地，赌博网站建立者、管理者所在地，被侵害的计算机信息系统或其管理者所在地，犯罪嫌疑人、被害人使用的计算机信息系统所在地，被害人被侵害时所在地，以及被害人财产遭受损失地，赌博网站代理人、参赌人实施网络赌博行为地，被告人居住地等。根据上述规定，即使第二单犯罪中案发地、受害者、被告人均不属于平桂区管辖，但是只要相关参赌人员曾在贺州市平桂区登录涉案赌博网站，网络参赌人实施网络赌博行为地就包括贺州市平桂区，即犯罪地就包括贺州市平桂区，该地的公安机关、检察院和法院便因此具有相应的管辖权。辩护人因为第二单犯罪中案发地不涉及平桂区，而主张平桂区公安机关无管辖权，属于对网络犯罪案件中犯罪地的理解出现偏差，对网络犯罪案件犯罪地概念的外延掌握不到位。2022年两高一部《办理网络犯罪案件程序意见》出台后，2014年两高一部《办理网络犯罪案件程序意见》失效，按照2022年两高一部《办理网络犯罪案件程序意见》的规定，本案的贺州市平桂区公安机关仍然具有管辖权。根据2022年两高一部《办理网络犯罪案件程序意见》的有关规定，网络犯罪案件的管辖地新增了网络服务提供者所在地、其他涉案人员使用的信息网络系统所在地，网络犯罪案件的管辖地增多，管辖权得到了进一步的扩充。

二、王某等诈骗罪[①]

（一）案件概述

被告人王某、汪某、章某在某短视频手机软件上发布帮助办理贷款的虚假信息，骗取被害人信任后，以需要缴纳贷款手续费、保证金等为由，套取被害人的微信、支付宝账号、密码等个人信息骗取钱财，实施电信网络诈骗。

（二）案件评析

该案件是一个指定管辖的案件。根据有关指定管辖的规则，指定管辖遵循"两个有利于"原则，即有利于查清事实、有利于诉讼。在本案中，三名犯罪嫌疑人均是海南省临高县人，并且他们共同居住于海南省临高县，网络诈骗行为也是在此地实行的，即犯罪地和被告人居住地均是海南省临高县。本案的被害人则是基于网络的跨地域性遍布全国。最终该案因其中一位被害人是安徽省五河县人，该案件由上级公安机关指定安徽省五河县侦查管辖。经由指定管辖确定安徽省五河县公安机关管辖，从程序上来看是没有问题的。但是，安徽省五河县仅是其中一名被害人的所在地，由安徽省五河县公安机关管辖此案必然面临着证据收集困难、证据移送耗时长等问题。由一个受害人并不众多的公安机关来行使本案的侦查管辖权，并不一定合适。因此可知，对于"有利于查清事实，有利于诉讼"原则的判断，公安机关的评价标准存在较强的主观性，指定管辖的判断标准过于模糊，需要更明确的细则加以规制。

[①] 参见安徽省五河县人民法院（2019）皖0322刑初437号刑事判决书，载中国裁判文书网，https：//wenshu.court.gov.cn/website/wenshu/181107ANFZ0BXSK4/index.html？docId＝smlPFwvnNF-phxBmZ7zMyr9U6YII8swYguCA5vtNnS7Hx+62EzOQgj5O3qNaLMqsJCuq+fjpGf83y+hixgun6geZFdok4x/rN-Qcc0pxiDeaOPXqTANeBfNl210WN5b2gc，最后访问时间：2022年2月17日。

【实务难点】

一、侦查管辖与起诉、审判管辖应当如何协调

（一）指定侦查的案件，检察机关、审判机关在相应的阶段是否仍需履行指定管辖程序

审查起诉阶段和审判阶段的指定管辖更加强调诉讼便利和程序正义原则，因此上述问题的解决也不可回避该两个原则。基于诉讼便利原则，在侦查阶段已经确定管辖的案件，侦查终结后侦查机关应当直接移送给相对应的检察机关进行审查起诉，此时检察机关无需再移送其他有管辖权的机关。当然，除考虑有利于诉讼原则外，程序正义也是需要保证的，对于移送审查起诉和提起公诉的案件，如果受理的检察机关、审判机关经审查发现没有管辖权的，应当依法履行指定管辖程序，即指定侦查的效力不能绝对地、当然地延伸到审查起诉阶段和审判阶段。对此，2022年两高一部《办理网络犯罪案件程序意见》第三条、2012年《最高人民法院、最高人民检察院、公安部、国家安全部、司法部、全国人大常委会法制工作委员会关于实施刑事诉讼法若干问题的规定》第二十三条[①]、

[①] 2012年《最高人民法院、最高人民检察院、公安部、国家安全部、司法部、全国人大常委会法制工作委员会关于实施刑事诉讼法若干问题的规定》第二十三条第一款：上级公安机关指定下级公安机关立案侦查的案件，需要逮捕犯罪嫌疑人的，由侦查该案件的公安机关提请同级人民检察院审查批准；需要提起公诉的，由侦查该案件的公安机关移送同级人民检察院审查起诉。

2010年两高一部《网络赌博犯罪意见》第四条①都有相应的规定。②

(二)指定侦查管辖与起诉、审判管辖冲突时,优先顺序如何确定

司法实践中,通过指定管辖程序,侦查管辖、起诉管辖、审判管辖的结果不一致现象也是时有发生的。以2022年两高一部《办理网络犯罪案件程序意见》第三条规定为例,该规定明确:指定侦查管辖后,需要提请批准逮捕、移送审查起诉、提起公诉的,由立案侦查的公安机关所在地的人民检察院、人民法院受理。该规定明显是坚持"一条龙原则",即侦查机关确定后,之后的起诉、审判机关就根据对应原则相应确定了。但是2021年最高人民检察院《办理网络犯罪案件规定》第五条第三款也规定了人民检察院的指定管辖权:"因跨区域犯罪、共同犯罪、关联犯罪等原因存在管辖争议的,由争议的人民检察院协商解决,协商不成的,报请共同的上级人民检察院指定管辖。"由此,同一个案件,在侦查阶段和审查起诉阶段极有可能会面临不同的指定管辖结果,就会产生侦查管辖和起诉管辖的冲突。③并且,在部分情况下,指定侦查管辖后根据对应原则确定的人民法院不一定适合审判该案件,《刑事诉讼法》第二十七条还规定了人民法院的指定管辖权,侦查管辖和审判管辖的冲突也难以避免。

此种情况下,应始终坚持以审判管辖为主导的指定管辖制度,以审判管辖这一主线贯穿指定管辖制度实施的全过程,以避免公检法机关在

---

① 2010年两高一部《网络赌博犯罪意见》第四条第四款:为保证及时结案,避免超期羁押,人民检察院对于公安机关提请审查逮捕、移送审查起诉的案件,人民法院对于已进入审判程序的案件,犯罪嫌疑人、被告人及其辩护人提出管辖异议或者办案单位发现没有管辖权的,受案人民检察院、人民法院经审查可以依法报请上级人民检察院、人民法院指定管辖,不再自行移送有管辖权的人民检察院、人民法院。
② 李玉萍:《网络犯罪案件中指定管辖的几个问题》,载《人民法院报》2020年4月2日。
③ 周常志:《刑事案件指定管辖制度的完善》,载《人民检察》2008年第3期。

指定管辖中的关系错位。具体而言，在侦查机关和起诉机关的指定管辖结果不一致时，应当以检察机关的指定管辖结果作为最终管辖地；在侦查机关与审判机关的指定管辖结果冲突时，坚持法院的最终指定管辖结果；在公诉机关与审判机关的指定管辖结果出现差异时，以审判机关确定的指定审判管辖结果为主。即三者指定管辖结果的优先顺序，应当是审判机关指定管辖的结果优先于起诉机关，起诉机关优先于侦查机关。

二、确定侦查管辖机关后，是否可以进行全链条式的侦查

打击网络犯罪不仅要始终坚持严厉打击，还要斩断网络犯罪的犯罪链条，铲除网络黑灰产业链。全链条、全方位打击网络犯罪活动是我国出台相关法律法规始终坚持的基本方向。2021年两高一部《电信网络诈骗犯罪意见（二）》专门将"两卡"问题作为重点内容进行规定，就是基于全链条打击电信网络诈骗犯罪的目的，正如答记者问所说，非法交易的"两卡"，是电信网络诈骗犯罪赖以存在的"土壤"和"水源"，打击"两卡"犯罪，是斩断电信网络诈骗犯罪帮助链条、加强源头治理的关键环节，全方位、全链条打击电信网络诈骗犯罪，即全面惩处方针是我们始终坚持的基本方针。[①] 管辖作为一个案件的开始，其在一定程度上影响着该案件侦查、审查起诉、审判乃至执行的全过程，重要性不言而喻。随着网络犯罪的专业化、产业化、集团化发展，全链条打击网络犯罪目标的实现，必然依赖于全链条式的证据收集、犯罪侦查，这是实现全链条网络犯罪治理的必然要求。

2022年两高一部《办理网络犯罪案件程序意见》第四条规定的并案处理，其背后反映的也是全链条式侦查的要求。根据第四条的规定，多

[①] 《"两高一部"相关负责人就〈关于办理电信网络诈骗等刑事案件适用法律若干问题的意见（二）〉答记者问》，载《中国防伪报道》2021年第7期。

个犯罪嫌疑人、被告人实施的犯罪行为存在关联,并案处理有利于查明全部案件事实的,公安机关、人民检察院、人民法院可以在其职责范围内并案处理。"存在关联"一般是指犯罪行为存在对合、牵连或上下游关系等关联情形,网络犯罪案件往往都是涉及多个犯罪嫌疑人的,并且犯罪活动的上中下游环节都密切相关、环环相扣,因此网络犯罪活动通常都涉及并案处理。以网络诈骗为例,网络诈骗一般都包括提供通信技术、银行卡、电话卡等支持以及公民个人信息资料的上游,实行网络诈骗的中间环节,以及后续赃款处理的下游环节。在完整的网络诈骗过程中,基于网络的隐蔽性,犯罪分子往往将网络服务器设立在国外,或者采取多重隐藏手段藏匿自己,如数据加密、匿名访问等方式,使得侦查人员难寻其踪迹。在这种情况下,通常是提供不记名手机卡、银行卡或者公民个人信息的上游犯罪环节,以及后续的提供支付结算业务帮助洗钱的下游犯罪环节更容易侦查。不少电信网络诈骗案件侦破就是从实施诈骗犯罪的信息流、资金流、设备流入手,通过查获用于违法犯罪活动的手机卡、信用卡等通讯联络、支付结算工具设备,"顺藤摸瓜"进而查获电信网络诈骗犯罪分子。[1] 对上述案件可以进行并案侦查,就意味着可以由同一公安机关进行侦查,可以进行全链条、全方位、一体化的证据收集,从而实现对网络犯罪活动根源上的全链条打击。基于此,多层级网络犯罪案件中,侦查管辖机关确定后,其管辖的犯罪事实就可以向上层、下层及其分支扩展。

更值得注意的是,2019 年《利用网络黑恶势力犯罪意见》第十五条明确规定了全面侦查和其他机关协作的要求:"公安机关可以依法对利用信息网络实施的黑恶势力犯罪相关案件并案侦查或者指定下级公安机关管辖,并案侦查或者由上级公安机关指定管辖的公安机关应当全面调查收集

---

[1] 刘太宗、赵玮、刘涛:《"两高一部"〈关于办理电信网络诈骗等刑事案件适用法律若干问题的意见(二)〉解读》,载《人民检察》2021 年第 13 期。

能够证明黑恶势力犯罪事实的证据，各涉案地公安机关应当积极配合。"

三、侦查机关管辖权重叠后应如何处理

随着 2022 年两高一部《办理网络犯罪案件程序意见》以及相关网络犯罪的专门司法解释的出台，网络犯罪的"犯罪地"概念被极大地扩充了，网络犯罪各环节相关地点的公安机关几乎都具有管辖权，网络犯罪管辖逐渐走向了"沾边即可管"。因此，侦查机关不可避免地就会遇到同一个案件多处机关均具有管辖权时，管辖权应如何分配的问题。针对此问题，笔者认为应当坚持三步走方法。

首先，坚持先立案标准。2022 年两高一部《办理网络犯罪案件程序意见》第三条规定，有多个犯罪地的信息网络犯罪案件，由最初受理的公安机关或者主要犯罪地公安机关立案侦查。该规定非常有预见性地回应了网络犯罪管辖权重叠问题。根据该条款，最初受理的公安机关和主要犯罪地公安机关是处于同级的关系，且最初受理的公安机关在前，在此种情况下，应当以最初受理的公安机关立案侦查为优先。此外，主要犯罪地的内涵很难确定，主观影响因素大，比如"实施犯罪行为的网络服务使用的服务器所在地"，"被侵害的信息网络系统及其管理者所在地"，或者是"被害人财产遭受损失地"，究竟哪个属于主要犯罪地，各地公安机关都具有自己的一套判断标准。相较于主要犯罪地，最初受理地以时间为判断标准，判断依据更为具体和客观，最易产生唯一解，可以有效解决管辖权重叠的问题。

其次，以最密切联系原则判断主要犯罪地。根据 2022 年两高一部《办理网络犯罪案件程序意见》第三条的规定，最初受理地和主要犯罪地的公安机关在管辖权的确定上具有一定的优先性。根据上文阐述，笔者以其中的最初受理地的公安机关为最优先。此时如果两个公安机关受理时间均为同一天，受理时间一致，就需要由主要犯罪地的公安机关立

案侦查。主要犯罪地的"主要"二字具有一定的主观能动性，应当以最密切联系为桥梁来判断主要犯罪地，从调查取证便利性出发，选取与犯罪行为、犯罪结果或犯罪人等犯罪基本要素最紧密相关之地作为主要犯罪地，在多个犯罪地中选择最具实质关联性的犯罪地，而不能优先考虑被告人居住地等替代地。最密切联系原则并非无稽之谈，刑事犯罪管辖以犯罪地为主，背后反映的就是最密切联系原则，最密切联系原则是我国刑事诉讼管辖制度的基本原则。[①] 因此，判断主要犯罪地也应当采取该原则，这是刑事诉讼管辖正当合理的必然逻辑。

最后，确定管辖的侦查机关后，其余侦查机关应当积极移送和配合侦查。无论最终由哪个地方管辖，其他公安机关都要坚守案件质量底线，积极移送相关材料，配合进行全链条、全方位的证据收集。公安机关应当充分释放大数据在防范治理网络犯罪方面的强大效能，运用反诈平台等大数据平台梳理关联信息，探索建立跨省信息资源共享机制，发现行为人另有犯罪事实的，立即将线索移送至办案机关，进行并案侦查处理，或者运用侦办平台了解其他地区关于关联案件的侦办情况，作为并案、指定管辖处理的参考因素。

四、检察机关应如何发挥监督作用

管辖问题作为网络犯罪治理的开端，其关系证据收集、犯罪分子抓获、审查起诉等多个环节，检察机关作为法律监督机关，对管辖问题的监督也是必不可少的。然而，司法实践中，起诉后被法院以无管辖权为由退回案件或者二审发回重审的现象却时有发生，这与公安机关侦查管辖权较大具有密切关系。

2022年两高一部《办理网络犯罪案件程序意见》第八条规定了特殊

---

① 熊秋红、余鹏文：《我国刑事诉讼管辖体系之完善》，载《法学杂志》2022年第4期。

情况下公安部应当与最高检、最高法协商共同指定管辖，但是2016年两高一部《电信网络诈骗犯罪意见》却规定了特殊情况下公安机关向同级检察院、法院通报即可。该规定直接回避了外部机关的监管，同时鉴于目前电信网络诈骗案件在网络犯罪案件中占比大，2016年两高一部《电信网络诈骗犯罪意见》的该规定基本上成为司法实践中公安机关办案的主要遵循规则，此种情况下，管辖问题上，公安机关的决定权被无限增大了。[①] 其次，相较于2014年两高一部《办理网络犯罪案件程序意见》，2022年两高一部《办理网络犯罪案件程序意见》删除了"经人民检察院通知，有关公安机关根据案件具体情况，可以对犯罪嫌疑人所犯其他犯罪并案侦查"的规定，由此公安机关的并案侦查权在一定程度上更加缺乏刚性的制约。

然而上述规定的存在并非意味着检察机关在管辖过程中无法起到监督作用。相反的是，检察机关应当积极行使《刑事诉讼法》第八条赋予其的法律监督权，将监督关口前移，强化对侦查管辖权的监督，将可能存在争议的管辖权问题解决在前端。《刑事诉讼法》第八条明确规定人民检察院依法对刑事诉讼实行法律监督。管辖是刑事诉讼活动的开端，检察机关当然可以依法监督。具体而言，检察机关应当主动参与到侦查管辖争议的解决过程中，加强事前监督。发生管辖争议时，检察机关应当要求公安机关在作出最终指定管辖结果或者并案管辖结果之前及时将有关情况通报同级的人民检察院。人民检察院认为公安机关的管辖决定有问题的，应当及时以书面形式提出，要求作出决定的公安机关说明理由，认为理由不成立的，应当发出检察建议或者纠正违法通知书，要求该公安机关修改决定。[②]

[①] 唐博：《跨区域网络犯罪的管辖问题探析》，载《安阳师范学院学报》2022年第1期。
[②] 参见许世兰、石磊：《基层检察机关提升刑事办案质效路径初探》，载《中国检察官》2021年第13期。

第十三章
网络犯罪案件电子证据

【法条链接】

《刑事诉讼法》第五十条规定：可以用于证明案件事实的材料，都是证据。

证据包括：

（一）物证；

（二）书证；

（三）证人证言；

（四）被害人陈述；

（五）犯罪嫌疑人、被告人供述和辩解；

（六）鉴定意见；

（七）勘验、检查、辨认、侦查实验等笔录；

（八）视听资料、电子数据。

证据必须经过查证属实，才能作为定案的根据。

【法条概述】

电子证据是伴随信息网络技术的发展而出现的一种证据类型。[①] 信息网络犯罪以计算机和网络为目标或者手段,在这个过程中必定会形成和留存大量的电子证据,缺乏这些电子证据的证明,无疑会对案件事实的认定产生重大影响。对电子证据的正确理解与运用,也就成为办理信息网络犯罪案件的破局关键。

一、电子证据的界定

(一) 电子证据的概念

电子证据的官方定义,出现在 2016 年两高一部《电子数据规定》中。2016 年两高一部《电子数据规定》第一条通过"定义+列举"的方式明确了电子证据的内涵和外延。该条第一款将电子证据定义为"案件发生过程中形成的,以数字化形式存储、处理、传输的,能够证明案件事实的数据"。该条第二款则列举了电子证据的具体种类:"电子数据包括但不限于下列信息、电子文件:(一) 网页、博客、微博客、朋友圈、贴吧、网盘等网络平台发布的信息;(二) 手机短信、电子邮件、即时通信、通讯群组等网络应用服务的通信信息;(三) 用户注册信息、身份认证信息、电子交易记录、通信记录、登录日志等信息;(四) 文档、图片、音视频、数字证书、计算机程序等电子文件。"2021 年最高人民检察院《办理网络犯罪案件规定》也沿用了上述规定。

[①] "电子证据"属于学理概念,"电子数据"系法条用语,两者同义。本章在表述时统一使用"电子证据",在引用时从原文。

(二) 电子证据与视听资料的区别

与电子证据一致，视听资料也是现代科技发展而来的产物。在1996年《刑事诉讼法》施行期间，由于电子证据并未规定为独立的证据种类，电子证据在很多情况下都是被纳入视听资料的范畴，从而用以证明犯罪事实的。[1] 2012年修改的《刑事诉讼法》虽然使电子证据获得了独立的法定证据地位，但并未像《民事诉讼法》《行政诉讼法》一样单独将电子证据列为一个种类，而是将其与视听资料并列为一个证据的种类，这就使得两者在概念上难免存在混淆之处。

2016年两高一部《电子数据规定》将音视频等电子文件也纳入电子证据的范围，说明电子证据是以数字信号的方式在介质上进行存储的数据，而视听资料则是以模拟信号的方式在介质上进行存储的数据。[2] 因此，可以从存储形式来对电子证据和视听资料进行区分。也就是说，视听资料一般局限于录音带、录像带、CD、光盘等模拟录音录像设备中存储的音像资料，其他存储于硬盘、U盘等电子介质的音像资料则属于电子证据。[3] 另外，还可以从表现形式来对两者进行区分。信息网络科技的发展使得电子证据的表现形式不再局限于传统的声音或者图像，其还可以通过图形、文本等形式来表达其内容，甚至还能在这些形式之间进行转换，相较之下，视听资料的表现形式就比较单一，一般只能是录音带、录像带、CD、光盘中存储的声音或者图像等。[4]

(三) 电子证据与传统证据电子化之间的关系

现代科技的发展不仅带来了新的证据种类，也使越来越多的传统言

---

[1] 喻海松：《网络犯罪二十讲》，法律出版社2022年版，第218页。
[2] 卞建林主编：《证据法学》，高等教育出版社2020年版，第187~188页。
[3] 江溯主编：《网络刑法原理》，北京大学出版社2022年版，第486页。
[4] 樊崇义、李思远：《论我国刑事诉讼电子证据规则》，载《证据科学》2015年第5期。

词证据如证人证言、被害人陈述和犯罪嫌疑人供述以电子化的形式出现。这些证据在内容上仍属于传统言词证据，但在形式上却以数字化形式记载。由此带来的问题是：这些以电子化形式存在的传统证据与电子证据是否有区别？是否应当适用与电子证据相同的收集提取和审查判断规则？

根据上述电子证据的定义，电子证据形成于案件发生过程中。对此处的"案件发生过程中"应作广义理解，其不仅包括犯罪行为实行阶段，还包括为实行犯罪准备工具、制造条件的犯罪预备阶段以及犯罪实行终了以后行为人为掩盖犯罪事实对电子数据进行删除、修改的过程。[①] 而上述以数字化形式记载的证人证言、被害人陈述以及犯罪嫌疑人供述等证据由侦查人员在侦查阶段获取，形成于案件发生后，因此无法纳入电子证据的范畴。不过，考虑到上述证据材料与电子证据一样，都是以数字化形式存储的，2016 年两高一部《电子数据规定》第一条第三款规定："以数字化形式记载的证人证言、被害人陈述以及犯罪嫌疑人、被告人供述和辩解等证据，不属于电子数据。确有必要的，对相关证据的收集、提取、移送、审查，可以参照适用本规定。"[②] 因此，电子化的传统证据只是在载体上以电子形式存在而已，在内容上仍属于其他证据类型，与电子证据之间存在本质区别，但其可以参照适用电子证据的收集提取和移送审查规则。

二、电子证据的审查与判断

对电子证据进行审查判断，也就是分析电子证据的证据能力和证明力，以判断其能否作为定案的根据。传统证据法理论认为，证据具有"三性"，即关联性、真实性、合法性。对于电子证据证据能力和证明力

[①] 万春、王建平等：《〈关于办理刑事案件收集提取和审查判断电子数据若干问题的规定〉理解与适用》，载《人民检察》2017 年第 1 期。

[②] 万春、王建平等：《〈关于办理刑事案件收集提取和审查判断电子数据若干问题的规定〉理解与适用》，载《人民检察》2017 年第 1 期。

的审查判断，也应从这"三性"展开。

(一) 关联性

作为定案根据的证据必须与案件事实之间存在一定联系，即能够证明案件的某一真实情况，此即证据的关联性。2021年最高人民检察院《办理网络犯罪案件规定》第三十三条规定："对电子数据的关联性，注重审查以下内容：(一) 电子数据与案件事实之间的关联性；(二) 电子数据及其存储介质与案件当事人之间的关联性。"也即在判断电子证据的关联性时，既要判断其内容上的关联性，也要判断其载体上的关联性。同时，由于电子证据内部可以存储海量、广泛的信息，一份电子证据往往与多个案件事实之间存在关联，此即电子证据与案件事实之间的多元关联。这种多元关联使得我们可以从多个角度对电子证据进行审查分析，并提取出其中多项与案件事实可能的联系点，充分发挥其证明作用。2021年最高人民检察院《办理网络犯罪案件规定》第七条"人民检察院办理网络犯罪案件应当……充分运用同一电子数据往往具有的多元关联证明作用"和第二十九条"注重审查电子数据与案件事实之间的多元关联，加强综合分析，充分发挥电子数据的证明作用"确立了通过"多元关联"来对电子证据的关联性进行审查的原则。

但是，我国相关法律与司法解释中仅有以上对于审查电子证据关联性的原则性规定，并没有具体规则，也导致了在实践中对电子证据关联性的判断标准较难把握，比较依赖检察官和法官的逻辑推理和经验判断。

1. 内容的关联性

内容的关联性是指电子证据的数据信息同案件事实之间的关联性。[①] 案件事实，既包括整个犯罪过程的主要事实，也包括与犯罪嫌疑人定罪

[①] 刘品新：《网络法：原理、案例与规则》，中国人民大学出版社2021年版，第386页。

量刑相关的其他相关事实。电子证据本身种类繁多，内容丰富，因此在对其关联性进行审查时，应当全面审查其与具体的犯罪构成要件或量刑情节之间的关联性。具体而言，可以按照以下步骤进行审查：首先审查该电子证据能否证明犯罪事实的发生，其次审查该电子证据能否证明犯罪行为的发生时间、地点、手段等，再次审查该电子证据能否证明犯罪嫌疑人或被告人的目的与动机等，最后审查该电子证据能否证明犯罪嫌疑人或被告人的量刑情节。①

2. 载体的关联性

载体的关联性是指电子证据的信息载体同当事人或其他诉讼参与人之间的关联性，包括"人、事、物、时、空"的关联性。② 在审查电子证据人的关联性和物的关联性上，根据2016年两高一部《电子数据规定》第二十五条，可以通过核查犯罪嫌疑人的IP地址、终端归属、网络活动记录，并通过与侦查过程中取得的其他相关言词证据联合起来进行综合判断。对于其他载体上的关联性，则可以从电子证据是否从查案过程中提取而来、是否提交原始存储介质、非原始存储介质的照片或录像是否完整等方面出发，同时依靠与其他证据之间的印证进行综合判断。

（二）真实性

2021年最高人民法院《刑诉法解释》第一百一十四条规定："电子数据具有下列情形之一的，不得作为定案的根据：（一）系篡改、伪造或者无法确定真伪的；（二）有增加、删除、修改等情形，影响电子数据真实性的；（三）其他无法保证电子数据真实性的情形。"由此可见，电子证据的真实性对其证据能力有着重要影响。

---

① 参见王敏远、祁建建：《电子数据的收集、固定和运用的程序规范问题研究》，载《法律适用》2014年第3期。

② 刘品新：《网络法：原理、案例与规则》，中国人民大学出版社2021年版，第386页。

与物证、书证等传统实物证据不同，电子证据通常不具有显著性特征或标记，其易于被复制、修改和增减，这就使得无法通过传统辨认方式来确认电子证据的真实性。[1] 因此，相较于传统证据，对电子证据真实性的审查更具技术性和可操作性。2021年最高人民法院《刑诉法解释》第一百一十条规定："对电子数据是否真实，应当着重审查以下内容：（一）是否移送原始存储介质；在原始存储介质无法封存、不便移动时，有无说明原因，并注明收集、提取过程及原始存储介质的存放地点或者电子数据的来源等情况；（二）是否具有数字签名、数字证书等特殊标识；（三）收集、提取的过程是否可以重现；（四）如有增加、删除、修改等情形的，是否附有说明；（五）完整性是否可以保证。"

根据这一规定，可以从以下三个方面来对电子证据的真实性进行审查。第一，电子证据存储介质的真实性。从物理属性来看，电子证据是存储在介质上的一堆按照编码规则处理而成的"0"和"1"的集合，易于被篡改，若电子证据的存储介质来源不明，则很难说明电子证据本身是否存在增加、删除或修改。[2] 电子证据存储介质的真实性又包括电子证据存储介质来源的真实性和电子证据存储介质在移送过程中的真实性。在对前者进行审查时，应当注重电子证据的原始存储介质是否在平常的运作过程依据一定的流程而产生，产生该电子数据的计算机系统是否运行正常、是否被不法入侵，系统的管理和维护是否稳定，与电子程序有关的软件是否正常可靠等。[3] 在对后者进行审查时，应当注重电子证据存储介质在移送过程中是否被改变、破坏，电子证据存储介质在整个诉讼过程中的保管记录是否完整等。第二，收集提取电子证据过程的可靠性。由于电子证据容易变化，如果侦查人员在收集提取过程中操作或保

---

[1] 谢登科：《电子数据的鉴真问题》，载《国家检察官学院学报》2017年第5期。
[2] 周新：《刑事电子证据认证规范之研究》，载《法学评论》2017年第6期。
[3] 周新：《刑事案件电子证据的审查采信》，载《广东社会科学》2019年第6期。

管不当，则可能导致电子证据的增加、删除或修改。因此，对电子证据真实性的审查需要关注在收集提取电子证据过程中工具和手段的合法性与合规性，是否严格遵循了法律规定和技术要求。如果这个过程中电子证据被增加、删除或修改，则其真实性也难以保证。另外，电子证据的增加、删除或修改也可能由犯罪嫌疑人为掩盖自身犯罪事实故意为之，这个时候就需要侦查人员运用技术手段对增加、删除或修改的电子证据进行恢复。对此类经过恢复的电子证据则需要审查侦查人员是否对恢复方法进行了说明、恢复方法是否必要且可靠。第三，电子证据的完整性。电子证据若不完整，则说明其肯定遭到过删除、修改甚至破坏，这种情况下则很难保证其真实性。电子证据的完整性包括电子证据存储介质的完整性和电子证据内容的完整性。[①] 针对如何审查电子证据的完整性，2021年最高人民法院《刑诉法解释》第一百一十一条作了进一步具体规定："对电子数据是否完整，应当根据保护电子数据完整性的相应方法进行审查、验证：（一）审查原始存储介质的扣押、封存状态；（二）审查电子数据的收集、提取过程，查看录像；（三）比对电子数据完整性校验值；（四）与备份的电子数据进行比较；（五）审查冻结后的访问操作日志；（六）其他方法。"以上对于电子证据完整性的审查内容，基本上与收集提取电子证据的方法相对应。如上述第一项审查内容对应通过扣押、封存原始存储介质的方式收集提取电子证据，第五项审查内容对应通过冻结方式收集提取电子证据。

（三）合法性

电子证据的合法性，主要是指侦查人员收集提取电子证据过程的合法性。2021年最高人民法院《刑诉法解释》第一百一十二条规定："对

[①] 江溯主编：《网络刑法原理》，北京大学出版社2022年版，第501页。

收集、提取电子数据是否合法，应当着重审查以下内容：（一）收集、提取电子数据是否由二名以上调查人员、侦查人员进行，取证方法是否符合相关技术标准；（二）收集、提取电子数据，是否附有笔录、清单，并经调查人员、侦查人员、电子数据持有人、提供人、见证人签名或者盖章；没有签名或者盖章的，是否注明原因；对电子数据的类别、文件格式等是否注明清楚；（三）是否依照有关规定由符合条件的人员担任见证人，是否对相关活动进行录像；（四）采用技术调查、侦查措施收集、提取电子数据的，是否依法经过严格的批准手续；（五）进行电子数据检查的，检查程序是否符合有关规定。"

从这一规定来看，电子证据合法性审查的主要内容包括对电子证据收集提取主体的合法性、收集提取程序的合法性和电子证据的形式合法性的审查。这三个方面的审查要素包含了电子证据从收集提取以来在诉讼过程中的各个环节，均在《刑事诉讼法》以及相关司法解释中有着明确规定和体现。[1] 不过，对于不同的审查要素，审查的侧重内容也不尽相同。具体而言，在取证主体方面，可以着重对以下内容进行审查：取证的侦查人员人数是否符合要求、对电子证据出具鉴定报告的鉴定机构或见证人是否具有鉴定资质等。在取证程序方面，可以着重对以下内容进行审查：取证过程是否违反相关法律和司法解释的规定，侦查人员是否存在使用黑客技术、人肉搜索、陷阱取证等非法手段进行取证等。在电子证据形式方面，可以着重对以下内容进行审查：取证过程中使用的软件是否合法、是否对原件进行了固定、是否对电子证据的类别和格式进行注明等。

---

[1] 赵航：《电子数据合法性审查规则的反思与完善》，载《大连理工大学学报（社会科学版）》2022年第1期。

（四）不合法电子证据的处理

依据违法程度的轻重，不合法证据可以分为非法证据和瑕疵证据。对于取证程序存在瑕疵的电子证据，2021年最高人民法院《刑诉法解释》第一百一十三条规定："电子数据的收集、提取程序有下列瑕疵，经补正或者作出合理解释的，可以采用；不能补正或者作出合理解释的，不得作为定案的根据：（一）未以封存状态移送的；（二）笔录或者清单上没有调查人员或者侦查人员、电子数据持有人、提供人、见证人签名或者盖章的；（三）对电子数据的名称、类别、格式等注明不清的；（四）有其他瑕疵的。"从这一规定来看，以上瑕疵电子证据均是违反了收集提取过程中的具体程序，指向的是电子证据的合法性。但是，本条规定的瑕疵电子证据类型与第一百一十二条合法性审查的内容并非完全对应。[①] 因此，虽然本条存在兜底条款，但这也并不意味着所有合法性存在瑕疵的电子证据都可以适用这一规定，经补正或者作出合理解释即可采用。也即，只有满足本条具体列举类型或不超过其违法程度的瑕疵电子证据，才可以适用瑕疵补正规则，其他违反取证程序的电子证据则属于非法电子证据。

至于如何处理非法电子证据，《刑事诉讼法》第五十六条并未将电子证据纳入非法证据排除规则的适用范围，但2020年公安部《刑事案件程序规定》第七十一条第二款却肯定了电子证据可以适用非法证据排除规则，造成了规则适用上的混乱。实践中出现了以下三种做法：第一，以电子证据不属于非法证据排除范围为由忽视其取证过程中的违法性。

---

① 参见占善刚、王超：《电子数据证据能力的审查判断》，载《人民检察》2018年第8期。

例如，在"朱建某妨害信用卡管理案"[1]中，辩护人认为侦查机关在无批准法律文书的情况下通过技术侦查措施收集到的电子证据属于非法证据，应予排除。法院对此认为，仅有被告人供述、被害人陈述和证人证言、物证和书证才可以适用刑事诉讼法规定的非法证据排除规则，本案收集的物证、书证以及电子证据，虽然在程序上存在瑕疵，但并非严重影响司法公正，不属于非法证据排除范围。第二，以虽然取证程序违法，但能够保证非法电子证据的真实性为由对其予以采纳。例如，在"钱科某、冯某开设赌场案"[2]中，辩护人提出电子证据的收集、提取不符合法定程序，不具有合法性、客观性，不能作为认定案件事实的依据。法院对此认为："办案单位收集、提取相关电子数据确实存在一定的程序瑕疵，但经鉴定能够确定其真实性，可以作为认定本案事实的证据。"第三，参照适用瑕疵电子证据的补正规则。例如，在"黄某侵犯公民个人信息案"[3]中，辩护人提出提取的电子证据来源不清，收集、提取记录不详，不能作为定案的根据。法院对此认为："侦查机关在从黄某电脑中提取电脑内存储的公民信息时应当制作笔录但没有制作，侦查机关称进行全程录音、录像，但因执法记录仪损坏，致使录音、录像无法移交，本院无法确认侦查机关是否进行全程录音、录像……侦查机关如果能对上述瑕疵进行补正或者作出合理解释的，可以采用，否则不能作为

---

[1] 四川省成都市成华区人民法院（2016）川 0108 刑初 38 号刑事判决书，载中国裁判文书网，https：//wenshu. court. gov. cn/website/wenshu/181107ANFZ0BXSK4/index. html? docId=zD9uQTa5PrAydpv5pADwMv9jiwOvimKUoP11Bhi+r5nNN+1SphfGXWI3IS1ZgB82KXtBr+TBxHPTYZ4KBdtyIx7s7Upxn8qzr9dI7ybeiFl+AkOJ3X0dx1UeOfbTV4XF，最后访问时间：2022 年 12 月 29 日。

[2] 江西省泰和县人民法院（2019）赣 0826 刑初 36 号刑事判决书，载中国裁判文书网，https：//wenshu. court. gov. cn/website/wenshu/181107ANFZ0BXSK4/index. html? docId=0Bjffb7IIMWrr5Khs/7sOj6R+Ml5+RWB85bwpYNqppJyPMfzpAf5pmI3IS1ZgB82KXtBr+TBxHPTYZ4KBdtyIx7s7Upxn8qzr9dI7ybeiFmLFoNoEKDFIF9Tglnnwfqi，最后访问时间：2022 年 12 月 29 日。

[3] 河南省鹿邑县人民法院（2018）豫 1628 刑初 374 号刑事判决书，载中国裁判文书网，https：//wenshu. court. gov. cn/website/wenshu/181107ANFZ0BXSK4/index. html? docId=TEBb1cfvywwWEa3Ye0z0iCfORLbwlRnrnTDJcEQQy4EeGUl0P7N/JWI3IS1ZgB82KXtBr+TBxHPTYZ4KBdtyIx7s7Upxn8qzr9dI7ybeiFnGqdLrUh4Gms8V5eCao9C2，最后访问时间：2022 年 12 月 29 日。

定案的依据。本案中，侦查机关没有作出任何补正，所作的说明也不能对存在问题作出合理解释。"

通过以上三种做法可以看出，法院对于非法电子证据均持较为宽容的态度，并不会直接予以排除。我们认为，第三种做法更具合理性，但也存在一定的问题。首先，第一种做法显然不合理。虽然《刑事诉讼法》并未将电子证据纳入非法证据排除规则的适用范围，但这并不意味着无需对其合法性进行审查。非法电子证据较瑕疵电子证据违法程度更重，根据举轻以明重的原理，瑕疵电子证据作为定案根据需要进行补正或作出合理解释，若要将非法电子证据作为定案根据则应该进行更为严格的限制。本案中，侦查机关在未取得法律文书的批准下即采取技术侦查措施，已经违反了2021年最高人民法院《刑诉法解释》第一百一十二条第四项的规定，以此获取的电子证据当属非法证据，而法院仅以"并非严重影响司法公正"为由就将其作为定案根据，显然难以让人信服。其次，第二种做法将电子证据的合法性审查作为真实性审查的附属，也不可取。虽然对电子证据的合法性审查在一定程度也是为了保障电子证据的真实性，以更好地查明案件事实，但其也具有自身的独立价值，如实现程序正义和权利保障等。刑事诉讼法既以及时准确地查明犯罪事实，也以尊重和保障人权为基本任务，不能将电子证据的合法性审查与真实性审查混为一谈。最后，第三种做法虽然可以作为未明确规定电子证据能否适用非法证据排除规则下的一种权宜之计，但并没有对非法电子证据和瑕疵电子证据进行区分。无论是从侵害的法益、违反法律程序的严重程度来看，还是从所造成的消极后果来看，"瑕疵证据"与"非法证据"都具有显著的区别。[1] 因此，两者在证据排除规则的适用上也应存在区别。具体而言，对于瑕疵电子证据，法院可直接根据侦查机关是否

---

[1] 陈瑞华：《论瑕疵证据补正规则》，载《法学家》2012年第2期。

补正或作出合理解释来决定是否采纳该电子证据；而对于非法电子证据，法院则应进行更为细致的调查并对其补正或合理解释采取更加严格的要求，当电子证据严重违反取证程序或侵犯公民权利时，应当直接予以排除。

除上述审查内容外，2021年最高人民法院《刑诉法解释》第一百一十五条还规定："对视听资料、电子数据，还应当审查是否移送文字抄清材料以及对绰号、暗语、俗语、方言等不易理解内容的说明。未移送的，必要时，可以要求人民检察院移送。"

【案例解读】

一、陈某等8人侵犯著作权案[①]

（一）案情概述

2017年7月至2019年3月，被告人陈某受境外人员委托，先后招募被告人林某、赖某、严某、杨小某、黄亚某、吴兵某、伍健某，组建QQ聊天群，更新维护多个盗版影视资源网站，通过云转码服务器进行切片、转码、增加赌博网站广告及水印、生成链接，最后将该链接复制粘贴至上述盗版影视资源网站。其间，陈某收到境外人员汇入的盗版影视资源网站运营费用共计1250万余元，各被告人从中获利50万至1.8万余元不等。案发后，公安机关从上述盗版影视网站内固定、保全了被告人陈某等人复制、上传的大量侵权影视作品。

[①] 检例第100号（陈某等8人侵犯著作权案），载最高人民检察院网站，https：//www.spp.gov.cn/spp/jczdal/202102/t20210208_508845.shtml，最后访问时间：2023年2月16日。

（二）案件分析

认定本案事实的关键证据为陈某等人维护运营的盗版影视资源网站上的侵权影视作品。首先，在对这些电子证据进行审查时，检察机关对从陈某建立的影视资源网站上获取的影片与正版的影视资源进行了对比，同时也对该网站的视频播放链接与云转码形成的链接进行了对比，此即对其内容关联性的审查，以确定犯罪嫌疑人在远程下载、云转码等一系列过程中对正版影片进行了复制和传播，从而证明侵犯他人著作权事实的发生。同时，在证明"未经著作权人许可"这一构成要件上，检察机关通过向有权机关调取具有影视资源网站经营资质的机构名单等证据，将这些证据与涉案影片结合起来，对涉案网站并未取得著作权人许可、涉案影片系非法复制传播进行了补强，强化了同案件事实之间的联系，体现出了电子证据与案件事实之间的多元关联。其次，本案中的侵权作品数量众多，这也是信息网络犯罪案件中一个常见的问题，即涉案电子证据海量，侦查人员显然无法对这些电子证据一一进行审查。对此，2021年最高人民检察院《办理网络犯罪案件规定》第二十二条规定："对于数量众多的同类证据材料，在证明是否具有同样的性质、特征或者功能时，因客观条件限制不能全部验证的，可以进行抽样验证。"因此，为提高办案效率，在涉案电子证据数量众多时可以对其进行抽样取证，但为了保证所取得的证据与案件事实之间的关联性，在抽样取证过程中应严格遵循和选取科学的统计学方法，注意抽样程序的规范性以及抽样结果计算的精确性等因素。[①] 另外也要注重抽样取得的证据能否与其他在案证据互相印证，避免出现样本代表性不足、同质性欠缺等问题，无法准确反映整体案件证据与案件事实之间的关联性。

---

① 参见万毅、纵博：《论刑事诉讼中的抽样取证》，载《江苏行政学院学报》2014年第6期。

二、张凯某等 52 人电信网络诈骗案[①]

(一) 案情概述

2015 年 6 月至 2016 年 4 月间，被告人张凯某等 52 人先后在印度尼西亚共和国和肯尼亚共和国参加对中国居民进行电信网络诈骗的犯罪集团。2016 年 4 月，肯尼亚将 76 名电信网络诈骗犯罪嫌疑人遣返中国。鉴于肯尼亚在遣返犯罪嫌疑人前已将起获的涉案笔记本电脑、语音网关（指能将语音通信集成到数据网络中实现通信功能的设备）、手机等物证移交我国公安机关，为确保证据的客观性、关联性和合法性，检察机关就案件证据需要达到的证明标准以及涉外电子数据的提取等问题与公安机关沟通，提出提取、恢复涉案的即时通信软件聊天记录、Excel 和 Word 文档、网络电话拨打记录清单等电子数据，并对电子数据进行无污损鉴定的意见。在审查电子数据的过程中，检察人员与侦查人员在恢复的 Excel 文档中找到多份"返乡订票记录单"以及早期大量的即时通信软件聊天记录。依据此线索，查实部分犯罪嫌疑人在去肯尼亚之前曾在印度尼西亚两度针对中国居民进行诈骗，诈骗数额累计达 2000 余万元人民币。

(二) 案件分析

在审查起诉期间，检察机关以本案电子证据存在以下问题为由两次将案件退回公安机关补充侦查：一是电子数据无污损鉴定意见的鉴定起始基准时间晚于犯罪嫌疑人归案的时间近 11 个小时，不能确定在此期间电子数据是否被增加、删除、修改；二是被害人与诈骗犯罪组织间的关

[①] 检例第 67 号（张凯某等 52 人电信网络诈骗案），载最高人民检察院网站，https://www.spp.gov.cn/spp/jczdal/202004/t20200408_458415.shtml，最后访问时间：2023 年 2 月 16 日。

联性证据调取不完整，无法证实部分被害人系本案犯罪组织所骗。

可以看出，第一点指向的是电子证据的真实性。本案中，审查电子证据真实性的方式之一为对电子证据进行无污损鉴定，由该鉴定意见来对电子证据的真实性进行补强，但是侦查机关并未在犯罪嫌疑人归案后立刻将电子证据送去鉴定，中间存在 11 个小时的空缺，导致不能对相差的这部分时间内该电子证据是否被增删改作出说明，无法保障该电子证据内容的同一性完整性。为确保涉案电子证据的真实性，侦查机关将犯罪嫌疑人被抓捕归案的时间作为电子证据无污损鉴定的起始时间的基准，对电子证据重新进行了无污损鉴定，避免电子证据的完整性遭到怀疑。除此之外，最高人民检察院在本案的指导意义中指出，还可以从以下三个方面审查涉案电子证据的真实性："一是审查电子证据存储介质的真实性。通过审查存储介质的扣押、移交等法律手续及清单，核实电子证据存储介质在收集、保管、鉴定、检查等环节中是否保持原始性和同一性。二是审查电子证据本身是否客观、真实、完整。通过审查电子证据的来源和收集过程，核实电子证据是否从原始存储介质中提取，收集的程序和方法是否符合法律和相关技术规范。三是审查电子证据内容的真实性。通过审查在案言词证据能否与电子证据相互印证，不同的电子证据间能否相互印证等，核实电子证据包含的案件信息能否与在案的其他证据相互印证。"以上三个方面，体现的是电子证据真实性审查的三个维度，即电子证据存储介质的真实性、电子证据的真实性和电子证据内容的真实性。[1] 前两者是一种形式真实性，主要目的在于保障电子证据内容的真实性；电子证据内容的真实性则是一种实质真实性，即用真实的电子证据内容来证明案件事实。[2] 因此，从逻辑顺序上来看，对电子

---

[1] 参见褚福民：《电子证据真实性的三个层面——以刑事诉讼为例的分析》，载《法学研究》2018 年第 4 期。

[2] 参见陈如超：《电子证据审查判断的模式重塑——从混合型审查到分离型审查》，载《河北法学》2022 年第 7 期。

证据真实性的审查判断应当遵循"电子证据存储介质—电子证据—电子证据内容"的次序。

第二点指向的是电子证据的关联性。本案中，公安机关在侦查阶段收集提取到的电子证据仅有犯罪嫌疑人在相关通讯软件上的聊天记录、电话拨打记录以及相关文档等，这些证据尚不足以证明部分被害人系本案犯罪组织所骗，即这些电子证据与部分被害人之间不存在载体的关联性。为此，检察机关在补充侦查意见中指出，为准确认定本案被害人，需要补充调取犯罪嫌疑人与被害人之间的通话记录、银行转账记录、交易明细等证据。这些证据中体现的犯罪嫌疑人和被害人信息可以与犯罪嫌疑人供述和被害人陈述中提供的自身信息相互印证。另外，聊天通话记录与转账记录、交易明细中的相关时间彼此也可以相互印证。通过这些证据的补强，可以认定这些电子证据与被害人之间具有载体的关联性，证实被害人系本案犯罪组织所骗。在电信网络诈骗案件中，通话记录和银行转账记录是准确认定被害人和涉案金额的关键证据。通过审查涉案通话聊天记录、银行转账记录和交易明细等证据，检查从其中提取到的被害人信息是否能够与被害人本身相互印证，则可以较为清晰地认定被害人与诈骗犯罪组织的关联性。因此，在信息网络犯罪案件中，应当根据具体信息网络犯罪的特点，以其中的核心电子证据为原点展开收集提取和审查判断工作，并分析检查该电子证据与其他涉案证据之间是否可以相互印证，以准确判断该电子证据与案件事实的关联性。

同时，由于本案中的电子证据大多在境外获取，检察机关重点对这些电子证据收集提取过程中的合法性进行了审查。为保证合法性，最高人民检察院指出跨境电子证据取证具有以下四项要点。第一，必须保证对跨境电子证据的收集提取符合我国《刑事诉讼法》的相关规定。第二，基于有关条约、司法协定或委托国际组织调取电子证据时，必须严格遵循相关文件规定的程序，具备完备的手续。第三，在对跨境取得的电子证据进行交接时，必须严格清点证据是否完备，保证物品与清单的一致。第四，对于诉讼当事人自行提供的境外电子证据，必须严格审查其是否经过公证和认证。

【实务难点】

一、电子证据是否适用最佳证据规则

传统证据法理论依据是否直接来源于案件事实或原始出处，将证据分为原始证据或传来证据。一般来说，由于传来证据在复制等过程中易被伪造或篡改，原始证据比传来证据更具有可信度。因此，诉讼中提交原件这一证据规则也就得到普遍承认和应用，被称为"最佳证据规则"或"原始文书规则"。最佳证据规则存在适用范围，2021年最高人民法院《刑诉法解释》第八十三条、第八十四条分别规定"据以定案的物证应当是原物。原物不便搬运、不易保存、依法应当返还或者依法应当由有关部门保管、处理的，可以拍摄、制作足以反映原物外形和特征的照片、录像、复制品""据以定案的书证应当是原件。取得原件确有困难的，可以使用副本、复制件"，由此确立了物证和书证的最佳证据规则。

那电子证据是否也适用最佳证据规则呢？从电子证据的特性来看，其适用最佳证据规则存在以下困境。第一，电子证据可以实现精确复制。物证和书证一经形成则固定在原始载体上，无法同原始载体相分离。对其复制只能通过誊抄、复印、拍照、录像等人为方式，在这个过程中受人的主观因素等影响，复制件同原件难免会有所偏差，无法确保两者之间的完全一致性。电子证据则不然，其并不固定在原始存储介质上，可以随意从原始存储介质移动到其他存储介质之中，对其复制通过电子设

备上的技术方式完成，不会造成其物理空间或内在形态上的变化，可以做到复制后数据与原始数据的完全一致。[①] 第二，电子证据的原件和复制件难以区分。若严格依据传统原始证据和传来证据的划分标准，电子证据原件则仅指最初形成于电子介质中的数据信息，而这些信息显然肉眼无法识别，必须经过一定程度的转换和处理以人们可以识别的形式显示出来，但此时人们可以直接感知的电子证据已经属于复制件。在此意义上，电子证据的原件根本无法被收集提取。

为了解决最佳证据规则适用于电子证据的以上困境，2016年两高一部《电子数据规定》第八条至第十条规定，收集提取电子证据原则上应当采用扣押原始存储介质的方式，确有不便时可以现场对电子证据进行单独提取，再有不便时可以采取打印、拍照等方式对电子证据进行固定。这一收集提取电子证据的原则在秉持最佳证据规则精神的同时，对电子证据原件的判断标准进行了改变，即扩大了电子证据原件的认定范围，以电子证据是否存储于原始存储介质中来判断电子证据是否属于原件。此种方式虽然明确易操作，在一定程度上解决了电子证据在适用传统最佳证据规则上的障碍，但在实际处理过程中也存在问题。首先，计算机硬盘、服务器等电子存储介质均存在固定的使用期限，待其无法使用时，存储于其中的电子证据自然会被转移到其他存储介质上，此时的存储介质已不再是电子证据的原始存储介质。其次，如前所述，电子证据须转换成人们可识别的方式显示出来，发挥案件事实证明作用的是此种转换而来的形式，而非电子证据的原始存储介质，因此并不一定需要将电子证据与其原始存储介质一并固定移送。[②] 最后，电子证据的原始存储介质中可能还存储着大量与案件事实无关的信息，这些信息中可能包含商业秘密或个人隐私等，扣押、封存电子证据的原始存储介质也就增加了

[①] 参见喻海松：《刑事电子数据的规制路径与重点问题》，载《环球法律评论》2019年第1期。
[②] 刘品新：《电子证据法》，中国人民大学出版社2021年版，第76~77页。

侵害公民隐私权、财产权等权利的风险。[1]

综上所述,对电子证据的审查判断不必恪守最佳证据规则。最佳证据规则本就服务于证据的真实性判断。物证和书证的原件与复制件相比,具有天然的真实性上的优势,电子证据则未必。在现有取证技术可以满足对电子证据复制精确性的需求下,对电子证据进行审查判断时,可以将是否移送了原始存储介质作为考虑因素之一,但其并非认定电子证据真实性的决定性因素,不能简单地以在电子证据收集提取过程中可以移送原始存储介质而未移送原始存储介质为由否认其真实性。

二、仅有电子证据能否认定案件事实

我国刑事诉讼证明模式采取的是"印证证明模式",在认定案件事实时先从关联性、真实性、合法性角度审查各证据的证据能力,在排除了不具有证据能力的证据后,通过各证据所包含的案件事实信息之间的相互印证,形成完整的证据链条和证明体系来证明待证事实,使裁判者对案件事实形成内心确信。因此,只有依靠不同证据间的相互印证才能完成对案件事实的认定,不同证据之间如果不存在无法排除的矛盾或无法解释的疑问,则可以作为定案依据。在这一证明模式下,仅凭单一证据,由于其无法得到其他具有内容信息同一性的证据的印证,即使其是直接证据,也不符合《刑事诉讼法》规定的"证据确实、充分"这一证明标准,是无法完成对案件事实的证明的。需要注意的是,这里的"单一",并非证据数量的"单一",而应当指信息来源的"单一"。典型的例子如《刑事诉讼法》第五十五条第一款中规定的"只有被告人供述,没有其他证据的,不能认定被告人有罪和处以刑罚",就算犯罪嫌疑人、

---

[1] 参见朱桐辉、王玉晴:《电子数据取证的正当程序规制——〈公安电子数据取证规则〉评析》,载《苏州大学学报(法学版)》2020年第1期。

被告人在不同阶段作出了多份供述，但这些供述之间可能也无法相互印证，无法有效证明案件事实。

在信息网络犯罪案件中，犯罪行为隐藏在网络空间背后，且全过程均在网络空间中实施，很可能收集不到存在于传统物理空间中的物证和书证，也难以收集到证人证言。同时，犯罪行为的隐蔽性也导致了被害人与犯罪嫌疑人之间没有面对面的直接接触，被害人对犯罪嫌疑人及其犯罪行为了解有限，难以形成对认定案件事实有实质帮助作用的被害人陈述。再加上部分信息网络犯罪案件的被害人众多且分布在不同地点，难以逐一收集被害人陈述。若此时又无法获取有效的犯罪嫌疑人、被告人供述和辩解，则案件的主要证据只有电子证据，那么能否以这些电子证据认定犯罪事实呢？一般来说，只要这些电子证据之间可以相互印证，形成完整的证明体系，则可以作为定案依据，用以认定犯罪事实。原因在于：第一，电子证据是一种实物证据，具有较强的客观性。不同于被告人供述受到一定程度主观因素的影响，电子证据可以实现彼此之间的相互印证。第二，电子证据本身就具有系统性。任何电子证据均不是孤立存在的，而是由一系列命令或程序遵循一定技术规则的数据信息融合而成，包括数据电文证据、附属信息数据和关联痕迹数据。[①] 其中，数据电文证据与案件事实直接相关，起主要证明作用；附属信息数据和关联痕迹数据则是对数据电文证据生成、修改过程所形成的各项信息的记录，是对数据电文证据真实性的有力说明，起辅助证明作用。这些电子证据之间同样可以相互印证。

因此，一份案件中即便只有电子证据这一种证据类型，也可以通过这些电子证据之间的相互印证来认定案件事实。值得注意的是，若这些电子证据均来自同一存储介质，则在认定案件事实时应当更加审慎。相较于来

[①] 参见刘品新：《电子证据的基础理论》，载《国家检察官学院学报》2017年第1期。

自不同存储介质的电子证据,来自同一存储介质的电子证据之间的相互印证效果肯定会降低,基本上无法达到刑事证明"排除合理怀疑"的标准。此时就需要重点审查该存储介质的可靠性以及各电子证据是否相互独立,如是否产生于不同时间、不同的系统软件等。只有确保该存储介质以及存储于其中的电子证据的真实性,并且这些电子证据合并起来达到了足够的量级且相互独立,足以相互印证、全面准确地认定案件事实时,才能将其作为定案根据。

三、如何利用电子证据证明犯罪嫌疑人身份

信息网络犯罪案件中,犯罪行为发生在网络虚拟空间中,而犯罪嫌疑人处于现实的物理空间当中。犯罪嫌疑人由物理空间进入网络空间实施网络犯罪行为必须借助电子设备媒介。这也导致了不同于传统犯罪的"犯罪行为—犯罪嫌疑人"的侦查模式,信息网络犯罪案件的侦查介入了电子设备这一中间因素,需沿着"犯罪行为—涉案电子设备—犯罪嫌疑人"的思路进行。[1] 作为信息网络犯罪案件中的主要证据,电子证据能够实现从犯罪行为到涉案电子设备的证明,但却很难实现从涉案电子设备再到犯罪嫌疑人的证明。因为虽然涉案电子设备具有明确的所有者,但该所有者并非唯一能够操作该电子设备的人,不能简单地以涉案电子设备由谁拥有就将其认定为犯罪嫌疑人。再加上网络犯罪不同于传统犯罪,无法在犯罪现场留下指纹等可以证明犯罪嫌疑人身份的痕迹,也进一步加大了犯罪嫌疑人的身份认定难度。基于以上原因,用以证明案件事实的电子证据虽然可以明确指向其存储的电子设备,但却难以明确指向实施该犯罪行为的犯罪嫌疑人,造成了网络犯罪嫌疑人身份同一性认定上的障碍。

---

[1] 参见王志刚:《论补强证据规则在网络犯罪证明体系中的构建——以被追诉人身份认定为中心》,载《河北法学》2015年第11期。

为了准确认定信息网络犯罪案件中犯罪嫌疑人身份的同一性，最高人民检察院在《关于印发最高人民检察院第十八批指导性案例的通知》发布的三个指导性案例中提供了几种常见的做法。一是在检例第 67 号中，检察机关认为从犯罪嫌疑人电脑和手机中提取到的相关软件的登录信息与犯罪嫌疑人的供述一致，可以认定犯罪嫌疑人现实身份与虚拟身份的同一性，也即通过犯罪嫌疑人、被告人供述和辩解来对能够证明犯罪嫌疑人身份信息的电子证据进行补强。不过，此种方法虽然可行，但具有不确定性，因为并非所有的案件中都能收集到对证明犯罪嫌疑人身份有利的供述，又或犯罪嫌疑人临时翻供，则会使犯罪嫌疑人身份再次处于真伪不明状态。二是在检例第 68 号中，检察机关认为"使用撞库软件的终端设备的 MAC 地址与叶源某电脑的 MAC 地址[①]、涉案软件的源代码里包含的 MAC 地址一致，证实叶源某就是涉案软件的编制者"，也即通过 IP 地址或 MAC 地址进行定位锁定电子设备终端。不过实践中也会出现犯罪嫌疑人具有多个网络虚拟身份或者一个网络虚拟身份对应多个使用主体的情况，此种情形下 IP 地址或 MAC 地址与当事人不是一一对应的关系，这种做法就无法锁定到具体的犯罪嫌疑人。[②] 也即，这种做法只能识别到行为人在哪台电子设备上实施了犯罪行为，不能进一步证明犯罪嫌疑人如该台电子设备所有者就是该行为人，对犯罪嫌疑人身份同一性的认定仍需与其他证据相结合。三是在检例第 69 号中，检察机关通过提取、分析犯罪嫌疑人之间的通话聊天记录、银行转账记录等证据，确定了该犯罪团伙各成员现实身份与虚拟身份的同一性，此种做法与检例第 67 号类似，也是通过涉案电子证据与其他证据之间的相互印证来对犯罪嫌疑人身份同一性进行综合判断。由此可见，信息网络犯罪案件中犯罪嫌疑人身份的认定依赖于不同证据之

---

① MAC 地址（Media Access Control Address）指计算机设备中网卡的唯一标识，每个网卡有且只有一个 MAC 地址。

② 参见周加海、喻海松：《〈关于办理刑事案件收集提取和审查判断电子数据若干问题的规定〉的理解与适用》，载《人民司法（应用）》2017 年第 28 期。

间的相互印证，包括不同电子证据之间的相互印证、电子证据与传统证据之间的相互印证。这些证据单独都不足以证明犯罪嫌疑人身份的同一性，需要放在一起来进行综合判断。不过即便如此，也很难直接认定犯罪行为就是犯罪嫌疑人所为，一般只能通过排除其他人实施该犯罪行为的可能性来进行犯罪嫌疑人身份的认定。

图书在版编目（CIP）数据

信息网络犯罪办案实务与案例精解/李怀胜主编；贾斯瑶，肖思嘉副主编．—北京：中国法制出版社，2023.9

ISBN 978-7-5216-3880-6

Ⅰ.①信… Ⅱ.①李…②贾…③肖… Ⅲ.①互联网络-计算机犯罪-研究-中国 Ⅳ.①D924.364

中国国家版本馆 CIP 数据核字（2023）第 171266 号

策划编辑：王 熹（wx2015hi@sina.com）
责任编辑：赵律玮（ayu.0907@163.com）
封面设计：杨鑫宇

信息网络犯罪办案实务与案例精解
XINXI WANGLUO FANZUI BAN'AN SHIWU YU ANLI JINGJIE

主编/李怀胜
副主编/贾斯瑶，肖思嘉
经销/新华书店
印刷/三河市紫恒印装有限公司
开本/710 毫米×1000 毫米 16 开　　　印张/19　字数/215 千
版次/2023 年 9 月第 1 版　　　　　　2023 年 9 月第 1 次印刷

中国法制出版社出版
书号 ISBN 978-7-5216-3880-6　　　　　定价：75.00 元

北京市西城区西便门西里甲 16 号西便门办公区
邮政编码：100053　　　　　　　　　　传真：010-63141600
网址：http://www.zgfzs.com　　　　　编辑部电话：010-63141793
市场营销部电话：010-63141612　　　印务部电话：010-63141606

（如有印装质量问题，请与本社印务部联系。）